LIEBLINGS
REISEN
EUROPA

Den genialen Urlaub planen

LIEBLINGS
REISEN
EUROPA

BRUCKMANN

Europas Mitte

Europas Süden

Europas Norden und Westen

Europas Osten und Südosten

NORDMEER

40 Reykjavík **39** Akureyri

Polarkreis

43 Lappmark

45

42 Bergen

Stockholm

44

Shetland-Inseln

35 Inverness

36 Edinburgh

NORDSEE

41 Kopenhagen

OSTSEE

37 Belfast

34

Dublin

38

Manchester

London

33

ATLANTIK

10 Brüssel

Hamburg

Berlin

Dresden

Rhein

4

2

1

15 Prag

3

Paris

22

Straßburg

23

Zürich

12

25

Bordeaux

Bilbao

27

30

Madrid

Lissabon

28

31

Algarve

29

Málaga

32

Madeira

5 Nürnberg

Donau

7

8

9

6

11

13

14

Wien

18

Mailand

Zagreb

49

Florenz

Adria

24

Marseille

19

Neapel

20

Sardinien

21

Mallorca

26

MITTELMEER

EINLEITUNG

Europa – »kleinster, aber durch Lage und Kultur wichtigster Erdteil der Alten Welt, durch starke Gliederung, Reichtum an Tiefländern und gemäßigtes Klima begünstigt (…)«. Die selbstbewusste Wertung des *Brockhaus – Handbuch des Wissens* von 1921 mag fast 100 Jahre später befremdlich klingen. Den Reisefreudigen von heute ist Europa aber immer noch am wichtigsten. Frankreich und Spanien gehören seit langem zu den Ländern mit den meisten ausländischen Besuchern. Und ein Großteil der Deutschen verbringt seinen Urlaub am liebsten im eigenen Land.

Lieblingsreisen Europa durchmisst den kleinsten Kontinent von der Algarve (Portugal) bis zum Nordkap (Norwegen), von Schottland bis zum Delta der Wolga (Russland). In mehr als 500 Zielen zeigt es Europa nicht nur von seiner Schokoladenseite und in seinem ganzen Reichtum. Vielmehr sagt Ihnen *Lieblingsreisen Europa*, was sie dort und dort am besten sehen, unternehmen und erleben können, um bleibende Eindrücke mit nach Hause zu nehmen: Wandern auf der »Bärenrunde« (Finnland); Entspannen unter den Kurkolonnaden von Karlsbad (Tschechien); Baden an gleich zwei Stränden auf der Praia de Odeceixe (Portugal); Radeln auf der Vlaanderen Fietsroute (Niederlande); auf dem Punt langsam unter der Seufzerbrücke von Cambridge (England) hindurchgleiten; Ski fahren, wo der alpine Skisport erfunden wurde (Arlberg, Österreich); Pizzoccheri am Palügletscher (Schweiz) genießen; furchtlos die Haarnadelkurven des Trollstigen (Norwegen) bezwingen; Schlösser und Gärten an der Loire (Frankreich) bestaunen; in Ljubljana (Slowenien) über »drei Brücken« gleichzeitig gehen; sehen, wie sich ein sonnendurchfluteter Tag über der Caldera der Insel Santorin (Griechenland) senkt. In jeder Region, in jedem Land präsentiert Ihnen *Lieblingsreisen Europa* Grandioses und Beeindruckendes zwischen Alpengipfeln und Karsthöhlen, Hochmooren und »ertrunkenen« Flusstälern. Und Deutschland, »mitten im Herzen Europas« gelegen (Brockhaus, 1921)? Ein Land der Möglichkeiten. Finden Sie vom Roten Kliff bis zum Nebelhorn Ihren Lieblingsort!

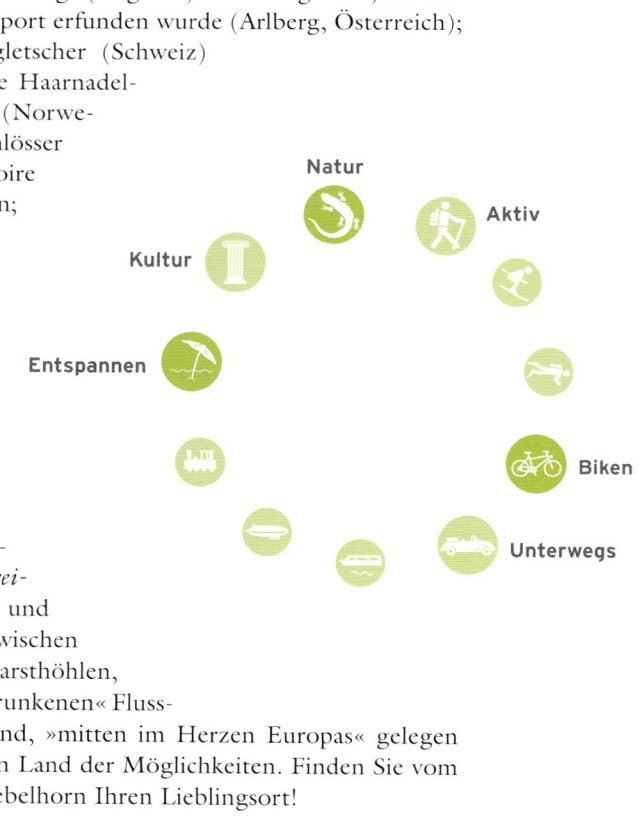

Natur · Aktiv · Kultur · Entspannen · Biken · Unterwegs

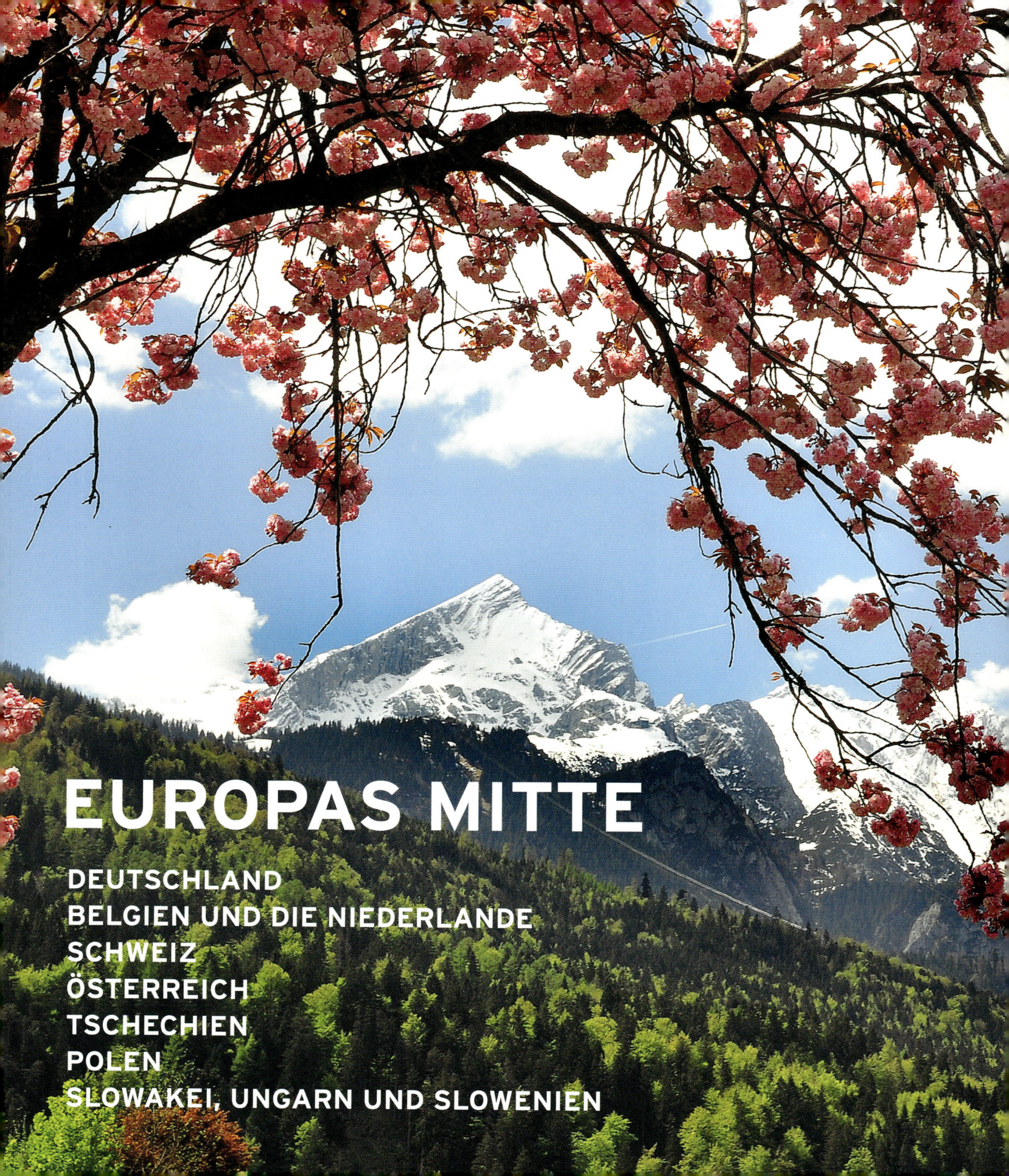

EUROPAS MITTE

DEUTSCHLAND
BELGIEN UND DIE NIEDERLANDE
SCHWEIZ
ÖSTERREICH
TSCHECHIEN
POLEN
SLOWAKEI, UNGARN UND SLOWENIEN

NORDSEEKÜSTE - INSELN, WATT UND WEITE STRÄNDE

1

Stets frischen Wind im Haar und eine salzige Brise auf den Lippen, so fühlt sich ein Urlaub an der Nordsee an. Was die Küste von Schleswig-Holstein und von Niedersachsen verbindet, ist das Wattenmeer, eine einzigartige Landschaftsform im Spiel von Ebbe und Flut.

Entspannen 30 %

Unterwegs 10 %

Aktiv 20 %

Kultur 20 %

Natur 20 %

[2]

[1]

Sylt - Dünen in Bewegung

Mit einer Fläche von fast 100 km² nimmt Sylt von der Größe Rang eins unter den deutschen Nordseeinseln ein. Die Insel ist zerbrechlich und verändert mit jedem starken Sturm ihr Gesicht. Abseits des Strandtrubels gibt es beeindruckende Landschaften zu erkunden wie die Lister Wanderdünen oder das Rote Kliff, eine Steilküste, die zu den natürlichen Besonderheiten der Insel gehört. In ständiger Bewegung sind auch die Dünen. Sie schieben sich jährlich 3–10 m voran. Die unter Naturschutz stehenden Sandgebilde erreichen eine Höhe von bis zu 35 m.

Amrum - Zu Fuß über den Meeresboden

Zu Fuß von einer Insel zur nächsten, das geht nur an der Nordsee und ist selbst dort etwas Besonderes. Die Tour von der Amrumer Odde, der Nordspitze der Insel, nach Dunsum auf Föhr gilt als die »Perle unter den Wattwanderungen«. Für die rund 8 km lange Strecke sollte man drei bis vier Stunden einplanen. Der Weg führt durch einige seichte Priele und auch das »Mittelloch« vor Amrum muss durchwatet werden. Zurück geht es bequem per Fähre. Wer sich auf den Weg machen möchte, sollte nur bei guten Witterungsbedingungen und in Begleitung eines Wattführers starten. Dieser kann die Gefahren am besten einschätzen und weiß dazu noch viel Interessantes über den Naturraum zu berichten.

Füllhorn Wattenmeer

Was wäre ein Nordseeurlaub ohne eine Erkundung des UNESCO-Welterbes Wattenmeer, eines Naturraums, der mit dem Wechsel der Gezeiten unaufhörlich in Bewegung ist. Milliarden von kleinsten Lebewesen – Muscheln, Strudelwürmer, Schnecken und Krebse – leben im Schlick. Sie bieten den Scharen von Vögeln, die hier dauerhaft leben oder auch nur auf ihrer Durchreise rasten, einen reich gedeckten Tisch. Bei geführten Wattexkursionen – am besten barfuß – lassen sich aus sicherer Entfernung manchmal sogar größere Tiere wie Kegelrobben und Seehunde beobachten. Über der grandiosen, lichterfüllten Weite wechseln ständig die Wolkenbilder.

Die Halligen - Leben auf der Warft

Oft nur wenige Quadratkilometer groß, trotzen die im Nordfriesischen Wattenmeer liegenden Halligen auch der rauen See. Selbst bei starkem Sturm ragen ihre Warften, die künstlich aus Erde aufgeschütteten Hügel, aus dem Wasser. Auf einer Hallig gibt es ein normales Alltagsleben, allerdings auf sehr begrenztem Raum. Heißt es »Land unter«,

[3]

bleiben die Bewohner einfach in der warmen Stube und warten ab. Auf den beiden größten Halligen Langeneß und Hooge gibt es auch kulturelle Schätze zu entdecken, darunter prachtvolle Friesenstuben, kleine Heimatmuseen und Kirchen.

Helgoland – Deutschlands einzige Hochseeinsel

Weit draußen, etwa 70 km vom Festland entfernt, ragt die Insel mit ihren roten Buntsandsteinfelsen aus der Nordsee. Vom Oberland aus bietet sich ein beeindruckender Blick auf die Lange Anna, die an der Nordspitze als markan-

[1] Die Dünen von Amrum laden zu entspannten Spaziergängen ein. [2] Wie aus dem Bilderbuch präsentiert sich der Leuchtturm List-Ost im Abendlicht. [3] Die Hanswarft auf der Hallig Hooge wartet u. a. mit einer Friesenstube aus dem 18. Jh. auf. [4] Auf den Sandbänken im Wattenmeer finden Robben optimale Rückzugsmöglichkeiten. [5] Neben reichlich Kultur bietet Husum auch kulinarische Gemütlichkeit.

te Felsnadel frei im Meer steht. An den Steilklippen brüten Scharen von Basstölpeln, Trottellummen und Dreizehenmöwen und auf der vorgelagerten Badedüne sonnen sich Seehunde und Kegelrobben. Helgoland ist ein idealer Ort für Stressgeplagte, aber auch für Allergiker, denn auf der auto- und industriefreien Insel ist die Luft frei von Staub und Pollen.

Theodor-Storm-Stadt Husum

Als berühmtester Sohn ist Theodor Storm, der hier u. a. seine Novelle

»Der Schimmelreiter« schrieb, im Stadtbild allgegenwärtig. Sein ehemaliges Wohnhaus wurde dem Dichter zu Ehren in ein Museum umgewandelt. Husum ist längst nicht mehr nur die »graue Stadt am Meer«. In der lebendigen, aber überschaubaren Hafenstadt locken rund ums Jahr Museen und ein international beachtetes Figurentheater-Festival, die Husumer Filmtage und andere Kulturveranstaltungen. Bei einem Bummel am Hafen mit seinen historischen Straßen und den farbenfrohen Häuschen laden nette Restaurants und Cafés zur Einkehr ein.

St. Peter-Ording – Pfahlbauten am Strand

Zentral an der Festlandküste im Westen der Halbinsel Eiderstedt, also in einer besonders schönen Region des Wattenmeeres, liegt der beliebte Ferienort, der sich dank seiner Schwefelquelle Nordseeheil- und Schwefelbad nennen darf. Ob Surfen, Schwimmen, Sonnenbaden im Strandkorb, Sandburgenbauen oder Spaziergänge entlang der Salzwiesen und Wattwanderungen – die kilometerlangen, breiten Strände bieten mehr als genug Platz. Dort fühlen sich sowohl Aktive als auch Faulenzer, Familien und Individualisten wohl. Typisch für St. Peter-Ording sind die scheinbar über dem Sand schwebenden, bis zu 7 m hohen Pfahlbauten an den bewachten Badestellen.

Borkum – Mit der Kleinbahn unterwegs

Die westlichste und größte der sieben Ostfriesischen Inseln erwartet ihre Besucher am Fährhafen mit einer besonderen Attraktion. Hier startet die zweigleisige Inselbahn mit ihren kunterbunten Wagen zu ihrer nostalgischen Fahrt quer über die Insel. Die Strecke führt zunächst in nordwestliche Richtung parallel zur Straße schnurgerade über den mittlerweile mit Heide überwachsenen Wattdamm. Dann schwenkt der Zug westwärts und erreicht die ersten Häuser. Nach einem großen Bogen Richtung Norden endet die Fahrt dann im Ortsmittelpunkt von Borkum. Seit 1888 auf ihren 900-mm-Gleisen im Einsatz, verkehrt die Kleinbahn planmäßig. Mit einer Geschwindigkeit von fast 50 km/h stellt sie unter den ostfriesischen Inselbahnen einen Rekord auf.

Juist – Die größte Sandbank der Welt

Die etwa 17 km lange, aber nur 900 m breite Insel ist von einem endlos erscheinenden Sandstrand gesäumt, der die gesamte nördliche Küste einnimmt. Mit seiner herrlichen Natur, die von keinem Autoverkehr gestört wird, zieht Juist vor allem Urlauber an, die Ruhe und Entspannung suchen. Selbst in der Hochsaison bleibt der Trubel überschaubar, denn die Fähren können die Insel nur bei Flut ansteuern. Der Straßenverkehr ist auf ein oder zwei PS beschränkt, was völlig ausreicht, um alle notwendigen Arbeiten wie Warenanlieferung und Müllbeseitigung zu regeln. Die meisten Wege lassen sich ohnehin am besten zu Fuß oder mit dem Fahrrad bewältigen.

Gesundes Reizklima auf Langeoog

Bewegung und gesundheitsbewusste Freizeitgestaltung stehen auf der drittgrößten Ostfriesischen Insel eindeutig im Mittelpunkt. Seit 2014 ist Langeoog ein zertifiziertes Thalasso-Nordseeheilbad, das verschiedene Anwendungen mit Meeresbezug, wie beispielsweise Schlick- und Algenbäder und Massagen, bietet. Für die begleitende Bewegung gibt es vier Thalasso-Therapiewege, die unterschiedliche Anforderungen an die Ausdauer stellen und jeweils eigene Reizwirkungen haben. Die Routen führen zum Wasserturm, durch das Inseldorf oder zu den Stränden. Die herrliche Dünenlandschaft ist von Wanderwegen durchzogen. Im Südwesten der Insel befindet sich das Salzwiesen- und Dünengebiet Flinthörn, das für seine Besucher einen Erlebnispfad bietet.

[1]

[1] Die Strandhäuser von St. Peter-Ording schützen sich auf hohen Stelzen vor dem Meer. [2] Aus der Luft betrachtet erscheint das Billriff auf Juist wie eine große Sandwüste. [3] Ganz geruhsam ruckelt die Kleinbahn über die Insel Borkum. [4] Ob sportlich oder entspannt, die weiten Strände bieten sich zum tiefen Durchatmen an.

INFOBOX

Beste Reisezeit

Die Nordsee sorgt für frisches und wechselhaftes Wetter. Es gibt dementsprechend mäßig warme Sommer und recht milde Winter. Die meisten Sonnenstunden zählen die Monate Mai bis Juli. Die beste Reisezeit sind die Monate Mai bis etwa Mitte Oktober.

Sylt

°C		mm
20		280
15		240
10		200
5		160
0		120
-5		80
-10		40
-15		0

Jan Feb Mar Apr Mai Jun Jul Aug Sep Okt Nov Dez

— mittlere Höchsttemperatur — mittlere Tiefsttemperatur
— durchschnittlicher Niederschlag

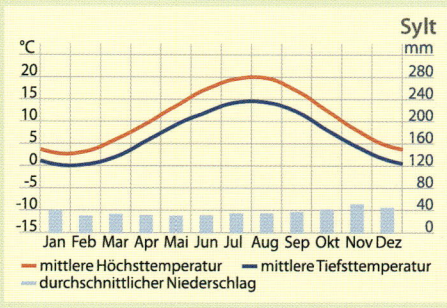

② OSTSEEKÜSTE – URLAUBS- UND VOGELPARADIES

Stolze Hansestädte und unberührte Naturschutzgebiete, weite Sandstrände und eine elegante Bäderarchitektur – die Ostseeküste ist eine der beliebtesten Urlaubsregionen Deutschlands. Für den nötigen Trubel sorgt ein Ausflug nach Berlin.

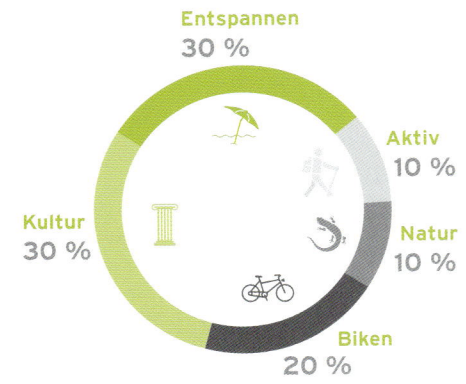

Entspannen 30 %
Aktiv 10 %
Natur 10 %
Biken 20 %
Kultur 30 %

[1] Auf dem Darß trifft die stürmische Ostsee auf Küstenurwald. [2] Im Licht der Morgensonne erstrahlen die Kreidefelsen von Rügen. [3] Die Altstadt von Stralsund begeistert durch ihre Backsteinarchitektur. [4] Platz zum Träumen: Strand beim Kaiserbad Bansin.

[1]

Sonneninsel Usedom

Durchschnittlich 1900 Stunden im Jahr scheint auf Usedom die Sonne und damit länger als irgendwo sonst in Deutschland. Kein Wunder, dass es seit jeher die Touristen in Scharen auf die Ostseeinsel zieht. Ende des 19. Jh. wurde sie zur »Badewanne der Berliner«, der breite Sandstrand erstreckt sich von Peenemünde im Westen bis ins polnische Swinemünde (Świnoujście). Die Seebadtradition reicht allerdings noch weiter zurück, denn schon die preußischen Könige wussten die Schönheit der Insel zu schätzen. Den Glanz der alten Zeiten kann man in den Kaiserbädern Ahlbeck, Heringsdorf und Bansin bewundern. Mehr Ruhe findet sich dagegen im 1999 gegründeten Naturpark Usedom.

Ostseeradweg – Den Wind um die Nase wehen lassen

Von Flensburg ganz im Nordwesten bis nach Usedom verläuft die Strecke des Ostseeradwegs. Sehr beliebt ist die rund 400 km lange Tour von Lübeck bis nach Stralsund, sie führt vorbei an stolzen Hansestädten, zu denen neben dem Start- und Endpunkt auch Wismar gehört. Bei Bad Doberan kann Heiligendamm, die „weiße Stadt am Meer" , sowie Kühlungsborn, die „grüne Stadt am Meer", erkundet werden. Von Stralsund geht es über die Brücke nach Rügen oder an der Festlandküste weiter über Greifswald und Wolgast bis nach Heringsdorf.

Stralsund – Für Architekturfans und Meereskundler

Stralsund ist viel mehr als das Tor zu Rügen: Die Hansestadt punktet mit einer großartigen Mischung aus altehrwürdiger Backsteinarchitektur und modernen Museen. Der wundervoll restaurierte Stadtkern mit Rathaus, Marienkirche und Altem Markt wurde 2002 Weltkulturerbe. Auf der Hafeninsel hat sich mit dem Ozeaneum ein wahrer Besuchermagnet entwickelt. Weitere maritime Schätze entdeckt man im Deutschen Meeresmuseum im ehemaligen Katharinenkloster.

Rügen – Inselwandern zwischen Steilküste und Bodden

Weit über eine Million Besucher jährlich können nicht irren – Deutschlands größte Insel ist vielseitig und bietet für jeden Geschmack etwas. Großartige Kreidefelsen (u. a. Stubbenkammer, Königstuhl), kilometerlange Sandstrände, noble Badeorte, tiefe Buchenwälder und markante Leuchttürme machen ihren Reiz aus. Wer Rügen wirklich kennenlernen will, dem seien die zahlreichen Wanderstrecken empfohlen. Ob im Nationalpark Jasmund, im Biosphärenreservat Südost-Rügen oder durch die Granitz – das Wegenetz führt zu

Steilufern wie bei Arkona, der Stubbenkammer oder Göhren. Auf der Insel Ummanz westlich von Rügen lassen sich gut Kraniche beobachten.

Kranichland Vorpommersche Boddenlandschaft

Auf der einen Seite die offenen Weiten der Ostsee, auf der anderen Seite die geschützten Buchten der Boddengewässer, dazwischen eine vielfältige Landfläche mit einer artenreichen Flora und Fauna –

das alles ist der Nationalpark Vorpommersche Boddenlandschaft. Neben Darß und Zingst gehören Hiddensee und die Westküste Rügens zum Schutzgebiet. Ornithologen kommen hier auf ihre Kosten: In der Boddenregion brüten rund 160 Vogelarten, wobei Seeadler und Kraniche zu den eindrucksvollsten Exemplaren zählen.

Zingst – Kunst zwischen Dünen und Wald

Ruhe und unberührte Natur findet der Urlauber auf Fischland-Darß-Zingst. Die drei Regionen zwischen Ost-

see und Boddengewässer bilden eine rund 50 km lange Halbinselkette in der Mecklenburger Bucht. In der Künstlerkolonie Ahrenshoop an der Grenze zum Darß haben sich Ende des 19. Jh. Maler wie Paul Müller-Kaempff niedergelassen und die ältesten Künstlerhäuser Deutschlands gegründet. Weiter nördlich prägen Dünen, Moore und sogar ein Urwald die Landschaft des Darß. Hier ist die Natur sich selbst überlassen. Östlich von Prerow liegt der Zingst mit seinen Dünen und Wäldern sowie weiten Heideflächen der Sundischen Wiese.

Rostock-Warnemünde

Warnemünde bei Rostock ist einer der beliebtesten Badeorte an der Ostseeküste. Am Alten Strom, dem heutigen Jachthafen, locken gemütliche Restaurants und Boutiquen in den kleinen Fischerhäuschen. Man kann aber auch sein Fischbrötchen direkt auf die Hand von einem der fest vertäuten Kutter kaufen. Der Weg führt zum 32 m hohen Leuchtturm an der Hafeneinfahrt. Nicht weit davon entfernt stehen zwei Wahrzeichen der Stadt: der Hyperschalenbau »Teepott« von 1968 mit Restaurant, Café und Museum sowie das Hotel »Neptun« – zu DDR-Zeiten ein FDGB-Hotel, heute ein Wellnesstempel.

Müritz – An Deutschlands kleinem Meer

Der Müritzsee ist der größte Binnensee auf deutschem Gebiet. Er bildet mit unzähligen weiteren Gewässern die Mecklenburgische Seenplatte. Der Müritz-Nationalpark ist ein wahres Vogelparadies, in dem sich besonders See- und Fischadler wohlfühlen. Neben der artenreichen Fauna (800 Schmetterlingsarten und Tausende Kraniche sind hier im Sommer und Herbst zu sehen) ist die Gegend vor allem für ihre Freizeitmöglichkeiten bekannt: Wassersportler vergnügen sich auf dem See, Angler profitieren vom Fischreichtum, Wanderer und Radler erkunden die Weite der Landschaft mit ihren Wäldern, Wiesen und Moorgebieten. Im Müritzeum von Waren kann man das alles im Kleinformat bewundern.

Lübeck – Königin der Hanse

Der Handel hat die Stadt an der Travemündung reich gemacht, seit dem 14. Jh. ist ihr Name untrennbar mit dem mächtigen Städtebund der Hanse verbunden. Wer sich vom Holstentor aus auf die Altstadtinsel begibt, den erwartet eines der schönsten geschlossenen Stadtensembles Deutschlands mit mehr als 1000 denkmalgeschützten Häusern, seit 1987 Weltkulturerbe. Neben den prächtigen Handelshäusern faszinieren vor allem das Rathaus und die gotische Marienkirche. Gleich drei Nobelpreisträger kamen aus Lübeck: Thomas Mann, Willy Brandt und Günter Grass. Wer die Stadt einmal anders kennenlernen möchte, dem sei eine kulinarische Stadtführung empfohlen: Gewürze, Kaffee, Tee, Wein und Schokolade können probiert werden – und natürlich das köstliche Lübecker Marzipan.

Berlin – Weltstadt in der Mitte Europas

In Deutschlands Hauptstadt trifft ein reiches historisches Erbe auf eine bunte kulturelle Vielfalt, locken Spitzengastronomie und eine aufregende Clubszene. Bei einer Schifffahrt auf der Spree kann man viele berühmte Orte gemächlich an sich vorbeiziehen lassen. Schloss Charlottenburg, der Tiergarten mit Schloss Bellevue, Reichstag und Regierungsviertel, das Brandenburger Tor und die Museumsinsel mit dem Dom und dem fast fertigen Berliner Schloss, Fernsehturm, Nikolaiviertel oder das moderne Viertel am Spreeufer bei der East Side Gallery – all das lässt sich bei Currywurst und Berliner Weiße genießen. Wer noch nicht genug hat von Berlin, macht sich auf zum Gendarmenmarkt. Oder er lässt sich auf dem Alexanderplatz in der Menge treiben und bewundert die Weltzeituhr aus DDR-Tagen. Oder er erkundet die Kulturszene in Kreuzberg, im Prenzlauer Berg und in Friedrichshain. Am besten lässt man seinen Koffer gleich hier.

[1]

[1] Wahrzeichen Berlins und Deutschlands: das Brandenburger Tor. [2] Der Müritz-Nationalpark bietet vielen Tier- und Pflanzenarten einen Schutzraum. [3] Holstentor und Petrikirche prägen das Stadtbild von Lübeck, der Kaufmannsstadt im hohen Norden.
[4] Alleen, wohin man schaut: Die Mecklenburgische Seenplatte lässt sich wunderbar mit dem Rad erkunden.

INFOBOX

Beste Reisezeit

An der ganzen Küste herrscht maritimes Klima, der kontinentale Einfluss nimmt Richtung Osten zu. Selten regnet es ganztägig, der stete Wind reißt die Wolkendecke immer wieder auf. Die Hauptreisezeit liegt zwischen Mai und September, aber auch Herbst und Winter erfreuen sich großer Beliebtheit.

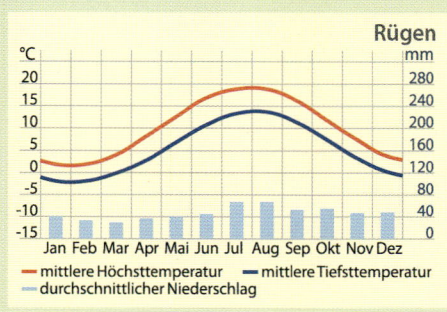

Rügen
°C — mm
20 — 280
15 — 240
10 — 200
5 — 160
0 — 120
-5 — 80
-10 — 40
-15 — 0
Jan Feb Mar Apr Mai Jun Jul Aug Sep Okt Nov Dez
— mittlere Höchsttemperatur — mittlere Tiefsttemperatur
— durchschnittlicher Niederschlag

MITTELRHEINTAL – BURGEN-ROMANTIK UND STADTLEBEN

③

Mit ihren sagenhaften Burgen und weinbewachsenen Flusstälern präsentiert sich die vom mittleren Abschnitt des Rheins geprägte Kulturlandschaft wie eine Reise in vergangene Zeiten. Große Städte wie Köln und Frankfurt am Main sind dagegen Drehscheiben des Fortschritts.

Kultur 50 %
Unterwegs 10 %
Biken 10 %
Natur 10 %
Aktiv 20 %

[2]

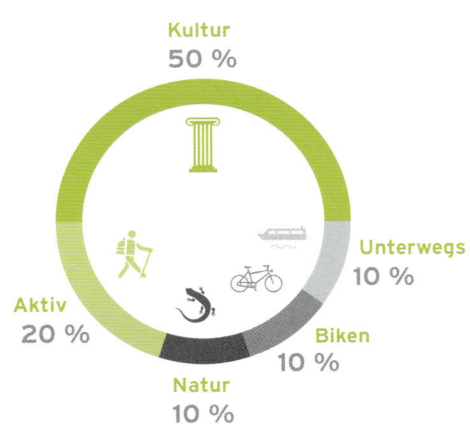

[1]

Nationalpark Eifel – Wildnis vor der Haustür

Wildkatzen, Uhus und andere scheue Waldtiere haben das 2004 unter Schutz gestellte, an Belgien angrenzende Gebiet mittlerweile wieder zu ihrem Zuhause erklärt. Mit seinen schattigen Buchenwäldern, den kleinen Bächen und bizarren Felsen bietet der Nationalpark der Fauna und Flora eine Fülle an natürlichen Entfaltungsmöglichkeiten. Auch der Mensch kommt nicht zu kurz: Ein weitläufiges Netz an Wander- und Radwegen durchzieht die Landschaft. So bietet der Wildnis-Trail für besonders ambitionierte Wanderer vier Tagesetappen, die sich einmal quer durch das Schutzgebiet ziehen. An dessen Rand befindet sich die Rurtalsperre mit Deutschlands zweitgrößtem Stausee, ein Eldorado für Wasserfans.

Köln – Dem Dom zu Füßen

Weltoffen und liberal präsentiert sich die rheinische Millionenstadt und zieht damit eine bunte und kreative Kunst- und Medienszene an, die dem städtischen Leben eine gehörige Portion Vitalität gibt. Mittelpunkt von Köln ist und bleibt der alles überragende Dom, der von innen und außen betrachtet seit seiner Grundsteinlegung 1248 nichts von seiner Erhabenheit verloren hat. Wer die Mühen von mehr als 500 Stufen auf sich nimmt, hat von seinem Südturm aus einen herrlichen Blick auf die Kölner Altstadt, die romanischen Kirchen und den Rhein mit seinen Schiffen und belebten Uferpromenaden.

Rotweinwanderweg – Ein paradiesisches Vergnügen

Im wildromantischen Tal der Ahr wird seit 2000 Jahren Wein angebaut. An den von der Sonne verwöhnten Hängen gedeihen vor allem rote Rebsorten wie der feurige Spätburgunder. Der Rotweinwanderweg, der zwischen Altenahr und Bad Bodendorf auf einer Länge von 35 km meist auf halber Höhe durch die Weinberge führt, erlaubt grandiose Ein- und Ausblicke. Wer rasten möchte, hat die Qual der Wahl: Überall bieten Winzer in ihren traditionellen Straußwirtschaften ihre Weine und zur zusätzlichen Stärkung auch herzhafte Hausmannskost an.

Genussradeln an der Mosel

Bevor sie als zweitlängster Nebenfluss des Rheins am Deutschen Eck in den großen Strom mündet, windet sich die Mosel in engen Schwüngen und Schleifen durch die sonnenverwöhnten Weinberge. Die malerische Landschaft mit ihren Burgen, Fachwerkorten und Weingütern lässt sich bestens per Fahrrad erkunden. Zumeist ufernah begleitet der

[3]

Moselradweg den Fluss und ermöglicht durch seinen vorwiegend ebenen Verlauf ein entspanntes Radeln ganz nach dem eigenen Geschmack. Wer es nicht allzu eilig hat, findet immer wieder landschaftliche Highlights zum Staunen und kulinarische Plätze zur Einkehr.

Trier – Den Römern auf der Spur

Die ehemalige römische Residenz und heutige UNESCO-Welterbestätte rühmt sich damit, die erste Stadt auf deutschem Boden zu sein. Und tatsächlich stoßen Besucher allerorts auf antike

[1] Schon von Weitem grüßt Köln mit seinem Wahrzeichen, dem gotischen Dom. [2] Auf einem Felsenriff mitten im Fluss ankert seit Jahrhunderten die Burg Pfalzgrafenstein. [3] Mehr als 300 km lang begleitet der Moselradweg den Flusslauf. [4] Die berühmte Frauengestalt Loreley wurde in einer Bronzestatue verewigt. [5] Das um 1430 erbaute Bürgerhaus Steipe gehört zu den prachtvollen Gebäuden am Hauptmarkt von Trier.

[4]

Relikte, die belegen, dass das unter Augustus (reg. 30 v. Chr.–14 n. Chr.) errichtete Trier bereits früh eine blühende Metropole gewesen sein muss: Die mächtige Doppeltoranlage der Porta Nigra, Wahrzeichen der Stadt, zeugt ebenso wie die Ruinen der Thermen und die Überreste des einst 20000 Zuschauer fassenden Amphitheaters von einstigem Wohlstand. Zu den beeindruckenden Gotteshäusern gehört die von Konstantin dem Großen (272–337) erbaute Basilika mit ihrem prächtigen Thronsaal sowie der romanische Dom als älteste Bischofskirche und die Liebfrauenkirche als älteste gotische Kirche Deutschlands.

Rheinromantik mit Loreley

Mit ihrem betörenden Gesang soll die schöne Tochter des Vaters Rhein schon so manchen Schiffer ins Unglück gestürzt haben. Tatsächlich erhebt sich der Loreley-Felsen an einer besonders engen und bewegten Stelle des Flusses. Der Reiz des Oberen Mittelrheintals mit der Loreley als Krönung lässt sich am besten auf einer Schifffahrt von Rüdesheim nach St. Goarshausen erspüren. Der Rhein windet sich durch das von Wein-

[5]

hängen eingerahmte Tal und präsentiert hinter jeder Biegung neue Burgruinen, die die legendäre Rheinromantik wieder aufleben lassen. Linksrheinisch breiten sich die malerischen Städtchen Bacharach und Oberwesel aus. Etwas weiter stromabwärts liegt Kaub mit der Burg Pfalzgrafenstein, die im 14. Jh. von Ludwig dem Bayern als Zollstation mitten im Rhein errichtet wurde.

Mäuseturm zu Bingen

Bei Bingen, am Anfang des Rheintals, wo der Fluss in das Rheinische Schiefergebirge eintritt, steht ein weltbekannter Turm am oder manchmal auch im Wasser: der Mäuseturm. Er wurde dem Mainzer Bischof Hatto II. zum grausigen Schicksal – so erzählt es die Sage. Der hartherzige Mann, der seinen hungerleidenden Untertanen jegliche Hilfe verweigert hatte, soll hier für seine fehlende Fürsorge bestraft und von einer Schar von Mäusen bei lebendigem Leib aufgefressen worden sein. Wer sich selbst ein Bild von den Geschehnissen machen möchte, kann den Turm auf der Insel im Rahmen von öffentlichen Führungen besichtigen.

Mainz – Landeshauptstadt mit Flair

Nicht nur am Rosenmontag ist die Hochburg der rheinischen Fastnacht eine Reise wert. Die Geburtsstadt von Johannes Gutenberg, der hier den Buchdruck mit beweglichen Metalllettern erfand, präsentiert sich trotz ihrer 2000-jährigen Geschichte als quicklebendige moderne Stadt mit einem regen Kulturleben. Das Herz von Mainz bildet die Altstadt mit prächtigen Kirchen und kurfürstlichen Höfen. Umrahmt von diesem Ambiente warten in den engen Gässchen zahlreiche gemütliche Weinlokale auf Gäste. Den Marktplatz dominiert der tausendjährige, aus markantem roten Sandstein erbaute Dom St. Martin.

Frankfurt – Kleinste Metropole der Welt

Mit seiner glitzernden Skyline kann sich die Stadt am Main, von ihren Bewohnern auch ein wenig stolz als »Mainhattan« bezeichnet, ohne Weiteres in die Metropolen der Welt einreihen, auch wenn es hier sehr viel gemütlicher zugeht. Als Finanzzentrum und Messestadt genießt Frankfurt internationale Bedeutung, aber auch sein Kunst- und Kulturleben kann sich sehen lassen. Am südlichen Flussufer reiht sich – zum Teil in prunkvollen Gebäuden untergebracht – ein Museum ans andere, darunter das Städel, eines der bedeutendsten deutschen Kunstmuseen. Im legendären Kneipenviertel Alt-Sachsenhausen wird Apfelwein als lokale Spezialität in stilechten Bembeln serviert.

Steinerne Riesen im Dahner Felsenland

Braut und Bräutigam, Lämmerfelsen und Teufelstisch – hinter diesen Namen verbergen sich markante Gebilde aus Buntsandstein und ihre sagenhaften Geschichten. Das bis zu 400 m aufragende Dahner Felsenland, eine Landschaft im südlichen Pfälzerwald, ist ein Paradies für Wanderer und Sportkletterer. Das geschützte Gebiet wird von Wanderrouten durchzogen, die an den Felsmassiven, aber auch an zahlreichen Burgen und Burgruinen vorbeiführen. Wer das Städtchen Dahn als Ausgangspunkt wählt, trifft direkt auf den 70 m hohen Jungfernsprung, der seinen Namen einer längst vergangenen spektakulären Aktion verdankt.

[1]

[1] Der Mäuseturm von Bingen wurde Anfang des 14. Jh. als Wehr- und Wachturm errichtet. [2] Das sagenumwobene Dahner Felsenland bietet atemberaubende Ein- und Ausblicke. [3] Gemütlichkeit auf der einen, glitzernde Finanzwelt auf der anderen Seite – Frankfurt, die Stadt am Main, vereint beides. [4] Johannes Gutenberg, in einem Denkmal geehrt, blickt auf den Mainzer Dom, den Mittelpunkt der Stadt.

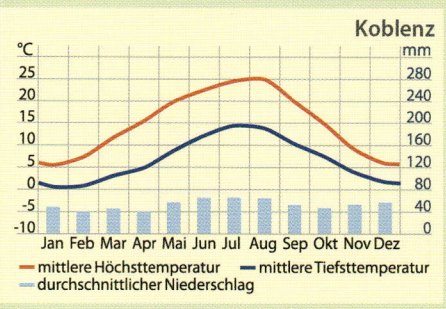

INFOBOX

Beste Reisezeit

Das Mittelrheintal empfiehlt sich ganzjährig als Reiseziel. Die Städte sind auch bei Regen und an kalten Tagen mit ihrem kulturellen Angebot attraktiv. Der Rhein und seine Ufer präsentierten sich am schönsten im Frühling und Herbst. Die meisten Sonnenstunden haben die Monate Mai bis Juli.

Koblenz

°C		mm
25		280
20		240
15		200
10		160
5		120
0		80
-5		40
-10		0

Jan Feb Mar Apr Mai Jun Jul Aug Sep Okt Nov Dez
— mittlere Höchsttemperatur
— mittlere Tiefsttemperatur
— durchschnittlicher Niederschlag

HESSEN, THÜRINGEN, SACHSEN - IM HERZEN DEUTSCHLANDS

④

Verwunschene Wälder, bizarre Steinformationen, kilometerlange Wanderwege, großartige Städte voller deutscher Kulturgeschichte – das sind Sachsen, Thüringen und Hessen.

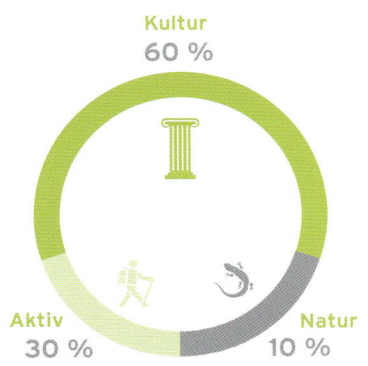

Kultur 60 %

Aktiv 30 %

Natur 10 %

[1] Der nördliche Burghof der Wartburg bei abendlicher Beleuchtung. [2] Im Weltnaturerbe Hainich windet sich der Wanderpfad durch den Buchenwald. [3] Uralte, knorrige Eichen stehen im nordhessischen Reinhardswald. [4] Blick auf die Kaufmannskirche inmitten von Erfurt, der Hauptstadt Thüringens.

[1]

Märchenhafter Reinhardswald

Der Reinhardswald im nordhessischen Bergland ist ein Märchenwald. Knorrige, uralte Eichen und Buchen stehen im ehemaligen Hutewald und von einem Hügel grüßt die Sababurg, das von Hecken umgebene Dornröschenschloss. Der Rapunzelturm, Bergfried der Burg Trendelburg, ist nicht weit und hinter Bäumen liegt Frau Holles Teich. Einst haben sich die Brüder Grimm von den Sagen und Geschichten der Region inspirieren lassen. Heute führen die Märchenstraße und der Märchenlandwanderweg durch den verwunschenen Naturpark. Zwischen den Fachwerkhäusern der Dörfer, dem klassizistischen Bäderensemble in Hofgeismar und dem französischen Charme der Hugenottenstadt Bad Karlshafen scheint die Zeit stehen geblieben zu sein.

Eisenach und Wartburg – Deutscher geht's kaum

Der Geburtsort Johann Sebastian Bachs und der deutschen Sozialdemokratie, Wohnort des Eleven Martin Luther und Residenz der Großherzöge von Sachsen-Weimar-Eisenach, Produktionsstätte für Autos und eine herausgeputzte historische Altstadt – Eisenach ist ein Zentrum deutscher Kultur, Geschichte und Industrie, die dem Besucher vielfältig in Museen und Ausstellungen gegenübertritt. Auf der Wartburg über der Stadt fand der legendäre Sängerwettstreit mittelalterlicher Barden statt. Jahrhunderte später übersetzte Martin Luther dort als »Junker Jörg« in einer Kemenate das Neue Testament. 1817 forderten studentische Burschenschaftler beim Wartburgfest Reichseinheit und Demokratie.

Thüringer Wald – Im Zeichen des weißen »R«

Das weiße »R« ist das Zeichen für den ältesten und meistbegangenen Langstreckenwanderweg in Deutschland, den Rennsteig. 169 km lang, führt er über den Kamm des Thüringer Mittelgebirges und den 916 m großen Inselberg von der Werra zur Saale. Wildromantische Schluchten, klare Gebirgsbäche, Hochmoore und Bergwiesen formen das Landschaftsbild. Kletterfelsen, Wasserfälle und Höhlen bieten kleine Herausforderungen für unterwegs. Abwechslung gemächlicher Art versprechen Pausen in traditionellen Kurorten, kleinen Museen und an romantischen Burgruinen. Im Winter ist der Olympiastützpunkt Oberhof Wintersportziel Nummer eins.

Im grünen Reich des Hainich

Rund 160 km² Baum an Baum – der Hainich ist das größte zusammenhängende Laubwaldgebiet Deutschlands. Etwa die Hälfte der Fläche ist ein geschützter Nationalpark. Dort lässt die Natur Raum für scheue Wildkatzen, Waldfledermäuse, Gelbbauchunken und sogar den ausgestorben geglaubten Reitters Strunk-Saftkäfer. Im Frühjahr blühen Märzenbecher, Leberblümchen und Türkenbunde; rund 800 weitere Blütenpflanzen gedeihen in der Schonzone. Einen Blick vom Dach des Waldes gewährt ein 530 m langer Baumkronenpfad.

Blaues Erfurt

Das historische Zentrum der Universitätsstadt mit seinen Renaissancehäusern ist ein Juwel. Mit sechs Bögen überspannt die beidseitig bebaute Krämerbrücke seit dem Mittelalter die Gera. Auf der Brücke zeigt die Waid-Manufaktur die Verarbeitung des blau färbenden Färberwaids, der einst den Reichtum in die Stadt brachte, und die Goldhelm Manufaktur mag mit Schokolade den Tag versüßen.

Direkt vor der Brücke wurde die mittelalterliche Mikwe, ein jüdisches Ritualbad, wiederentdeckt. Überragendes Wahrzeichen der Stadt ist das Ensemble aus St.-Marien-Dom und St. Severi. Zu beiden gotischen Kirchen hinauf führt eine große Freitreppe.

Inspirierendes Weimar

Dichter, Denker und Designer lebten und leben in der Stadt an der Ilm. Goethe, Schiller, Herder, Herzogin Anna Amalia und ihre Zeitgenossen hauchten der Weimarer Klassik Leben ein. Walter Gropius gründete 1919 eine

Kunstgewerbeschule, die als »Bauhaus« weltbekannt wurde. Im gleichen Jahr tagte im Deutschen Nationaltheater die verfassungsgebende Nationalversammlung der ersten deutschen Republik. Besonders schön ist ein Spaziergang im Ilmpark, vorbei am ehemaligen Wohnhaus von Franz Liszt und am Gartenhaus Goethes. Die Zeit bleibt auch im »klassischen« Weimar nicht stehen und so steht vor der neuen Universitätsbibliothek ein modernes Monument: »Lehrstuhl – leerer Stuhl«.

Leipzig – Immer in Bewegung

Als Messe-, Universitäts-, Industrie- und Medienstadt fühlte Leipzig seit jeher den Puls der Zeit. Das prächtige Alte Rathaus und die traditionellen Mustermessehäuser, die gotische Thomaskirche, der ausgebaute Hauptbahnhof, einer der größten Kopfbahnhöfe, und das Grassimuseum bilden ein besonderes Leipziger Allerlei. Die Nikolaikirche wurde durch die Montagsdemonstrationen 1989 zum nationalen Symbol. In der alten Handelsstadt spielte schon immer die Musik, im Gewandhaus oder unter der Regie des großen Bach. Seit 1632 findet die Buchmesse statt, heute haben sich auch Neue Medien breit gemacht. Die Neue Leipziger Schule um Neo Rauch gibt der Kreativszene wichtige Impulse.

Dresden – Elbmetropole im Barockkleid

Die barocke Kulisse an der Elbe ist beeindruckend. Die elegante Brühlsche Terrasse gilt als einer der schönsten »Aussichtsbalkone« der sächsischen Hauptstadt. Mit Engagement, Sorgfalt und langem Atem erstand vor und nach der Wende vieles wieder in altem Glanz mit dem zentralen Dreiklang aus Semperoper, Residenzschloss und Zwinger. Die Frauenkirche mit ihrer berühmten Sandsteinkuppel konnte 2005 wieder geweiht werden. Das Grüne Gewölbe ist eine Schatzkammer, weitere Dresdener Juwelen sind das Albertinum und das Deutsche Hygienemuseum.

Romantische Felslandschaft Sächsische Schweiz

Bizarre Felsformationen und tiefe Canyons prägen die Erosionslandschaft des Elbsandsteingebirges. Der 1990 entstandene Nationalpark ist ein Paradies für Wanderer, Kletterer und Radfahrer, die auf dem Elberadweg gemütlich dem trägen Fluss folgen. Auf Wanderer warten zwischen »Bastei«, Lilienstein, Pfaffenstein und den Schrammsteinen über 1200 km Wanderwege. Auf 112 km folgt der Wanderschuh dem Malerweg, der die Festung Königstein, die Burg Hohenstein und die Felsenbühne Rathen passiert.

Auf Bergbaupfaden im Erzgebirge

Das erste »Berggeschrey«, die Nachricht über ergiebige Silber- und Zinnerzfunde, hallte 1168 durch die Landschaft, die fortan Erzgebirge hieß. Im Mittelalter war das Gebirge an der Grenze zu Böhmen die größte Bergbauregion Mitteleuropas. Nach dem Ende des Bergbaus wurden die Textilindustrie und Holzverarbeitung zu wichtigen Erwerbsquellen. Heute bieten rund 5000 km Wanderwege beste Voraussetzungen für Aktivurlauber. Zahlreiche Museen erzählen von der ganz besonderen Geschichte der Region. Im Winter ist Zeit, sich in Oberwiesenthal die Ski anzuschnallen.

[1]

[1] Der Zwinger von Matthäus Daniel Pöppelmann (1711–28) in Dresden ist ein Juwel des Barock. [2] Blick vom Heringstein zum Kleinen Zschand in der Sächsischen Schweiz. [3] Romantische Wanderwege führen durch das Erzgebirge. [4] Die Handelsmetropole Leipzig ist eine junge Stadt mit vielfältigen Ausgehmöglichkeiten (Bild: Karl-Liebknecht-Straße).

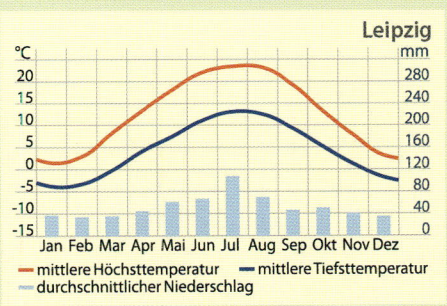

INFOBOX

Beste Reisezeit

Das Klima in der Mitte Deutschlands ist gemäßigt, im Süden Sachsens und auf den Höhen etwas kühler und feuchter. Die ideale Reisezeit für Wanderungen ist der Frühsommer oder Frühherbst. Für Städtereisen haben alle Jahreszeiten ihren Reiz. Im Dezember locken die Weihnachtsmärkte.

5 FRANKEN - ROMANTIK IN HERRLICHER LANDSCHAFT

Gleich zehn Naturparks vom Frankenwald bis zum Altmühltal weist die Region im Norden Bayerns auf. Romantische Städte und Dörfer reihen sich in Franken wie Perlen an der Schnur.

Kultur
40 %

Unterwegs
10 %

Biken
10 %

Aktiv
10 %

Entspannen
10 %

Natur
20 %

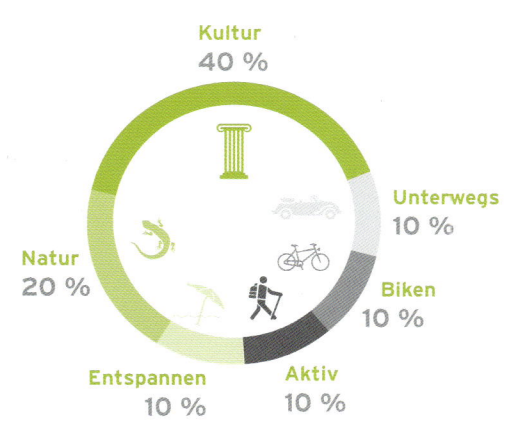

Felsenland Fränkische Schweiz

Schon die Dichter der deutschen Romantik begeisterten sich für die bizarre Karstlandschaft. Die steilen Turmfelsen sind auch ein Mekka für Kletterer. Rund 800 Felsen bieten zahlreiche Kletterrouten. Weniger Wagemutige zieht es in die drei Schauhöhlen, die Binghöhle bei Streitberg, die Teufelshöhle bei Pottenstein und die Sophienhöhle bei Burg Rabenstein. Die aus den Kalkablagerungen des Jurameeres entstandene Fränkische Schweiz zählt auch zu den burgenreichsten Regionen Bayerns. Eine besonders schöne Aussicht bietet die Burgruine Neideck über der Wiesent. Im Felsen- und Fachwerkdorf Tüchersfeld informiert das Fränkische-Schweiz-Museum über Geologie und Kultur der Region.

Romantische Straße von Würzburg bis Dinkelsbühl

Knapp 400 km ist man unterwegs, wenn man den braunen Hinweisschildern der Romantischen Straße von Würzburg nach Füssen folgt. Bleibt man in Franken, ist Dinkelsbühl der Endpunkt. Die von Balthasar Neumann entworfene Würzburger Residenz mit dem berühmten Treppenhaus gilt als ein Hauptwerk des süddeutschen Barock. Weitere Wahrzeichen der unterfränkischen Metropole sind die Festung Marienberg, die alte Mainbrücke, der romanische Dom und das Falkenhaus mit seiner Rokokofassade. Zu den Höhepunkten in Mittelfranken gehören die »Bilderbuchstädte« Rothenburg ob der Tauber und Dinkelsbühl. Die Altstadt der ehemaligen Reichsstadt Rothenburg ist weltbekannt. Dinkelsbühl wird von einer Stadtmauer mit Doppelgraben, vier Toren und 16 Türmen umgeben.

Gemächlich durchs Altmühltal

Langsam fließt die Altmühl der Donau entgegen. Kein Wunder, dass der entlang ihrer Ufer verlaufende Radweg zu den beliebtesten in Deutschland gehört. Die steigungsarme Strecke führt durch das Karstgebirge der Fränkischen

Alb, Wacholderheiden und sanfte Wiesenlandschaften. Vorbei an geschichtsträchtigen Orten wie Gunzenhausen, Treuchtlingen, Pappenheim und der ehemaligen fürstbischöflichen Residenzstadt Eichstätt fließt die Altmühl Richtung Donau. Ab Beilngries wird der Fluss Teil des Main-Donau-Kanals, der hinter Kelheim das Durchbruchstal der Donau durch die Weltenburger Enge beim Benediktinerkloster Weltenburg erreicht.

Solnhofen - Spektakuläre Funde im Jurakalk

Im Altmühltal stoßen Paläontologen in den Steinbrüchen des Solnhofer Plattenkalks bis heute auf Fossilien.

Die Frankenalb war vor 150 Millionen Jahren von einem Meer bedeckt. Besonders gut haben sich Fossilien in einer Lagune beim heutigen Solnhofen erhalten. Auch Landtiere wie Saurier, Schildkröten, Insekten und der Urvogel Archaeopteryx fanden hier den Tod. In den »Paläozoo« führt ein Besuch des Bürgermeister-Müller-Museums, das auch über die Erfindung der Lithografie informiert. Im Hobbysteinbruch kann man selbst nach Fossilien suchen. Mit etwas Glück findet man versteinerte Ammoniten oder die Abdrücke von Seelilien.

[1] Das Fränkische-Schweiz-Museum ist im ehemaligen Judenhof von Tüchersfeld untergebracht. [2] Die Dominikanerstraße in Bamberg lockt zum abendlichen Flanieren. [3] Der im Solnhofener Plattenkalk entdeckte Archaeopteryx war wohl ein aktiver Flieger. [4] Eine der bekanntesten Weinlagen in Mainfranken ist der Escherndorfer Lump. [5] Der Radweg im Altmühltal führt am markanten Burgstein vorbei.

[4]

Weingenuss in Mainfranken

Zwischen Aschaffenburg und Zeil am Main erstreckt sich beiderseits des Mains ein kleines, aber feines Weingebiet. Die Weine, vor allem Silvaner, Müller-Thurgau, Bacchus und die rote Domina, erkennt man am Bocksbeutel, den typisch bauchigen Flaschen. In den gemütlichen Winzerstuben der Fachwerkstädtchen Volkach, Iphofen, Marktbreit und Sommerhausen werden leckere Tropfen etwa aus den Lagen Nordheimer Vögelein oder Sommeracher Katzenkopf ausgeschenkt. In Würzburg kehrt man bevorzugt in den großen Weinstuben von Juliusspital und Bürgerspital oder im Hofkeller ein.

Die drei Städte Bambergs

Die Bischofsstadt wurde wie das antike Rom auf sieben Hügeln errichtet. Der gotische Dom St. Peter und St. Georg mit der geheimnisvollen Skulptur des Bamberger Reiters und die fürstbischöfliche Barockresidenz dominie-

[5]

ren die geistliche Bergstadt. Bürgerliche Fachwerk- und Barockbauten, heute mit Geschäften und Lokalen, verleihen der Inselstadt ein besonderes Flair. Auf einer künstlichen Insel im linken Regnitzarm steht das Alte Rathaus, ein weiteres Wahrzeichen der Stadt. Das bäuerliche Bamberg wird am rechten Regnitzufer durch die Gärtnerstadt, Heimat der Kartoffelsorte Bamberger Hörnla, repräsentiert.

Eine Straße fürs Bier

Mit rund 200 Brauereien, die meisten noch in privater Hand, dürfte Oberfranken über die höchste Brauereidichte in Deutschland, wahrscheinlich sogar in der ganzen Welt, verfügen. Die zwischen Bayreuth und Bamberg verlaufende Fränkische Bierstraße führt an ihnen vorbei und informiert im Fränkischen Brauereimuseum in Bamberg und im Bayerischen Brauereimuseum in Kulmbach über die Braukunst. Unter den vielen Biersorten befinden sich Raritäten wie das Bamberger Rauchbier. Die Bayreuther Biere lagerten bis ins 19. Jh. in Felsenkellern. Die benachbarte Aischgründer Bierstraße bietet zum süffigen Bier noch leckere Karpfen.

Coburg und seine Veste

Ganz im Nordwesten von Oberfranken liegt die Residenzstadt des ehemaligen Herzogtums Sachsen-Coburg. Im Schutz der mächtigen Veste, einer der größten Burganlagen Deutschlands, erblühte das fast tausendjährige Coburg. Zwischen Veste und Schlossplatz vor dem Residenzschloss Ehrenburg erstreckt sich der Coburger Hofgarten. In der gotischen Morizkirche, der ältesten Kirche der Stadt, predigte Martin Luther in seiner Coburger Zeit 1530 über die Osterfeiertage. Ein Kuriosum: An jedem zweiten Juliwochenende findet das größte Samba-Festival außerhalb Brasiliens mit großem Umzug durch die Innenstadt statt.

Alte Reichsstadt Nürnberg

Nürnberg ist die Metropole Frankens, im Mittelalter und während ihrer kulturellen Blütezeit im 15. und 16. Jh. war sie sogar Weltstadt. Nach den Zerstörungen im Zweiten Weltkrieg wurde die Altstadt wieder aufgebaut. Ein weithin sichtbares Wahrzeichen ist die Burg über der Stadt. Dort hielten 1050–1571 alle deutschen Kaiser Hof. Werke der in Nürnberg wirkenden Künstler Veit Stoß und Peter Vischer findet man in der Sebalduskirche, der Lorenzkirche und der Frauenkirche. Im Albrecht-Dürer-Haus kann man Kopien der wichtigsten Bilder des Nürnberger Malers bewundern. Publikumsmagneten sind das Germanische Nationalmuseum und das Spielzeugmuseum. Nicht nur auf dem berühmten Christkindlesmarkt rund um den Schönen Brunnen vor dem gotischen Rathaus kann man sich an Lebkuchen und Rostbratwürsten laben.

Liebliches Taubertal

Rothenburg ob der Tauber gilt vielen als Inbegriff deutscher Romantik. Das mittelalterliche Städtchen ist Ausgangspunkt des 133 km langen Panoramawanderwegs Taubertal, der bis Freudenberg am Main führt. Ein kurzer Abstieg bringt den Wanderer vorbei am Topplerschlösschen auf die mühlenreiche erste Etappe, die in Creglingen mit seinem Riemenschneider-Altar und dem Fingerhutmuseum endet. Weitere Etappen führen durch den Taubergrund über Weikersheim nach Tauberbischofsheim. Probieren sollte man den lokalen Rotwein Tauberschwarz.

[1]

[1] Nur Brände konnten der uneinnehmbaren Veste Coburg Schaden zufügen. [2] Die Frauenkirche in Nürnberg zur blauen Stunde nach Sonnenuntergang. [3] Tauberstraße, Burgenstraße und die Romantische Straße passieren das mittelalterliche Rothenburg ob der Tauber. [4] Apfelweibla heißt dieser Türknopf in der Bamberger Altstadt.

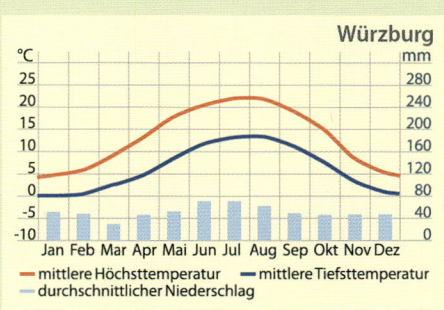

INFOBOX

Beste Reisezeit

Franken liegt im Übergangsbereich vom westeuropäischen maritimen Klima zum Kontinentalklima mit relativ geringen Niederschlägen. Die beste Reisezeit sind die Monate Mai bis Ende September. Im Dezember ziehen die schönen Weihnachtsmärkte zahlreiche Besucher an.

Würzburg

°C / mm

mittlere Höchsttemperatur
mittlere Tiefsttemperatur
durchschnittlicher Niederschlag

6 NIEDERBAYERN – ZWISCHEN HOPFENLAND UND DUNKLEM WALD

Größte Attraktion Niederbayerns ist der Nationalpark Bayerischer Wald, zusammen mit dem tschechischen Nationalpark Šumava größtes Waldgebiet Mitteleuropas. Westlich der Donau schließen sich sanfte Hügellandschaften an.

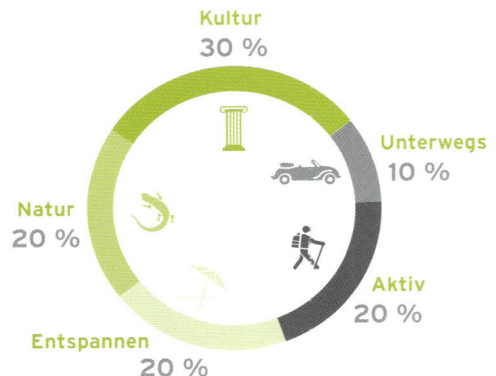

Kultur
30 %

Unterwegs
10 %

Aktiv
20 %

Entspannen
20 %

Natur
20 %

[1] Die Lange Wand ist einer der Kalksteinfelsen in der Weltenburger Enge. [2] Über den Kaitersberg im Bayerischen Wald führt eine schöne Wanderung. [3] Der Tibertiusbrunnen in Straubing erinnert an einen Stadtheiligen. [4] Mit einem Standkonzert wird das Deggendorfer Frühlingsfest eröffnet.

[1]

In der Weltenburger Enge

Zwischen Kelheim und dem Kloster Weltenburg hat sich die Donau einen knapp 4,5 km langen Weg durch die Frankenalb geschaffen. Bis zu 70 m hohe, steile Kalkfelsen mit so fantasievollen Namen wie »Bischofsmütze« oder »Napoleons Reisekoffer« säumen das unter Naturschutz stehende Durchbruchstal. Ein besonderes Erlebnis ist eine Bootstour mit dem Kanu oder Kajak. Zur Besichtigung und zur Einkehr lädt die Benediktinerabtei Weltenburg mit der Asamkirche und der ältesten Klosterbrauerei der Welt ein. Reizvoll sind auch die im klassizistischen Stil errichtete Befreiungshalle oberhalb von Kelheim und der alte Kanalhafen mit Schleuse und Kran.

Auf dem Jurasteig in die Oberpfalz

In der Nähe der schon zur Oberpfalz gehörenden Domstadt Regensburg mit ihren Geschlechtertürmen verläuft der Fernwanderweg Jurasteig. Der in 13 Etappen unterteilte, 237 km lange Rundweg beginnt und endet in Kelheim. Bizarre Karstlandschaften wechseln sich mit Wacholderheiden, lichten Wäldern und natürlichen Flusslandschaften ab. Dazu kommen Städtchen, Kirchen und Burgen. 18 Schlaufenwege bieten zusätzliche Tagestouren. So führt die Römerschlaufe vom Biergarten an der Donau-Seilfähre in Eining über Bad Gögging mit einem Römermuseum für Kur- und Badewesen zum ehemaligen Römerkastell Abusina, einem Teil des Rätischen Limes.

Die Landshuter feiern Hochzeit

Südöstlich der Hallertau, dem mit 2400 km² größten zusammenhängenden Hopfenanbaugebiet der Welt, in dem auch Spargel gut gedeiht, liegt zu beiden Seiten der Isar die ehemalige Residenzstadt Landshut. In der von der mächtigen Burg Trausnitz bewachten Altstadt wechseln sich schöne gotischen Bürgerhäuser mit prachtvollen Renaissancebau-

ten ab. Der Turm der gotische Kirche St. Martin gilt mit 130 m als höchster Backsteinturm der Welt. Bekannt ist Landshut durch die »Landshuter Hochzeit«, die alle vier Jahre mit über 2000 Statisten aufwendig gefeiert wird. Sie erinnert an die prächtige Hochzeit Herzog Georgs des Reichen, der sich 1475 mit der polnischen Königstochter Hedwig vermählte.

Freie Bahn für die Donau

Zwischen Straubing und Vilshofen darf die Donau, obwohl schon Teil des Main-Donau-Kanals, ihre natürli-

[2]

che Schönheit entfalten. Noch behindern keine Stauwehre und Kraftwerke den frei fließenden Fluss. Besonders wertvolle Bestände von Auenwäldern, Sumpfwiesen und Röhrichten befinden sich im Mündungsdelta der Isar bei Deggendorf. Seit Langem schon im Gespräch ist ein dritter bayerischer Nationalpark Donau- und Isarauen. Führungen in diesem einzigartigen Lebensraum bietet das Infohaus Isarmündung an. Als »Landschaftspfleger« dienen seit 2004 Heckrinder, Nachzüchtungen des Auerochsen.

Straubing – Erinnerung an eine tragische Liebe

Straubing ist das Zentrum des Gäubodens, eines fruchtbaren Lössgebietes in der Donauebene. Jeden Sommer wird das Gäubodenfest gefeiert, an dem ein speziell gebrautes Bier reichlich fließt. Die Gegend um Straubing ist seit der Jungsteinzeit ununterbrochen besiedelt und war als Sorviodurum Standort römischer Kastelle und eines Donauhafens, zu besichtigen im Römerpark. Unter den Wittelsbachern entstanden die gotischen, Renaissance- und Barockbauten des Stadtkerns. An die tragische Liebesgeschichte

[3] [4]

um die Baderstochter Agnes Bernauer, die Herzog Ernst 1435 in der Donau ertränken ließ, erinnern die Agnes-Bernauer-Festspiele.

Knödelhochburg Deggendorf

In Deggendorf, nahe der Mündung der Isar in die Donau, sollen die Semmelknödel besonders gut schmecken. Der Sage nach wurde im 13. Jh. die Stadt von böhmischen Truppen belagert. Dabei wurde ein Späher mit voller Wucht von einem Knödel im Gesicht getroffen. Die Böhmen vermuteten reichliche Vorräte in der Stadt und ließen von der Belagerung ab. An die tapfere »Knödelwerferin« erinnert in der Altstadt der gleichnamige Brunnen. Bis heute hat sich der birnenförmige Grundriss der Altstadt erhalten, in dessen Mitte das Alte Rathaus mit seinem gotischen Turm steht.

Wildnis im Bayerischen Wald

Das waldreiche Mittelgebirgsland an der Grenze zu Tschechien ist Deutschlands ältester Nationalpark. Um die Gipfel des Großen Rachel, des Großen Arber und des Kleinen Arber entwickelten sich eiszeitliche Karseen, um den Lusen ein ausgedehntes Blockmeer. In einigen Bereichen, etwa um den Großen Falkenstein im Norden, stehen noch Urwaldreste mit uralten Tannen, Fichten und Buchen. Die beiden Nationalparkzentren am Falkenstein und am Lusen liefern Wissenswertes über den Naturraum. Am Nationalparkzentrum Lusen darf man sich auf einem 1300 m langen Pfad von den Baumwipfeln kitzeln lassen.

Ein Herz und ein Wald aus Glas

Die Glasherstellung im Bayerischen Wald blickt auf eine 700-jährige Tradition zurück. Seit 1997 führt die Glasstraße auf mehreren Routen von Waldsassen nach Passau. Bekannte Glashütten und kleinere Glaskunstbetriebe präsentieren im »Gläsernen Herz« rund um Zwiesel, Frauenau und Spiegelau ihre Erzeugnisse. Besucher können in einigen Betrieben selbst mundgeblasene Objekte herstellen. Zu einem neuen Wahrzeichen von Zwiesel wurde die aus 93 665 Weinkelchen aufgebaute Kristallglaspyramide. Bei Regen steht am Fuß der Burgruine Weißenstein der Gläserne Wald mit 30 Bäumen. Informatives zur Geschichte der Glaskultur bietet das Glasmuseum Frauenau.

Dreiflüssestadt Passau

Italienischen Baumeistern, die das Bild der an der Mündung von Inn und Ilz in die Donau gelegenen Stadt geprägt haben, ist der Beiname »Venedig Bayerns« zu verdanken. Ein Brand hatte Passau 1662 zerstört. Um die von Kuppeln bekrönte Bischofskirche St. Stephan, in der die größte Domorgel der Welt steht, geben prächtige Barockbauten der Stadt ein südliches Flair. Zum Donauufer hin haben sich in kleinen Gässchen Lokale und hübsche Läden etabliert. Am Rathausturm erinnern Pegelmarken an die häufigen Hochwasserkatastrophen. Den besten Blick über Passau bietet die Veste Oberhaus, die ehemalige Residenz der Fürstbischöfe, am gegenüberliegenden Donauufer.

Abtauchen im Bäderdreieck

Die Erfolgsgeschichte von Bad Griesbach, Bad Füssing und Bad Birnbach begann 1938. Auf der Suche nach Erdöl und Erdgas im Tal der Rott sprudelte bei Bohrungen statt der erhofften Energieträger »nur« 56 °C heißes Thermalwasser aus einer Tiefe von 1000 m nach oben. Seither entwickelte sich das Bäderdreieck zu einer der führenden Kur- und Wellnessoasen Europas. Spitzenreiter nach Übernachtungszahlen ist Bad Füssing mit der größten Thermenlandschaft Europas. Bad Griesbach ist heute ein Golferparadies mit mehreren 18- und 9-Loch-Plätzen sowie einer Golfakademie. Etwas beschaulicher geht es im noch ländlich geprägten Bad Birnbach zu.

[1]

[1] Blaubeerfelder, die sich im Herbst rot färben, lassen den 1373 m hohen Lusen leuchten. [2] In Passau münden der grüne Inn und die schwarze Ilz in die blaue Donau. [3] Eine der drei Glasarchen Deutschlands steht vor dem Glasmuseum in Frauenau. [4] Prächtige Bürgerhäuser schmücken die Isarfront in Landshut.

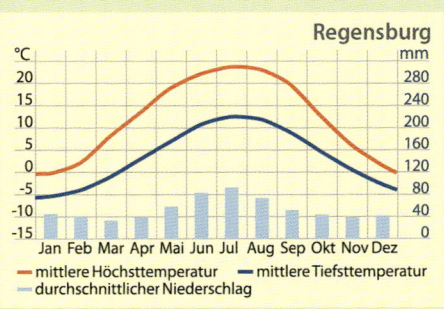

INFOBOX

Beste Reisezeit

In Niederbayern überwiegen gemäßigte kontinentale Klimaeinflüsse mit ausgeprägten Jahreszeiten, in denen jederzeit Niederschläge fallen. Die beste Reisezeit ist die Zeit zwischen Ende Mai und Ende September. In den Wintermonaten locken die Skigebiete im Bayerischen Wald.

⑦ SCHWARZWALD UND SCHWÄBISCHE ALB - DICHTE WÄLDER UND KARST

Unterschiedlicher könnten die beiden Mittelgebirgslandschaften nicht sein. Im Westen der grüne Schwarzwald, im Osten die karge Alb mit geschichtsträchtigen Burgen und verborgenen Schätzen. »Aufstieg« und »Abstieg« führen über wahre Stadtperlen.

Natur 30 %

Unterwegs 10 %

Biken 10 %

Aktiv 10 %

Entspannen 10 %

Kultur 30 %

[1]

Alt-Heidelberg, du feine

Den schönsten Blick auf die Altstadt und das Heidelberger Schloss hat man zweifellos vom Philosophenweg auf der gegenüberliegenden Neckarseite. Ihn liebten schon die Heidelberger Studenten im 19. Jh. für verträumte Spaziergänge. Die malerische Schlossruine am Hang des Königstuhls ist die Hauptattraktion der viel besuchten Stadt, für viele Ausländer der Inbegriff der Romantik. Hinter den Renaissancefassaden warten das große Weinfass, ein Sternerestaurant und das Deutsche Apothekenmuseum auf den Besucher. Verlockend sind auch die zahllosen Lokale in der Altstadt. Das Stadtbild des im Pfälzischen Erbfolgekrieg 1693 zerstörten Heidelberg dominieren heute prächtige Barockbauten.

Baden-Baden - Wellness und Spiel

Schon die Römer schätzten die heilkräftigen Thermen von Baden-Baden. Überreste der Bäderstadt Aurelia Aquensis liegen unter dem Friedrichsbad, einem Badetempel im Stil der Belle Époque mit prächtiger Kuppel. Im 19. Jh. zog das Modebad viele gekrönte und nicht gekrönte Häupter an. Dazu trug wohl auch Deutschlands älteste und größte Spielbank bei, die im Seitenflügel des Kurhauses untergebracht ist. Am neobarocken Theater beginnt die Flaniermeile Lichtentaler Allee mit Parks, Luxushotels und bedeutenden Museen, u. a. dem Museum Frieder Burda. Sie endet an der Zisterzienserinnenabtei Lichtenthal.

Schwarzwald - Die Berge hinauf und herunter

Die Ferienregion Schwarzwald ist seit 2014 um eine Attraktion reicher. Im Nordteil wurde um den Hohen Ochsenkopf und den Ruhestein der mehr als 100 km² große Nationalpark Schwarzwald gegründet. Eine Besonderheit sind neben idyllischen Karseen und Hochmooren die baumfreien Bergrücken, die Grinden, mit ihren kargen Feuchtheiden. Höher hinauf geht es im Südschwarzwald

mit Seen, Wasserfällen, markanten Bergrücken wie dem Belchen und gemütlichen Bauernhöfen. Das höchste Mittelgebirge Deutschlands ist ein Paradies für Wanderer und Biker, im Winter lockt besonders die Feldbergregion mit Abfahrtspisten und Langlaufloipen. Im Schwarzwald wurde der europäische Wintersport schließlich »erfunden«.

Rasante Abfahrt zum Mummelsee

 Von der Hornisgrinde, der mit 1163 m höchsten Erhebung im

[3]

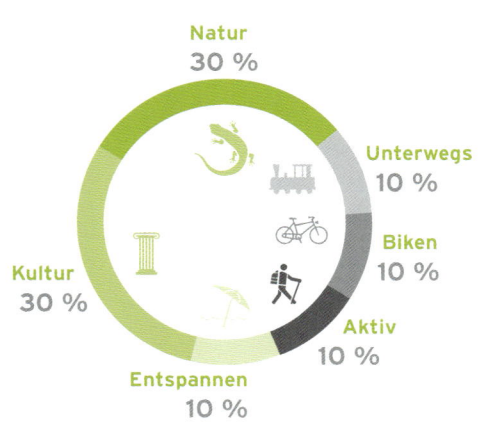

Nordschwarzwald, geht es mit dem Mountainbike hinab zum sagenumwobenen Mummelsee. Eine beliebte, wenn auch schwierige Strecke führt über 32,6 km von der Hornisgrinde über den Mummelsee nach Gernsbach im Murgtal. Die Aussicht vom 1910 errichteten Hornisgrindeturm reicht von den Vogesen bis zur Schwäbischen Alb, bei sehr klarem Wetter bis zu den Alpen. Allerdings zählt die Hornisgrinde mit ihrem Hochmoor zu den niederschlagsreichsten Orten in Deutschland. Der kleine Mummelsee mit einem großen Berghotel daneben ist ein eiszeitlicher Karsee.

[1] Aussicht vom Philosophenweg auf das Heidelberger Schloss, die Heiliggeistkirche und die Alte Neckarbrücke. [2] Raureif überzuckert den Schwarzwald. [3] Direkt an der Schwarzwaldhochstraße liegt der viel besuchte Mummelsee, ein Eiszeitrelikt. [4] Ein Zug der Sauschwänzlebahn fährt über das Biesenbach-Viadukt. [5] Die Altstadt von Freiburg im Breisgau überragt das schlanke gotische Münster.

[4]

Mit der Sauschwänzlebahn durchs Wutachtal

Ihren Namen hat die Sauschwänzlebahn, Teil der Wutachtalbahn, nicht von den historischen Lokomotiven oder von kleinen Schweinen, sondern von einem ihrer sechs Tunnel, den der Zug spiralförmig durchfahren muss. Auch sonst ist die Streckenführung kurvenreich. Die 25 km lange Bahnstrecke führt vom Bahnhof Blumberg-Zollhaus am Südrand des Schwarzwalds zum Bahnhof Weizen nahe Waldshut und wieder zurück entlang tiefer Täler. Die einzelnen Ausstiegspunkte bieten viele Möglichkeiten für Wanderungen, z. B. auf dem Sauschwänzle-Weg

oder dem Schluchtensteig. Abenteuerlich ist die Begehung der Wutachschlucht.

Freiburg – Grüne Stadt unterm Schauinsland

Das sonnenverwöhnte Freiburg im Breisgau am Fuß des Schauinsland hat sich dank seiner engagierten Umweltpolitik den Beinamen »Green City« erworben. Das ab 1992 entstandene Quartier Vauban ist ein Paradebeispiel ökologischer Stadtplanung. In der Altstadt geben 15 Informationsstellen Auskunft über die Sehenswürdigkeiten, allen voran das gotische

[5]

Münster mit seinem filigranen, 116 m hohen Turm. Bekannte Profanbauten sind das Renaissance-Kaufhaus mit seinem blutroten Anstrich und das Gasthaus »Zum Roten Bären«, Deutschlands ältester Gasthof mit Mauern von 1120. Er kann als Ausgangspunkt für die beliebte »Bächletour« entlang der schmalen Kanäle dienen.

Schwäbische Alb - Burgen, Höhlen und uralte Kunst

Steil überragt der 200 km lange Albtrauf das Albvorland mit seinen Streuobstwiesen und Thermalquellen. Schlösser und Burgen von der Stauferzeit bis ins 19. Jh. wie Burg Hohenzollern bieten ein spektakuläres Panorama. Dahinter beginnt die Karsthochfläche der Alb. Landschaftsprägend sind die wasserlöslichen Kalkschichten, Hinterlassenschaften eines tropischen Meeres aus dem Weißen Jura, in denen sich Höhlen und Felsriffe gebildet haben. Schauhöhlen sind die Bärenhöhle und die Laichinger Tiefenhöhle. In sieben Höhlen fand man die ältesten Kunstobjekte und Musikinstrumente der Menschheit aus der Eiszeit vor rund 40 000 Jahren. Highlights sind u. a. die »Venus vom Hohle Fels« und der »Löwenmensch«.

Traufgang Felsenmeersteig

Sieben Traufgänge machen Albstadt zu einem Mekka für anspruchsvolle Wanderer. Sie bieten steile Schluchten, markante Felsen und spektakuläre Aussichtspunkte und geben gleichzeitig Einblick in die Welt der Wacholderheiden mit ihren seltenen Pflanzen und Tieren. Als »Königstour« gilt der 16,8 km lange Traufgang Felsenmeersteig. Vom Wanderparkplatz bei Albstadt-Burgfelden geht es steil bergauf. Aussichtsfelsen sind der Böllat und der Heersberg mit Resten einer Burg und einem Abenteuerspielplatz. Ebenfalls an der Traufkante liegen die Ruinen der weitläufigen Schalksburg. Eine Holztreppe führt auf den restaurierten Bergfried.

Spektakulärer Naturpark Obere Donau

Zu den Glanzpunkten der Schwäbischen Alb gehört der Donaudurchbruch beim Kloster Beuron. Die barocke Abteikirche des großen Klosterkomplexes kann besichtigt werden. Die noch junge Donau hatte zuvor bei den Versinkungsstellen in Immendingen, Möhringen und Fridingen reichlich Wasser verloren, das

nach unterirdischem Lauf in der Karstquelle Aachtopf wieder zutage tritt. Einen schönen Blick auf die Donauschlinge bei Beuron und Burg Bronnen bietet der Knopfmacherfelsen. Flussabwärts folgt die vom Hohenzollernschloss dominierte Stadt Sigmaringen. Das im 11. Jh. als Burg erbaute, mehrfach umgebaute Schloss wurde um 1900 vollständig umgestaltet.

Junge alte Universitätsstadt Tübingen

Die 27 000 Studierenden prägen das Leben in der 87 000 Einwohner zählenden Stadt. 1477 gründete Graf Eberhard im Bart die Universität, an der u. a. Johannes Keppler, Eduard Mörike und Walter Jens studiert oder gelehrt haben. Über der Altstadt mit ihren verwinkelten Gassen und Fachwerkhäusern rund um das markante Rathaus thront das im 16. Jh. errichtete Schloss Hohentübingen. Von der Platanenallee hat man den schönsten Blick auf die malerische Neckarfront mit dem Hölderlinturm, in dem der psychisch kranke Dichter seine letzten Jahre verbrachte. Beliebter Studententreff ist das Zwingel, der alte Stadtgraben zwischen äußerer und innerer Stadtmauer.

[1]

[1] Den 855 m hohen Hohenzollern am Albtrauf krönt die Stammburg der Hohenzollern. [2] Romantisch ist eine Stocherkahnfahrt auf dem Neckar bei Tübingen. [3] Blick vom Aussichtspunkt Rauher Stein auf das Obere Donautal bei Beuron. [4] In der Stiftskirche von Baden-Baden fanden die Markgrafen von Baden ihre letzte Ruhestätte.

INFOBOX

Beste Reisezeit

Im Schwarzwald treten vom milden Breisgau bis zu den Kaltluftseen in den Hochtälern deutliche klimatische Unterschiede auf. Die beste Reisezeit mit geringeren Niederschlägen sind die Monate Juni bis September. Wintersportler bevorzugen den Januar und Februar. Auf die raue Schwäbische Alb kommen die Touristen vor allem in den Sommermonaten.

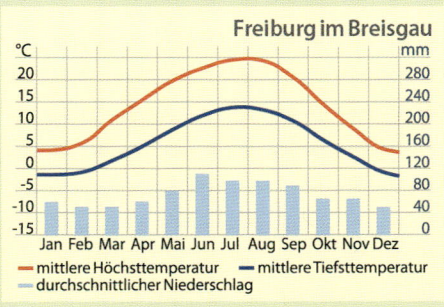

Freiburg im Breisgau

- mittlere Höchsttemperatur
- mittlere Tiefsttemperatur
- durchschnittlicher Niederschlag

°C: 20, 15, 10, 5, 0, -5, -10, -15
mm: 280, 240, 200, 160, 120, 80, 40, 0

Jan Feb Mar Apr Mai Jun Jul Aug Sep Okt Nov Dez

DEUTSCHLAND
Rhein
Heidelberg
Karlsruhe
FRANKREICH
Baden-Baden
Stuttgart
Hornisgrinde
Mummelsee
Neckar
Nationalpark Schwarzwald
Tübingen
Laichinger Tiefenhöhle
Ulm
Burg Hohenzollern
Schwäbische Alb
Schwarzwald
Albstadt
Donau
Sigmaringen
Freiburg im Breisgau
Kloster Beuron
Feldberg
Sauschwänzlebahn
Wutach
Bodensee

⑧ BODENSEE UND ALLGÄU - VOM SCHWÄBISCHEN MEER IN DIE BERGE

Ganz im Süden Deutschlands, im Dreiländereck zur Schweiz und Österreich, liegt der Bodensee, mit 536 km² der größte deutsche See. An die liebliche Bodenseeregion schließt sich im Westen das Allgäu mit saftigen Almwiesen und alpinen Gipfeln an.

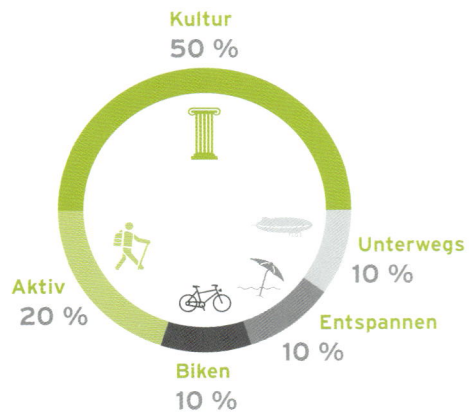

Kultur
50 %

Unterwegs
10 %

Entspannen
10 %

Biken
10 %

Aktiv
20 %

[1] Holzstege verbinden die einzelnen Pfahlbausiedlungen in Unteruhldingen. [2] Über den Seerhein führt eine Brücke von der Konstanzer Altstadt nach Petershausen. [3] Um Oberstdorf locken Wanderwege aller Schwierigkeitsgrade. [4] Zierlauch dominiert das kunstvoll arrangierte Beet auf der Insel Mainau.

[1]

Rund um den Bodensee

🚲 Der rund 270 km lange Bodenseeradweg ist mit mehr als 220 000 Radfahrern im Jahr einer der beliebtesten Radwege Europas. Der mit 170 km größte Teil entfällt auf Deutschland. In mehreren Etappen führt die Strecke rings um den See und folgt fast durchweg der Uferlinie. Nur am Überlinger See muss der Radfahrer die den Fußgängern vorbehaltene Marienschlucht auf einer Steigungsstrecke umgehen. Aber sonst wird der gesamte See mit Obersee, Untersee und Überlinger See umfahren. Nur selten wird der Radweg durch Autoverkehr beeinträchtigt. Wegen der unzähligen Sehenswürdigkeiten entlang der Strecke sollte man mehrere Tage für die Tour einplanen.

Konstanz – Referenz ans Spätmittelalter

🏛 Seit 1993 grüßt die 9 m hohe Statue »Imperia« an der Hafeneinfahrt von Konstanz. Das umstrittene Denkmal, das eine Kurtisane verkörpert, erinnert satirisch an das Konzil von Konstanz im Mittelalter (1414–18), in dessen Verlauf der böhmische Theologe Jan Hus als Ketzer verbrannt wurde. Das Konzilsgebäude, ein mächtiger Steinbau am Seeufer, ist heute ein Kongresszentrum mit Restaurant und Festsaal. Prächtige Zunfthäuser rund um die barockisierte Stephanskirche erinnern an die große Zeit der Stadt im 15. Jh. Die Engstelle des Seerheins mit den Schweizer Fachwerkstädtchen Gottlieben und Steckborn verbindet Ober- und Untersee.

Pfahlbauten – Zurück in die Steinzeit

🏛 Erste Pfahlbauten gab es schon in der Jungsteinzeit. 2011 wurden 111 Pfahlbauten aus dem Alpen- und Voralpenraum in die Liste des UNESCO-Welterbes aufgenommen, darunter auch die Siedlungsüberreste aus dem Bodenseeraum und rund um den Federsee in Oberschwaben. Im dortigen archäologischen Freigelände wurde das Federseemuseum als moderner Pfahlbau errichtet. Das bekanntere Pfahlbaumuseum Unteruhldingen ist ein archäologisches Freilichtmuseum (Stein-und Bronzezeit). Dem Komplex angeschlossen sind zwei Museumsgebäude. Im neuen ARCHAEORAMA kann man einen virtuellen Tauchgang unternehmen.

Blumen auf Mainau, Gemüse auf Reichenau

🏛 Freunde schöner Gärten sind auf der Blumeninsel Mainau im Überlinger See genau richtig. Seit 1928 gehört die Mainau dem schwedischen Königshaus. Graf Lennart Bernadotte machte aus dem

verwilderten Schlosspark ein Blumen- und Gartenparadies. Sehenswert sind auch das Deutschordensschloss, die Schlosskirche und das Schmetterlingshaus. Die Insel Reichenau im Untersee ist als Gemüseinsel bekannt. Wein, Obst und Fische aus eigener Zucht ergänzen das kulinarische Angebot. Im 8. Jh. wurde das Benediktinerkloster Reichenau gegründet. Die frühromanischen Kirchen in Oberzell, Mittelzell und Niederzell beeindrucken durch ihre karolingischen Wandmalereien.

Mit dem Zeppelin überm Bodensee

🛸 Ein einmaliges, nicht ganz billiges Erlebnis ist ein Rundflug über den Bodensee mit einem Zeppelin. Die berühmten Luftschiffe, seit 1993 der Bautyp »Zeppelin NT«, werden wieder in Friedrichshafen gebaut. Mittlerweile sind es sechs Luftschiffe. Seit 2001 kann man bei der Deutschen Zeppelin-Reederei halb- bis zweistündige Rundflüge über den Bodensee und sein Hinterland buchen. Große Panoramafenster in der Fahrgastgondel und die geringe Flughöhe von 300 m garantieren eine faszinierende Aussicht. Alles Wissenswerte zur Technik und zur Geschichte der Luftschifffahrt liefert das Zeppelinmuseum in Friedrichshafen.

Oberstdorf – Auf und unter der Schanze

⛷ Saison ist im Kneipp- und Luftkurort Oberstdorf in den Allgäuer Alpen das ganze Jahr. Als »Schneeloch« weckt die hochalpine Region um Oberstdorf mit dem Kleinwalsertal besonders die

Begehrlichkeit von Wintersportlern. Das 2224 m hohe Nebelhorn, das von Oberstdorf aus mit der Seilbahn zu erreichen ist, lockt mit der längsten Talabfahrt (7,5 km) Deutschlands. Auf der Heini-Klopfer-Skiflugschanze werden immer wieder internationale Wettbewerbe im Skifliegen ausgetragen. Von Frühjahr bis Herbst wartet ein mehr als 200 km langes Wander- und Radwegenetz auf die Besucher, dazu kommen Bergpfade und Klettersteige.

Naturwunder Breitachklamm

Die mit 150 m tiefste Felsenschlucht Mitteleuropas gehört zu den schönsten Geotopen Bayerns. In 10 000 Jahren hat sich die im Kleinwalsertal entspringende Breitach beim Oberstdorfer Ortsteil Tiefenbach ihren Weg durch den harten Schrattenkalk gebahnt. 1905 wurde die Klamm auf Anregung des Pfarrers Johannes Schiebel öffentlich zugänglich gemacht. Jedes Jahr zieht das Naturwunder mehr als 300 000 Besucher an. Am besten erkundet man die Klamm auf einer 4,25 km langen Rundwanderung, die etwa eineinhalb Stunden dauert. Im Winter werden auch Fackelwanderungen angeboten.

Im Allgäuer Käsedreieck

Durch die Region um Wangen, Isny und Leutkirch zieht sich die Westallgäuer Käsestraße mit insgesamt zwölf Heumilchkäsereien. Sie beginnt in Scheidegg, führt über Lindenberg und endet in Bad Wurzach. In der sanften Voralpenregion mit ihren Einzelhöfen und Weilern grasen die Rinder auf blumenreichen Wiesen. Kleine Sennereien und Käsereien produzieren den Allgäuer Hartkäse noch auf traditionelle Art. In einigen Schaukäsereien kann man dabei zusehen und den Käse verkosten. Das bekannteste Käsegericht sind wohl die Allgäuer Kässpätzle, zu denen ein regionales Bier hervorragend schmeckt.

Märchenschloss Neuschwanstein

Der unglückliche Bayernkönig Ludwig II. hat mit Schloss Neuschwanstein das meistbesuchte Touristenziel in Deutschland geschaffen. Unweit von Schloss Hohenschwangau, dem ehemaligen Sommersitz der Wittelsbacher, erhebt sich der nach Vorstellungen Ludwigs ab 1869 umgesetzte Bau einer idealisierten, märchenhaften Ritterburg. Karten für den Schlossbesuch erhält man im Ticketcenter in Schwangau. Wer will, kann von dort aus stilvoll mit der Kutsche hinauffahren. Das begehrteste Fotomotiv ist der Ausblick von der Marienbrücke über der Pöllatschlucht.

Prächtige Händlerstadt Augsburg

Die als Augusta Vindelicorum zur Hauptstadt der römischen Provinz Raetia erhobene Stadt ist eine der ältesten Deutschlands. Nur wenige Spuren blieben erhalten. Bedeutende Bauwerke aus dem Mittelalter sind der Dom und die Basilika St. Ulrich und Afra mit dem mächtigen Turm. Ein weiteres Wahrzeichen aus dieser Zeit ist der Perlachturm, ein ehemaliger Wachtturm. Seine Blüte erlebte Augsburg in der Renaissance, als die Kaufmannsfamilien der Fugger und Welser ihre Handelsimperien errichteten. Die Fuggerei gilt als älteste noch genutzte Sozialsiedlung, das von Elias Holl errichtete Rathaus mit dem Goldenen Saal als einer der prächtigsten Profanbauten nördlich der Alpen. Im unter Holl erbauten Heilig-Geist-Spital spielt heute die »Augsburger Puppenkiste«.

[1]

[1] Vom Tegelberg aus bietet sich eine fantastische Ansicht von Schloss Neuschwanstein. [2] Schmucke Giebelhäuser gruppieren sich um den Merkurbrunnen auf dem Moritzplatz in Augsburg. [3] Die Zwingbrücke gewährt einen atemberaubenden Blick in die Breitachklamm. [4] Im Oberallgäu laden Alpkäsereien zur Einkehr ein.

INFOBOX

Beste Reisezeit

Die weit im Süden gelegene Bodenseeregion weist durch die ausgleichende Wirkung des Wassers und die schützenden Gebirge ein mildes Klima auf und zieht Gäste von Frühling bis Herbst an. Kühler ist es schon wegen der Höhenlage im Allgäu. Dort ist auch im Winter Saison.

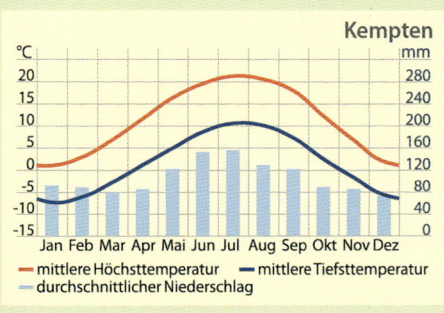

Kempten

°C .... mm
20 280
15 240
10 200
5 160
0 120
-5 80
-10 40
-15 0

Jan Feb Mar Apr Mai Jun Jul Aug Sep Okt Nov Dez
— mittlere Höchsttemperatur — mittlere Tiefsttemperatur
durchschnittlicher Niederschlag

DEUTSCHLAND
Ulm
Augsburg
Donau
Federsee
Iller   Wertach   Lech
Bad Wurzach
Leutkirch
Mainau   Unteruhldingen   Allgäu
Reichenau   Kempten
Rhein   Wangen   Isny
Konstanz   Friedrichshafen   Scheidegg
Bodensee   Füssen   Schloss Neuschwanstein
SCHWEIZ   Nebelhorn
Rhein   Breitachklamm   Oberstdorf
ÖSTERREICH

⑨ OBERBAYERN – SEEN- UND ALPENLAND

Direkt vor den Toren der bayerischen Metropole München breiten sich herrliche Seenlandschaften aus. Nicht weit ist es zu den schneebedeckten Gipfeln der Bayerischen Alpen. Nicht umsonst zählt Oberbayern zu den beliebtesten Urlaubsregionen Deutschlands.

Natur
30 %

Entspannen
10 %

Unterwegs
10 %

Biken
10 %

Aktiv
10 %

Kultur
30 %

[1]

[2]

Auf die Zugspitze

Viele Wege führen auf den mit 2962 m höchsten Berg Deutschlands, seit 2017 die Seilbahn Zugspitze; sie ersetzt die Eibsee-Seilbahn von 1963. Getragen von nur einer 127 m hohen Seilbahnstütze befördert sie die Besucher in zehn Minuten zur Bergstation. Die von Ehrwald hochführende Tiroler Zugspitzbahn wurde bereits 1926 gebaut, 1930 folgte die Bayerische Zugspitzbahn, eine Zahnradbahn, die von Garmisch aus teils in Tunneln auf den Berg führt. Bergsteiger bevorzugen einen der drei Normalwege. Übernachten können sie im Münchner Haus. Das Schneefernerhaus ist heute eine Forschungsstation. Das Zugspitzplatt unterhalb des Gipfels ist Deutschlands höchstes Skigebiet.

Rokokowunder Wieskirche

Die »Wallfahrtskirche zum Gegeißelten Heiland auf der Wies«, so der vollständige Name, ist die vielleicht schönste Rokokokirche der Welt. Sie steht unweit von Steingaden im Pfaffenwinkel, benannt nach den vielen Kirchen und der damit verbundenen hohen Anzahl von Geistlichen. Die Wieskiche ist das Hauptwerk der Wessobrunner Brüder Dominikus Zimmermann, Architekt, und Johann Baptist Zimmermann, Maler und Stuckateur. Die 1983 als UNESCO-Weltkulturerbe ausgewiesene Kirche beeindruckt durch die perfekte Harmonie von Architektur und Dekoration. Der lichtdurchflutete Kirchenraum wirkt trotz seines prächtigen Stuckwerks nie überladen.

Bezauberndes Fünfseenland

Nur einen Katzensprung von München entfernt liegt das Fünfseenland, die Gegend um Starnberger See, Ammersee, Wörthsee, Pilsensee und Weßlinger See. Schon Kaiserin »Sisi« war von der reizvollen Seenlandschaft bezaubert, hatte sie doch im Schloss Possenhofen ihre Kindheit verbracht. Bereits Mitte des 19. Jh. entwickelte sich Starnberg zu einer Villenstadt für Kaufleute, Adlige und

Künstler. Eine Sehenswürdigkeit aus neuerer Zeit ist das von Verleger Lothar-Günther Buchheim gegründete »Museum der Phantasie« in Bernried. Beliebt bei Seglern, Surfern und anderen Wasserratten ist der Ammersee, wie die anderen Seen ein eiszeitlicher Zungenbeckensee. Viel beschaulicher geht es an den anderen Seen zu, dem sauberen Wörthsee, dem Pilsensee mit Schloss Seefeld und dem winzigen Weßlinger See.

Genussradeln um den Ammersee

 Der Ammersee ist ein gutes Ziel für Freizeitsportler, die gern am

[3]

und auf dem Wasser aktiv sind. Besonders die Herrschinger Bucht am Ostufer ist ein beliebtes Windsurf- und Segelrevier. In Herrsching startet auch eine Radtour um den 47 km² großen See. Je nach den gewählten Stopps ist man drei bis sechs Stunden unterwegs. Entlang der Ammer und des Ammersees führt die Strecke über Dießen mit dem barocken Marienmünster, Utting, Schondorf mit seinem romanischen Kirchlein und Breitbrunn zurück nach Herrsching. Bierfreunde machen gern einen Abstecher zur Klosterbrauerei Andechs auf Bayerns »heiligem Berg« mit der weithin sichtbaren Wallfahrtskirche.

[1] Die Wieskirche bei Steingaden gilt als das Meisterwerk der Wessobrunner Schule. [2] Nur Wagemutige dringen zum vergoldeten Gipfelkreuz auf der Zugspitze vor. [3] Knapp 50 km lang ist die gemütliche Radtour rund um den Ammersee. [4] Stimmungsvoll ist der Marienplatz in München in der Adventszeit. [5] 7000 Sitzplätze bietet der Biergarten am Chinesischen Turm im Englischen Garten von München.

[4]

Munich loves you – München mag dich

Dieser Slogan hat inzwischen den bekannteren »Weltstadt mit Herz« abgelöst. München mag seine Besucher besonders zum Oktoberfest. 2017 zog das größte Volksfest der Welt 6,2 Millionen Besucher an. Die zahllosen Sehenswürdigkeiten der Bayernmetropole, angefangen vom Marienplatz und der Frauenkirche bis zur Allianz Arena lassen sich am besten auf einer Stadtführung oder Stadtrundfahrt erkunden. Weltbekannte Museen sind die drei Pinakotheken und das Deutsche Museum. Erholen kann man

sich im Englischen Garten und entlang der Isar, stärken auf dem Viktualienmarkt oder in einem der urigen Biergärten. Und am Abend locken Szeneviertel wie die Maxvorstadt oder Schwabing.

Rosentage in Bad Tölz

Immer an Pfingsten finden die Tölzer Rosentage statt, eine Gartenmesse in den ehemaligen Klostergärten des benachbarten Franziskanerklosters. Dort trinkt man köstliche Rosenbowle.

[5]

Das ganze Jahr stehen die Kur- und Wellnessangebote des Moorheilbades Bad Tölz zur Verfügung. Die reizvolle Innenstadt mit dem »schönsten Festsaal« des Oberlandes, wie die Marktstraße auch genannt wird, und der Blick vom Kalvarienberg über den Isarwinkel auf das Karwendelgebirge gibt es ebenfalls ganzjährig. Überregional bekannt ist die Tölzer Leonhardifahrt Anfang November, eine Wallfahrt mit mehr als 80 Pferdegespannen.

Tegernsee – Mehr Bayern geht nicht

Mehr als 300 km markierte Wege machen die Region am Tegernsee zu einem Wanderparadies für Groß und Klein. Die Palette vor der prächtigen Alpenkulisse ist breit gefächert. Anspruchsvolle wollen vielleicht auf dem Prinzenweg den benachbarten Schliersee erreichen, Spaziergänger bevorzugen Genusswanderwege wie den herrlichen Tegernseer Höhenweg mit urigen Einkehrmöglichkeiten. Diese Strecke bildet auch den Auftakt zur Alpenüberquerung Tegernsee–Sterzing (Südtirol). Lebendiges Brauchtum vermittelt das Tegernseer Bauerntheater in Tegernsee und Bad Wiessee.

Wasserburg am Inn – Spur des Salzes

Der Name der Stadt Wasserburg am Inn leitet sich vermutlich von ihrer einzigartigen Lage auf einem fast vollständig vom Wasser des Inn umflossenen Sporn ab. Die Altstadt ist mit dem übrigen Stadtgebiet nur über eine schmale Landzunge und die Innbrücke zu erreichen, deren Ursprünge ins 11. Jh. reichen. Innschifffahrt und vor allem der Salzhandel machten die Stadt im Mittelalter wohlhabend. Durch das mächtige Brucktor betritt man die im italienisch anmutenden Inn-Salzach-Stil erbaute Stadt. Ein kurzer Spaziergang führt am gegenüberliegenden Innufer zur Schönen Aussicht.

Inselfreuden im Bayerischen Meer

Der im welligen Voralpenland liegende Chiemsee ist mit knapp 80 km² der größte See Bayerns und der drittgrößte Deutschlands. Als Zungenbeckensee ist er ein Relikt der Eiszeiten. Wassersportler, Wanderer und Radler kommen hier in den Sommermonaten voll auf ihre Kosten. Die Flotte der Chiemsee-Schifffahrt bringt Ausflügler auf die Herreninsel mit dem unvollendeten Schloss Herrenchiemsee von Ludwig II. und auf die idyllische Fraueninsel. Die Nonnen des Benediktinerinnenklosters Frauenwörth mit dem romanischen Marienmünster und der karolingischen Torhalle halten gut besuchte Seminare ab. Geräucherte Chiemseefische sind die Spezialität der kleinen Insel.

Nationalpark im Berchtesgadener Land

Eine grandiose Natur breitet sich unter dem 2713 m hohen Watzmann aus. 1978 wurde der Nationalpark in den Berchtesgadener Alpen eingerichtet. Hauptattraktion ist der fjordartig eingeschnittene Königssee, an dessen Westufer unterhalb der Watzmann-Ostwand die kleine Wallfahrtskirche St. Bartholomä mit ihren roten Zwiebeltürmen liegt. Alpinisten können von dort aus das Watzmannhaus erreichen. Bergwanderer zieht es ins hohe Wimbachtal und zum Funtensee, Deutschlands Kältepol, in einer Karstsenke. Weitere Ausflugsziele sind die Schellenberger Eishöhle, der Predigtstuhl und die Salzstadt Bad Reichenhall mit Kurpark und Alter Saline.

[1]

[1] Ein Fahrgastschiff der Chiemseeflotte steuert die Fraueninsel an. [2] Die nur zu Fuß oder mit dem Mountainbike erreichbare Achenkanzel bietet einen schönen Blick auf den Königssee. [3] Der Bennomarkt in Wasserburg am Inn findet im Juni statt. [4] Hinter Rottach-Egern am Tegernsee erhebt sich der Wallberg.

INFOBOX

Beste Reisezeit

Oberbayern liegt in der kontinental geprägten gemäßigten Klimazone. Die beste Reisezeit ist im Sommer zwischen Juli und September. Im Winter bieten die bayerischen Alpen von Dezember bis Februar, teilweise sogar bis in den April Schnee in hohen Lagen. München hat ganzjährig Saison.

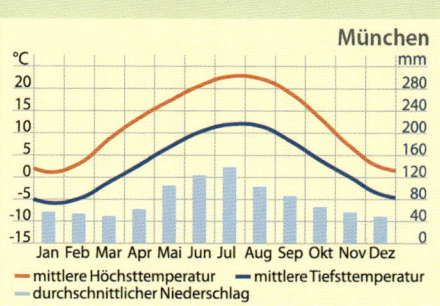

München

°C — mittlere Höchsttemperatur — mittlere Tieftemperatur — durchschnittlicher Niederschlag

BELGIEN UND DIE NIEDERLANDE – SÜSS UND SALZIG, GRÜN UND PRÄCHTIG

10

Ausgedehnte Sandstrände, geschäftige Hafenstädte, aber auch mittelalterlich geprägte Ortskerne und meisterliche Architektur aus der Renaissance – die Region im Westen Europas verspricht Badefreuden, Naturerlebnis und Kunst- und Kulturgenuss zugleich.

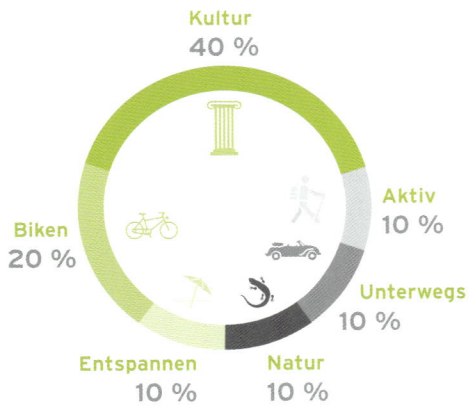

Kultur 40 %
Aktiv 10 %
Unterwegs 10 %
Natur 10 %
Entspannen 10 %
Biken 20 %

[1] Einsame Heidelandschaft im Natur- und Wildpark De Hoge Veluwe. [2] Die von Blumenbildern umrahmte Grand-Place im Herzen von Brüssel mit dem prächtigen Maison du Roi. [3] Eine der vielen Chocolaterien in Brügge. [4] Fahrräder in Bronze – nur im Radlerparadies Niederlande.

[1]

Brüssel – Das Herz Europas

Die Haupt- und Residenzstadt Belgiens vereint auf harmonische Weise alt und neu: Die Verwaltungskomplexe, Luxushotels und Einkaufsmalls stehen für das moderne Brüssel als Schaltzentrale von EU und NATO. Die prunkvollen Paläste und Kirchen verweisen dagegen auf die große Vergangenheit der Stadt. Mittelpunkt ist die Grand-Place, die mit ihren Prachtbauten wie dem spätgotischen Rathaus seit 1998 zum UNESCO-Welterbe zählt. Neben dem zur Weltausstellung 1958 errichteten Atomium gehört auch das berühmte Brunnenbürschchen, das Manneken Pis, zu den Wahrzeichen. Brüssel besticht aber nicht nur durch seine Architektur, sondern auch durch seine kulinarischen Spezialitäten wie dem süffigen Bier und den handgemachten Pralinen.

See- und Diamantenmetropole Antwerpen

In der zweitgrößten Stadt Belgiens pulsiert das Leben. Hier befindet sich einer der größten Seehäfen Europas, der täglich von unzähligen Schiffen aus aller Welt angelaufen wird. Außerdem ist die flandrische Metropole seit jeher ein wichtiger Umschlagplatz für Diamanten. Antwerpens gute Stube, der Große Markt, wird von prächtigen Gildenhäusern, der Liebfrauenkirche und den typischen »braunen Wirtshäusern« eingerahmt. Zu den bekannten Söhnen der Stadt an der Schelde gehört der Maler Peter Paul Rubens, dessen Wohnhaus und Atelier heute ein Museum ist. Nicht verpassen sollte man auch das Druckereimuseum Plantin-Moretus, das zum Weltkulturerbe gehört.

Brügge – Die süße Versuchung

Auch heute noch ist in den engen Gassen der Stadt Hufgetrappel und das Knirschen von Kutschenrädern auf dem Kopfsteinpflaster zu hören. Das flandrische Städtchen Brügge, das bereits 1128 Stadtrechte erhielt, hat sich den mittelalterlichen Charme seiner Blütezeit erhalten. Was liegt da näher, als den herrlichen Marktplatz, den Belfried, die historischen Stadttore und Wälle per Pferdekutsche zu erkunden. Dazwischen heißt es immer wieder absteigen, um die köstlichen Versuchungen der Chocolatiers in den Auslagen zu bewundern und zu kosten. Wer dann noch nicht genug hat, findet im Schokoladenmuseum allerlei Wissenswertes um den edlen Genuss.

Auf der Vlaanderen Fietsroute

Mit seinen stillen Flussauen, den schönen Laubwäldern, saftigen Weiden und kleinen Dörfern ist Flandern ein

[2]

[3]

[4]

Paradies für Radfahrer. Eine besonders schöne Radroute verläuft zwischen den beiden Städten Brügge und Gent. Auf einer Strecke von etwa 50 km führt der Weg von Brügge aus auf der gut ausgeschilderten »Vlaanderen Fietsroute« (F5) vorwiegend an dem von Bäumen gesäumten Kanal Ostende–Gent entlang. Ohne nennenswerte Steigungen ist gemächliches Radeln möglich, zumindest wenn der Wind mitspielt. Am Ziel angekommen, sollte man unbedingt etwas Zeit für die Besichtigung von Gent einplanen. Am nächsten Tag geht es per Zug oder wieder per Rad zurück.

De Hoge Veluwe – Kleine Auszeit im Grünen

Auf einer Fläche von mehr als 5000 ha bietet der nahe der niederländischen Stadt Arnheim gelegene Natur- und Wildpark De Hoge Veluwe alles, was man zum Entspannen braucht: Wald, Heide, Grasland und Flugsandflächen breiten sich in der weiten und nahezu unendlich erscheinenden Landschaft aus. Die Natur mit ihren Tieren und Pflanzen lässt sich zu Fuß oder vom Sattel eines der vielen kostenlosen Leihfahrräder aus erkunden. Auch Kunstliebhaber kommen auf ihre Kosten: Im Park versteckt sich das weltberühmte Kröller-Müller-Museum, das u. a. Meisterwerke von Picasso und van Gogh präsentiert.

Amsterdam – Bunter Mix der Kulturen

Weltoffen, lebenslustig und locker, so präsentiert sich die traditionsreiche niederländische Metropole an der Amstel. Errichtet auf einem Wald von Baumstämmen, wird die Altstadt von einem malerischen Gürtel aus Grachten durchzogen, der sich am besten per Boot erkunden lässt. Neben den zahllosen gemütlichen Kneipen und Cafés gibt es viele herausragende Kunstmuseen wie das Rembrandthuis, das Rijksmuseum und das Stedelijk Museum für moderne Kunst. Mitten im legendären Rotlichtbezirk De Walletjes erhebt sich die im 14. Jh. erbaute Oude Kerk, die von ihrem Turm aus einen guten Blick auf die Grachten und Gassen bietet.

Mit dem Rad ums Ijsselmeer

Auf reizvollen Wald- und Feldwegen oder ruhigen Nebenstraßen schlängelt sich die gut ausgeschilderte Zuiderzeeroute (LF21/22/23) von Amsterdam aus als mehrtägiger Radfernweg um das Ijsselmeer herum. Die weitgehend flache Wegstrecke führt durch einstige Seefahrerstädtchen wie Hoorn und Enkhuizen, durch das traditionsreiche Friesland mit dem Wasserdorf Giethoorn, durch das Niedermoor, dann am Zwarte Meer, Drontermeer und Veluwemeer entlang, und schließlich durch die Festungsstädte Elburg und Naarden wieder zum Ausgangspunkt Amsterdam zurück.

Texel – Insel der Schafe und Robben

»Niederlande im Kleinen« – so wird die Insel Texel auch bezeichnet, denn mit ihren Stränden, Dünen, Wäldern und Weiden bietet sie landschaftlich alles, was das Urlauberherz begehrt. An ihren langen Stränden lässt es sich endlos ausschreiten, während die hübschen kleinen Dörfer zum gemütlichen Schlendern einladen. Texel ist auch ein Paradies für Tiere: Auf der Insel leben im Frühjahr, wenn die Lämmer zur Welt kommen, tatsächlich mehr Schafe als Menschen. In den Dünen grasen halbwilde Pferde und schottische Rinder und auf den inselnahen Sandbänken aalen sich Robben in der Sonne.

Über Land von Groningen nach Middelburg

Weite Sandstrände an der Westküste, aber auch lebendige Städte und beschauliche Dörfer – die Niederlande haben viele Reize, die sich hervorragend im Rahmen einer Wohnmobiltour abseits der Hauptstraßen entdecken lassen. Ausgangspunkt ist die alte Universitätsstadt Groningen. Danach geht es durch die weiten Ebenen Frieslands nach Leeuwarden und Harlingen, über den großen Abschlussdeich des Ijsselmeers bis zur Marinestadt Den Helder und dann an der Küste und den beliebten Badeorten Callantsoog und Schoorl entlang in Richtung Den Haag. Nach einem Abstecher in Rotterdam erreicht man über die N57 im Süden die Stadt Middelburg.

Am langen Strand von Domburg

Auf der Halbinsel Walcheren findet sich mit Domburg einer der ältesten niederländischen Badeorte. Das charmante kleine Städtchen hat sich mit seinen schönen Villen und dem eindrucksvollen Badpavillon viel von seiner mondänen Pracht bewahrt. Am weiten Sandstrand geht es in Richtung Norden ins etwa 5 km entfernte Oostkapelle. Dort bietet sich der urige Strandpavillon »De Piraat« für eine kleine Rast direkt am Wasser an. Der Rückweg führt über die kleinen Pfade des Schutzgebietes De Manteling.

[1]

[1] Mit einer Fläche von mehr als 460 km² ist Texel die größte der Westfriesischen Inseln. [2] Auf der Prinsengracht in Amsterdam reiht sich ein Hausboot ans andere. [3] Junges Wohnen am Kanal in der Universitätsstadt Groningen. [4] Bei Ebbe bleiben am Strand von Domburg kleine wassergefüllte Priele zurück.

INFOBOX

Beste Reisezeit

Das Klima Belgiens und der Niederlande steht mit mildem Winter und gemäßigt warmem Sommer stark unter dem Einfluss der Nordsee. Die beste Reisezeit ist von Frühling bis Herbst. Die Städte und auch die Küstenorte haben aber auch im Winter ihre Reize. Die Monate Juli und August warten mit den meisten Sonnenstunden auf.

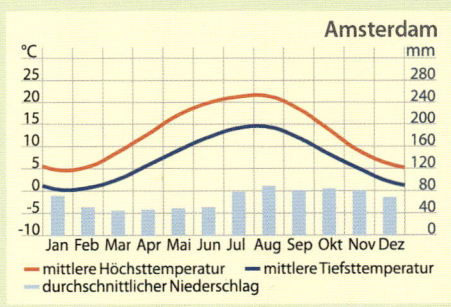

SCHWEIZ – VIERTAUSENDER UND MEISTERWERKE DER KUNST

Kunst und Kultur, Metropolen mit Stil und grandiose Natur von lieblichen Hügellandschaften bis hin zu atemberaubenden Viertausendern – die westliche Schweiz vereinigt viele Vorzüge in unmittelbarer Nachbarschaft.

Kultur
40 %

Biken
10 %

Aktiv
20 %

Unterwegs
10 %

Entspannen
10 %

Natur
10 %

[1]

[2]

Kulturmetropole Basel

Basel punktet mit moderner Architektur, sei es mit dem 105 m hohen Messeturm, mit dem Bankgebäude der BIZ von Mario Botta oder dem Zentralstellwerk des Architektenteams Herzog & de Meuron. Der Pharmakonzern Roche hat für seine Basler Zentrale ein ultramodernes Hochhaus (175 m) gebaut, ein zweites (205 m) wird folgen. Basel ist zudem mit 40 Museen ein Dorado für Museumsfreunde. Im Kunstmuseum etwa sind Werke mittelalterlicher Meister bis zu abstrakter Malerei zu bewundern, im Jean-Tinguely-Museum Schrottkunst oder in der Fondation Beyeler im Bau von Renzo Piano Kunst der Moderne. Mit der »Art Basel« wird die Stadt jeden Frühsommer zum Kunsttreff.

Zürich – Kirchen- und Bühnenkunst

In der Einkaufs- und Finanzstadt hat sich ein lebendiger Kulturbetrieb, etwa mit dem Schauspielhaus oder dem Kunsthaus Zürich, das u. a. Werke Schweizer Künstler wie Alberto Giacometti präsentiert, entwickelt. In der Altstadt steht mit St. Peter die älteste Pfarrkirche der Stadt, am spätromanischen Turm hängt das mit einem Durchmesser von 8,64 m größte Zifferblatt Europas. Das Fraumünster geht auf ein adliges Damenstift aus dem 9. Jh. zurück und überrascht mit fünf Chorfenstern des russischen Malers Marc Chagall. Im Großmünster predigte 1519 Ulrich Zwingli von der Reformation, in sieben Fenstern funkeln heute Achatschnitte Sigmar Polkes.

Wallfahrt nach Maria Einsiedeln

Kloster Einsiedeln im Kanton Schwyz ist der bedeutendste Wallfahrtsort der Schweiz. Der Benediktinermönch Meinrad zog sich im Jahr 835 in eine »Finstern Walde« genannte, einsame Gegend als Eremit zurück, 100 Jahre später entstand daraus eine Benediktinerabtei. Die Klosterkirche im Stil des Vorarlberger Barock ist ein Entwurf des Baumeisters Caspar Moosbrugger, an der Innenausstattung wirkten auch die Münchner Brüder Asam mit. Neben Decken- und Wandfresken schufen sie die von Engelsfiguren gerahmte vergoldete Kanzel. Nach Einsiedeln führen für Einzel-, Gruppen- oder Jakobspilger Hauptwege von Rapperswil, der Kantonshauptstadt Schwyz und dem Bahnknotenpunkt Biberbrugg aus.

Mediterraner Vierwaldstättersee

Rundum durch oft schneebedeckte Berge geschützt, hält sich am Vierwaldstättersee ein so mildes Klima, dass sogar Palmen, Feigen und Zypressen gedeihen. Im See selbst werden Felchen, Barsche und Hechte gefangen. Der knapp 1800 m hohe Rigi und der Hausberg Pilatus gewähren eine atemberaubende Aussicht über die Naturschönheiten wie den

[3]

See mit seinen fjordartigen Einschnitten, die mediterrane Flora im Tal, Alpwiesen und Felslandschaft weiter oben und auf Luzern. Zum Pilatus Kulm geht es von Luzern mit dem Dampfschiff über den Vierwaldstättersee und seinen kleinen Fortsatz, den Alpnachersee, dann mit der steilsten Zahnradbahn der Welt mit bis zu 48 % Steigung.

Bummeln in Luzern

Die berühmte gedeckte Kapellbrücke aus dem 14. Jh. mit achteckigem Wasserturm verbindet die durch die Reuss getrennte Alt- und Neustadt Luzerns.

[1] Die Ausstellungsräume der Fondation Beyeler in Basel. [2] Die Kapellbrücke verbindet die Alt- und Neustadt Luzerns. [3] Zürich mit den Türmen von St. Peter, Fraunmünster und Großmünster. [4] Der Urner See ist ein Teil des Vierwaldstättersees. [5] Im Barockkloster Maria Einsiedeln steht die schwarze Madonna.

[4]

Die längste Holzbrücke Europas ist das Wahrzeichen der Stadt und ein beliebtes Fotomotiv; im 17. Jh. wurden Bildtafeln mit Szenen der Schweizer und Luzerner Geschichte integriert. Luzern lädt zum Bummeln ein, etwa durch die Altstadt mit ihren freskengeschmückten imposanten Bauten sowie den pittoresken Plätzen, etwa Wein- oder Kornmarkt, oder an der malerischen Promenade am Vierwaldstätter See zu Füßen des Pilatus und des Rigi. In zahlreichen Restaurants und Cafés lässt es sich verweilen. Nicht nur auf dem Weg zum Löwendenkmal verführen zahlreiche Läden, darunter viele Feinkostgeschäfte und Konfiserien, zum Shopping.

Die Moore des Entlebuch

Eine voralpine Karst-, Auen-, Trockenwiesen- und Moorlandschaft ist das Markenzeichen des einzigen Biosphärenreservats der Schweiz im Tal der Kleinen Emme zwischen Bern und Luzern. Nur einige Höfe und Dörfer verteilen sich über die grüne Hügellandschaft mit ihren Wäldern und Wiesen. So viele und so große zusammenhängende Moore – es sind 46 Hoch- und Übergangsmoore sowie 60 Flachmoore – mit einer großen Artenvielfalt, darunter Wollgräser und

[5]

fleischfressender Sonnentau, gibt es aber nirgends sonst in der Schweiz. Das Gebiet lässt sich auf dem 80 km langen Moorlandschaftspfad, gut gekennzeichneten Moorwegen, Bergpfaden und Passrouten in fünf Etappen erwandern.

Bern – Hauptstadt und UNESCO-Welterbe

Im Parlamentsgebäude stammen die verwendeten Gesteine aus den 13 Kantonen, innen schmücken Szenen der Schweizer Geschichte das Kuppelgewölbe. Das 100 m hohe Münster ist ein Meisterwerk gotischer Baukunst. Mitten in Bern am Aarehang leben im Bärenpark wirklich Bären – die Namensgeber der Stadt. Der mittelalterliche Grundriss der autofreien Altstadt mit Arkaden und Brunnen blieb fast unverändert. Vom Käfigturm am Bärenplatz ziehen sich Markt-, Kram- und Gerechtigkeitsgasse als Zentralachse bis zur Nydegg-Brücke über die Aare. Das Zentrum Paul Klee nach Plänen des Architekten Renzo Piano beherbergt die weltweit größte Sammlung von Werken des Künstlers.

Rund um Bulle

Weit im Westen der Schweiz nördlich von Gruyère (Greyerz) zu Füßen des Moléson-Massivs, fast an der Grenze zu Frankreich, locken fünf Rad- und acht Rennradtouren in der abwechslungsreichen, malerischen Landschaft. Touren unterschiedlicher Längen, Schwierigkeitsgrade sowie Höhenunterschiede führen entlang an Wasserläufen, vorbei an Alpenseen und durch urige Dörfer. Hier ist die Produktion des berühmten würzigen Käses zu Hause, den man überall probieren kann. Der kleine mittelalterliche Ort Gruyère selbst besticht mit seinen pittoresken Häuschen auf einem Felsplateau hinter mittelalterlichen Mauern vor der Kulisse der Voralpen.

Weltoffene Seemetropole Genf

Das Finanz- und Wirtschaftszentrum ist Sitz internationaler Organisationen wie der UNO. Die Rhône teilt die Stadt in die Rive Gauche am südlich und die Rive Droite nördlich vom Fluss. Besucher zieht es vor allem in das Altstadtquartier in der südlichen Stadthälf-

te. Mittelpunkt der Altstadt ist die Place du Bourg-de-Four, an der sich auch das Rathaus mit seiner Rampe, auf der im 16. Jh. die Honoratioren der Stadt hoch zu Ross in die oberen Stockwerke ritten. Vom Quai du Mont-Blanc genießt man ein fulminantes Panorama über den See auf die höchsten Gipfel der Alpen und den Jet d'Eau, dessen Fontäne 140 m in den Himmel schießt.

Wahrzeichen des Landes: das Matterhorn

Der 4478 m hohe Solitär etwas abseits der Monte-Rosa-Kette wurde erst 1865 vom Engländer Edward Whymper bezwungen, die Besteigung des Matterhorns gilt auch heute als schwierig und gefährlich. Die markante Silhouette aber lässt sich vom autofreien Dorf Zermatt am Fuß des Berges oder vom 3135 m hohen Gornergrat zwischen Gorner- und Findelgletscher, umgeben von 28 weiteren Viertausendern, bewundern. Alternativ geht es von Zermatt aus mit Gondel- und Seilbahnen auf die Aussichtsplattform des Kleinen Matterhorns (3883 m). Versierte Skifahrer fahren von hier auf dem Theodulgletscher auch mitten im Sommer zum Schwarzsee ab.

[1]

[1] Passrouten und Panoramen locken in die Karstlandschaft des UNESCO-Biosphären-reservats Entlebuch. [2] Auf das Matterhorn, einen der höchsten Berge der Alpen, führt keine Seilbahn. [3] Gabel-Skulptur des Künstlers Jean-Pierre Zaugg im Genfer See. [4] Die Aare durchfließt Bern, die Hauptstadt der Schweiz.

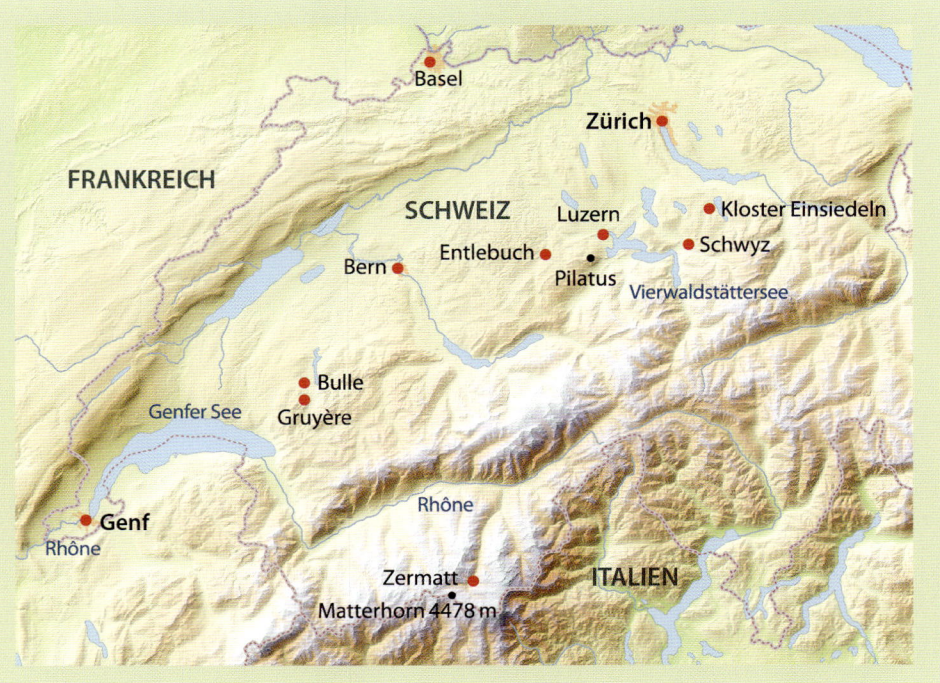

INFOBOX

Beste Reisezeit

Die Schweiz unterliegt atlantischen und kontinentalen Einflüssen. Die Unterschiede zwischen Hoch- und Flachland sind naturgemäß groß. In den Niederungen können die Sommer recht warm werden, aber auch regenreich. Die Winter sind kalt und häufig neblig.

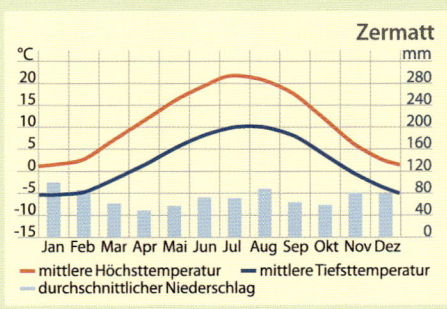

Zermatt

°C / mm

20 / 280
15 / 240
10 / 200
5 / 160
0 / 120
-5 / 80
-10 / 40
-15 / 0

Jan Feb Mar Apr Mai Jun Jul Aug Sep Okt Nov Dez

— mittlere Höchsttemperatur — mittlere Tiefsttemperatur
durchschnittlicher Niederschlag

FRANKREICH
SCHWEIZ
Basel
Zürich
Luzern
Kloster Einsiedeln
Entlebuch
Schwyz
Bern
Pilatus
Vierwaldstättersee
Bulle
Gruyère
Genfer See
Rhône
Genf
Rhône
Zermatt
Matterhorn 4478 m
ITALIEN

12 SCHWEIZ – SCHROFFE GLETSCHER, SANFTE SEEN

Vom Gletscher bis zu palmengesäumten, mediterran anmutenden Seen hält die Ost- und Südschweiz ein Spektrum für Natur liebende Urlauber bereit – Sportbegeisterte und Erholungsuchende kommen gleichermaßen auf ihre Kosten.

Aktiv
40 %

Natur
20 %

Unterwegs
20 %

Entspannen
20 %

[1] Das Gletscherdorf Grindelwald im Berner Oberland gilt als Tor zur Jungfrau-Region. [2] Der Große Aletschgletscher im Kanton Wallis ist der größte und längste Gletscher der Alpen. [3] Langlaufloipen gibt es im Berner Oberland reichlich. [4] Am Fuß der bis zu 300 m tiefen Via-Mala-Schlucht rauscht der Hinterrhein.

[1]

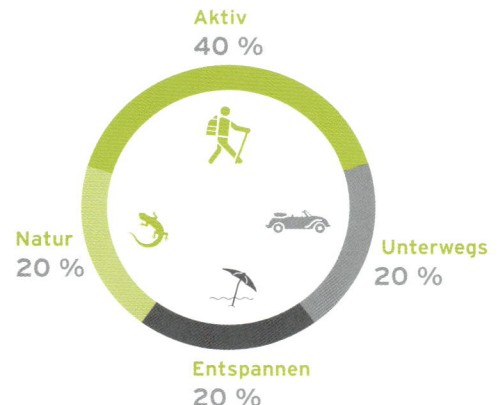

Im Eisstrom des Aletsch

Schneefelder der Jungfrau-Region im Berner Oberland speisen den Großen Aletsch und zwei Mittelmoränen. Der 23 km lange Gletscher bewegt sich etwa 160 m pro Jahr; sein Schmelzwasser speist die Rhône. An den Rändern gedeihen Moose, Wollgräser, Alpenrosen und Steinbrech. Unterhalb der Gletscherzunge sichern Nüsschen von Lärchen oder Zirbelkiefern Birkhühnern und Tannenhähern das Überleben. Auch Rotwild, Füchse und Schneehasen leben hier. 2001 wurde der Große Aletsch mit Aletschwald und den Südhängen des Bietschhorns UNESCO-Welterbe. Die Erderwärmung fordert allerdings Tribut: 1860 war der Aletsch noch 3 km länger.

An Eiger, Mönch und Jungfrau

Eine Zahnradbahn führt von der Talstation Kleine Scheidegg zum Jungfraujoch mit Europas höchstgelegenem Bahnhof. Vom Bergbahnhof wandert man über einen breiten Gletscherweg spektakulär in ungefähr einer Stunde zur bewirtschafteten Mönchsjochhütte in 3657 m Höhe am Fuß des Mönchs und Beginn des Aletschgletschers. Direkt an der Nordwand des Eigers (3970 m) entlang führt die Wanderung auf dem Eiger-Trail nach der Schneeschmelze etwa Ende Juni. Sie beginnt an der Bahnstation Eigergletscher und gewährt eine Stunde lang eine herrliche Aussicht auf Laubhorn, Kleine Scheidegg und das Grindelwaldtal. Über steile Weiden geht es vorbei an Wasserfällen hinab zur Bahnstation Alpiglen.

Grindelwald – Gletscher in Bewegung

Rund um Grindelwald führen weit über 100 Wanderungen von bequemen Panoramawegen bis zu hochalpinen Touren durch die majestätische Bergwelt. Das Tal wird von Bergstöcken wie Eiger und Wetterhorn eingerahmt. Am schönsten sind Wanderungen auf den Spuren der Grindelwaldgletscher – im 19. Jh. reichte

die Zunge des Unteren Grindelwaldgletschers noch bis an den Ortsrand heran, heute durchwandert man die vom Eisstrom geschaffene Schlucht mit Stegen, Felsgalerien und Tunneln. Vom Hotel »Wetterhorn« führt ein steiler Treppenweg mit fast 1000 Stufen zum Oberen Grindelwaldgletscher. Auf die Gletscherzunge trifft man heute zwischen glatt geschliffenen Felswänden.

Am wilden Rhein

Nach einem Bergsturz am Flimser Stein vor etwa 10 000 Jahren grub sich der Rhein durch die Kalkmassen. So

[2]

[3]

entstand eine Schlucht von 13 km Länge, deren Seitenwände zum Teil etwa 400 m hoch aufragen. Auf Kanutouren überwinden Mutige manche Stromschnelle. Wanderer oberhalb der Schlucht wagen von der Plattform »Il Spir« (romanisch: Mauersegler) einen Blick auf den mäandernden Vorderrhein in der Tiefe samt Flussschleife Chrummweg. Sie erleben außerdem den von Erika durchmischten Föhrenwald, im Mai die Blüte von Frauenschuh und Alpenblumen; auf den Kiesbänken tummeln sich Flussregenpfeifer.

Berüchtigte Via Mala

»Viamala« heißt ein etwa 8 km langer Wegabschnitt im Kanton Graubünden am Hinterrhein nahe Thusis, der durch John Knittels Heimatdrama bekannt wurde. Ein schmaler Pfad durch die Wildwasserschlucht wurde schon seit jeher als Weg über die Pässe Splügen und San Bernardino benutzt. Die Römer legten eine Halbgalerie durch die Schlucht an, im 15. Jh. wurde der Weg für Pferdewagen verbreitert. Seit 1834 führt eine mittlerweile ausgebaute Kantonstraße direkt an der Via Mala vorbei und bringt Besucher zum spektakulären Naturmonument. 321 Stufen

[4]

führen zur Aussichtsplattform über dem wild tosenden Hinterrhein in der Klamm.

Kultur- und Sporterlebnis Davos

Thomas Mann ließ sich einst im renommierten Lungenkurort Davos zu seinem Roman »Der Zauberberg« inspirieren. Vom heutigen »Waldhotel« führt der Thomas-Mann-Weg zur »Schatzalp«, Vorbild für das Sanatorium im Roman.

Im heutigen Hotelspeisesaal wird die Belle Époque für Gäste wieder lebendig. Davos, auf 1560 m die höchstgelegene Stadt der Alpen, ist als international bedeutendes Kongresszentrum Treffpunkt von Staatschefs und Wirtschaftsmanagern. Vor allem aber bildet Davos mit dem Nachbarort Klosters eine riesige Wintersportarena mit Pistennetz, Funpark für Snowboarder am Jakobshorn, gespurten Winterwanderwegen und Langlaufloipen.

Albula-Bernina - Eisenbahn ins Eis

Die Albula-Bernina-Bahn bringt Fahrgäste ohne Zahnrad durch Tunnel, über Brücken und Steilpässe in die Gletscherwelt. Von Chur kommend, quert die Albula-Bahn kurz vor Filisur ein Landwasserviadukt, dann durch den Albulatunnel den Alpenhauptkamm. Ab Pontresina geht es mit einer anderen Lok vorbei am Morteratschgletscher und blau schimmernden Seen zum Berninapass (2253 m). Ospizio Bernina ist die höchste Station, auf der Alp Grüm am Palügletscher schmeckt ein Pizzocheri (Pasta mit Wirsing, Kartoffeln und Käse). Schon die Fahrt ist ein Erlebnis. Wer mag, fährt die Alpensüdseite hinab über das Kreisviadukt von Brusio nach Tirano und von dort zum Luganer See.

Gipfelsturm in den Tessiner Alpen

Von Rivera führt die Gondelbahn auf rund 1500 m Höhe. Auf der Alpe Foppa liegt neben einem Bergrestaurant die von Mario Botta gestaltete Capella Santa Maria degli Angeli; von ihrem Dach bietet sich ein atemberaubender Blick auf Lugano, den Luganer See, den Lago Maggiore und schneebedeckte Alpengipfel. Von der Alpe führt ein breiter, gut überschaubarer Weg zum Gipfel des Monte Tamaro (1962 m). Je nach Ausdauer und Trittsicherheit wählt man bequemere längere Wege oder steilere Gratwege weiter zum Monte Lema. Auf der Aussichtsterrasse belohnt den Wanderer die Aussicht auf das Matterhorn. Eine Seilbahn bringt ihn zur Talstation in Miglieglia.

Süßes Nichtstun am Lago Maggiore

Mediterraner Charme durchweht Locarno am Nordufer des Lago Maggiore. Die Piazza Grande mit Patrizierhäusern und Arkadengängen lädt zum *dolce far niente* ein, im Sommer finden hier Konzerte und ein Filmfestival statt. Auf der Seepromenade spaziert man unter Palmen, Gingko, Kamelien und Zitronenbäumen zum Giardini Jean Arp mit Plastiken des Bildhauers und Dadaisten. Eine Standseilbahn führt von der Station Via Ramogna hinauf zur Wallfahrtskirche Madonna del Sasso, ein barockes Ensemble mit neoromanischem Turm und kostbarer Innenausstattung. Auf einem Felssporn soll dort um 1480 einem Franziskanermönch die Jungfrau Maria erschienen sein.

Ascona - Flanieren am See

Im ehemaligen Fischerdorf und späteren noblen Kurort Ascona am Nordufer des Lago Maggiore lädt die Seepromenade mit ihren bunten Häuschen sogar im milden Tessiner Winter zum Flanieren ein. Feinkostgeschäfte und Lokale im autofreien Altstadtkern verführen zum Kennenlernen der feinen Tessiner Küche. Kulisse ist das malerische Hinterland mit seinen schneegekrönten Bergen. Der Hügel westlich der Altstadt wurde einst als »Monte Verità« zum Künstlerrefugium.

[1]

[1] Die Kirche Madonna del Sasso oberhalb von Locarno gilt als berühmtester Wallfahrtsort der Schweiz. [2] Eiger, Mönch und Jungfrau in den Berner Alpen. [3] Die Albula-Bernina-Bahn überquert das 65 m hohe Landwasserviadukt. [4] In der Altstadt von Ascona am Lago Maggiore laden Restaurants zum Verschnaufen ein.

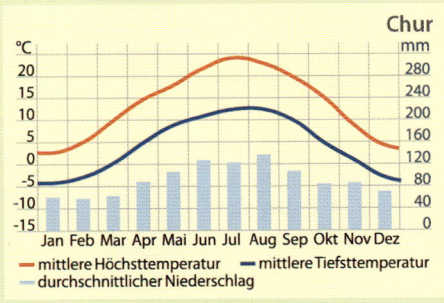

INFOBOX

Beste Reisezeit

Das Klima im Hochgebirge und an den Seen könnte unterschiedlicher nicht sein. Am Lago Maggiore etwa herrscht ganzjährig mildes Mittelmeerklima mit etwa 280 Sonnenstunden im Jahr, während die Bergregionen für Wanderer erst ab Juni schneefrei, für Wintersportler aber bis März nutzbar sind.

ÖSTERREICH - ZWISCHEN WEIN UND SALZ, SEE UND SCHNEE

(13)

Waldreiche Mittelgebirge mit Granitfelsen, das wellige, von der Donau durchflossene Alpenvorland und die schroffen Nördlichen Kalkalpen prägen den nördlichen Teil Österreichs mit seinen vielen Seen. Im Wiener Becken, ganz im Osten, liegt die Hauptstadt Wien.

Kultur
40 %

Biken
10 %

Natur
10 %

Aktiv
20 %

Entspannen
20 %

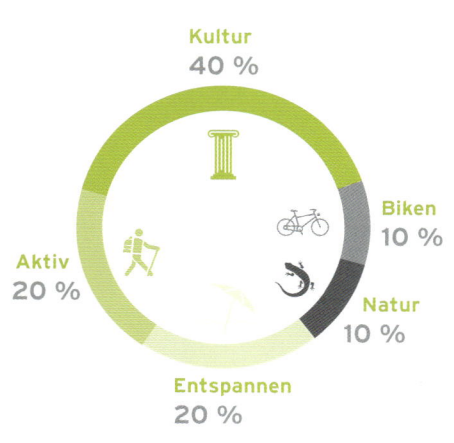
[1]

[2]

Bregenz - Bühne am Bodensee

Im Westen der Bodensee, im Osten die Berge – die Vorarlberger Landeshauptstadt lebt von ihren Gegensätzen. Vom Hausberg der Bregenzer, dem mit der Seilbahn zu erreichenden, 1064 m hohen Pfänder, hat man einen phänomenalen Rundblick über den Bodensee. Bei der Bergstation beginnt der lehr- und genussreiche Käsewanderweg. Historisches Zentrum von Bregenz ist die Oberstadt mit dem Martinsturm, dem Deuringschlössle und der Pfarrkirche St. Gallus. Hinter der Seepromenade locken architektonisch bemerkenswerte Gebäude wie das Vorarlbergmuseum und das Kunsthaus Bregenz – und im See die spektakulären Inszenierungen der Bregenzer Festspiele auf der Seebühne.

St. Anton am Arlberg - Die Erfindung des Skisports

Die Arlbergregion gilt als Wiege des alpinen Skisports. Im kleinen St. Christoph am Arlberg begann der steile Aufstieg von Abfahrtslauf und Slalom. Die Entwicklung des Fremdenverkehrs ist eng mit der Verkehrserschließung verbunden. Das Tiroler Bergdorf befindet sich am Arlbergpass, der Vorarlberg mit Tirol verbindet, bereits in der Bronzezeit ein Handelsweg. 1884 ging die Arlbergbahn in Betrieb; sie brachte die ersten Touristen. 1901 wurde der Skiclub Arlberg gegründet, 1928 fand das erste Arlberg-Kandahar-Rennen statt. Heute ist St. Anton ein mondäner Skiort mit internationalem Flair, die Fußgängerzone eine beliebte Flaniermeile mit regem Nachtleben.

Salzburg - Barock mit Mozart und Jedermann

An Wolfgang Amadeus Mozart, den großen Sohn der Stadt, erinnern sein Geburtshaus in der Getreidegasse, sein Wohnhaus am Makartplatz und die Stiftung Mozarteum. Ende Januar/Anfang Februar findet die Mozartwoche statt. Das andere musikalische Weltereignis sind die Salzburger Festspiele. Vor dem barocken Dom wird Hugo von Hofmannsthals

»Jedermann« aufgeführt, fester Bestandteil des Festivals. Die Fülle an prächtigen Barockbauten hat der Stadt an der Salzach zum Beinamen »Rom des Nordens« verholfen. Über allem thront die Festung Hohensalzburg, die größte vollständig erhaltene Burganlage Mitteleuropas. Reizvolle Ziele sind auch Schloss Mirabell mit dem Mirabellgarten und Schloss Hellbrunn mit seinen Wasserspielen.

Am Inn entlang durch Tirol

Der Innradweg führt immer talab vom schweizerischen Maloja bis zur

[3]

Mündung des Inns in die Donau in Passau. Die gut 230 km lange Tiroler Strecke beginnt im Grenzort Altfinstermünz mit seinem mittelalterlichen Brückenturm. Lohnende Abstecher auf dem Weg nach Innsbruck führen zum Abenteuerspielplatz für Erwachsene »Area47« und zum Stift Stams mit der frühbarocken Basilika. In Wattens warten die von André Heller gestalteten Kristallwelten von Swarovski. Die mittelalterlichen Ortskerne von Hall in Tirol und Rattenberg laden zu einer längeren Pause ein. Am Grenzort Kiefersfelden endet die Tiroler Strecke.

[1] Die »Carmen«-Inszenierung der Bregenzer Festspiele besticht durch ein eindrucksvolles Bühnenbild. [2] Dicht an dicht über dem Seeufer stehen die Häuser und Kirchen in Hallstatt. [3] Wuchtige Bastionen umgeben die Festung Hohensalzburg. [4] Bei Mining passiert der Innradweg das Europareservat Unterer Inn. [5] In St. Gilgen am Wolfgangsee wurde 1720 Mozarts Mutter Anna Maria geboren.

[4]

Bad Ischl und Wolfgangsee - Auf Sisis Spuren

Das Salzkammergut erstreckt sich über die Bundesländer Salzburg, Oberösterreich und Steiermark. Die Kaiserstadt Bad Ischl an der Traun stieg schon Anfang des 19. Jh. dank ihrer Solequellen zu einem der führenden europäischen Kurorte auf. Dort verlobte sich 1853 Kaiser Franz Joseph I. mit Elisabeth von Bayern (»Sisi«). Von 1849 bis 1914 war die Kaiservilla Sommersitz der Habsburger. Von der modernen Therme ist es nicht weit zum Wolfgangsee, dem bekanntesten der mehr als 70 Seen im Salzkammergut. Der

sehr saubere See lädt zum Baden und Tauchen ein. An der Falkensteinwand üben Klippenspringer ihr Können.

Hallstatt - Das Weiße Gold der Erde

»Weißes Gold« nannte man das Salz früher. Den reichen Vorkommen im Salzkammergut verdankt die Stadt Salzburg ihren Aufstieg. Seit der Jungsteinzeit lockten die ausgedehnten Lagerstätten Menschen in die abgeschiedene Bergre-

gion um Hallstatt. Im Besucherbergwerk und im Prähistorischen Museum erfährt man mehr darüber, auch über Abbau und Verhüttung der Eisenerze zu Beginn der Eisenzeit, die einer ganzen Kulturepoche den Namen Hallstattzeit gaben. Vom Hallstätter Salzbergwerk führt seit 1607 eine Solepipeline zur Saline in Ebensee. Einzigartig ist die Lage von Hallstatt am schmalen Uferstreifen des Hallstätter Sees.

Wachau – Burgen, Wein und Marillen

Genusswandern in der Wachau, vorbei an Klöstern und Burgen, durch Weinberge und Marillenobstgärten und Pausen mit Panoramaaussicht – das bietet seit 2010 in 14 Etappen der Welterbesteig Wachau nördlich und südlich der Donau. Der 180 km lange Wanderweg beginnt und endet in Krems an der frühgotischen Gozzoburg. Zu den Attraktionen gehören Dürnstein mit seiner Altstadt und der Burgruine, das monumentale barocke Stift Melk, Schloss Schönbühel, die Burgruine Aggstein und das hoch gelegene Stift Göttweig. Einkehrmöglichkeiten bieten Winzerorte wie Weißenkirchen und Rossatz. In Spitz wird am Marillenkirtag der Aprikose gehuldigt.

Vom Most zum Wein

Das Mostviertel ist der südwestliche Teil von Niederösterreich. Um Amstetten werden auf Streuobstwiesen Birnbäume kultiviert. Aus den Mostbirnen werden Birnenmost, Säfte, Edelbrände und Essige hergestellt. Die Moststraße – besonders reizvoll zur Baumblüte – führt zu Wirtshäusern und Direktvermarktern. Bekannter ist das Weinviertel im Nordosten von Niederösterreich nördlich der Donau. Im größten österreichischen Weinbaugebiet werden vor allem Grüner Veltliner und Zweigelt erzeugt. Typisch sind die rund 1100 in Lösshohlwegen angelegten Kellergassen. Im vorderen Presshaus wird der Wein hergestellt und verkostet und dann im langen Keller gelagert.

Gesamtkunstwerk Wien

Die Donaumetropole ist mit ihren Prachtbauten, der Wiener Klassik, den weltbekannten Kunstsammlungen und Schauspielstätten sowie der sprichwörtlichen Wiener Gemütlichkeit, die man in den Kaffeehäusern und Beisln erfährt, ein Gesamtkunstwerk. Wahrzeichen ist der gotische Stephansdom mit dem knapp 137 m hohen Südturm, von dessen Aussichtsgalerie man einen guten Rundumblick über den historischen Stadtkern hat. Beeindruckend ist auch die Aussicht vom Riesenrad im Prater, umfassender die vom Drehrestaurant des 252 m hohen Donauturms im Donaupark. Viel besucht ist der Palastkomplex der Wiener Hofburg mit den Kaiserappartements, dem Sisi-Museum und der Spanischen Hofreitschule. Flaniermeilen sind der Graben und die Kärntner Straße.

Ruhiger Neusiedler See

Der flache Steppensee im Burgenland ist ein besonderer Lebensraum. Ohne größeren Zufluss ist sein Wasserstand je nach Niederschlägen starken Schwankungen ausgesetzt. Der breite Schilfgürtel, die Salzlaken und Feuchtwiesen sind ein Paradies für rund 300 Vogelarten. 1993 wurde der Nationalpark Neusiedler See – Seewinkel gegründet. Er lässt sich zu Fuß oder mit dem Fahrrad erkunden. Podersdorf ist der beliebteste Badeort. Malerische Weindörfer wie Mörbisch, Purbach und Rust warten mit Weinstuben auf die Besucher. Ein Wahrzeichen der Landeshauptstadt Eisenstadt ist das barocke Schloss Esterházy mit dem prächtigen Haydnsaal.

[1]

[2]

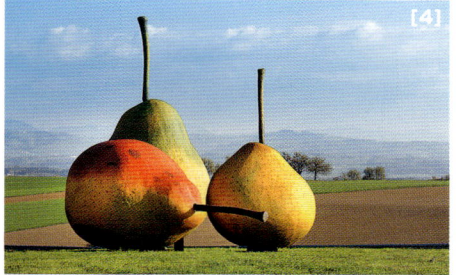

[1] Vom Stephansdom in Wien geht der Blick über die Peterskirche und die Votivkirche bis zum Wienerwald. [2] In der Uferzone des Neusiedler Sees leben mehr als 300 Vogelarten. [3] Mischwälder prägen die Landschaft am Welterbesteig in der Wachau. [4] Die übergroßen Birnen schmücken einen Kreisverkehr im Mostviertel.

[3]

[4]

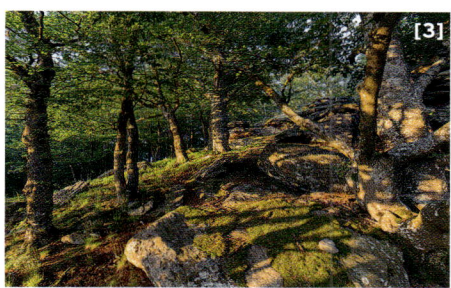

INFOBOX

Beste Reisezeit

In den Ostalpen machen sich bereits kontinentale Klimaeinflüsse bemerkbar. Regnen kann es im nördlichen Teil aber zu jeder Zeit. Für einen Wanderurlaub empfehlen sich der Frühling und der Spätsommer, Wintersportler kommen vom Dezember bis zum Februar. Wien hat zu jeder Zeit Saison.

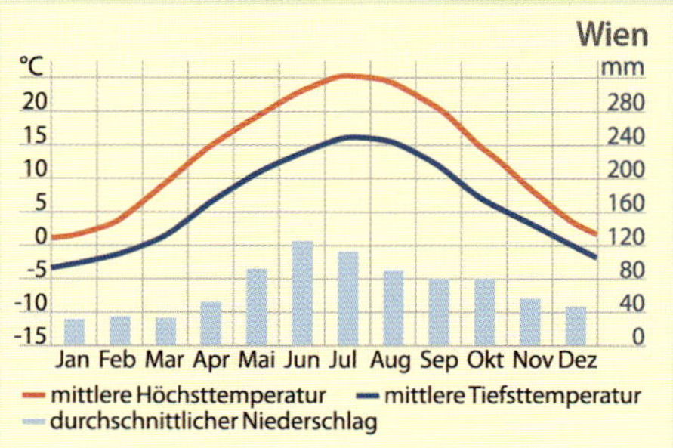
Wien
°C
mm
20
15
10
5
0
-5
-10
-15
280
240
200
160
120
80
40
0
Jan Feb Mar Apr Mai Jun Jul Aug Sep Okt Nov Dez
mittlere Höchsttemperatur
mittlere Tiefsttemperatur
durchschnittlicher Niederschlag

Krems an der Donau
Weinviertel
Donau
Welterbesteig Wachau
Melk
Wien
München
Inn
Mostviertel
Salzburg
Salzkammergut
Neusiedler See
Eisenstadt
Wolfgangsee
Bad Ischl
Bodensee
Hallstatt
Bregenz
Innradweg
Innsbruck
St. Anton am Arlberg
Stift Stams
ÖSTERREICH

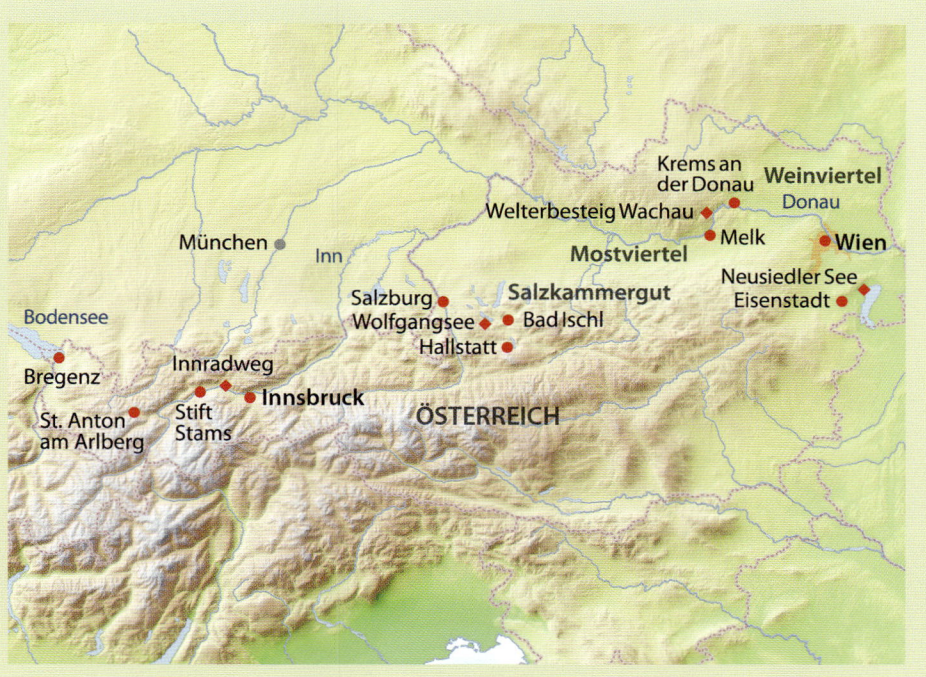

ÖSTERREICH – IM BANN DER ALPEN

(14)

Österreichs Alpenregion gehört zu den Ostalpen. Der Inn trennt die Nördlichen Kalkalpen von den Zentralalpen mit dem markanten Großglockner. Vor allem die lang gezogenen Hohen Tauern sind vergletschert. Südlich von Drau und Gail schließen sich die Südalpen an.

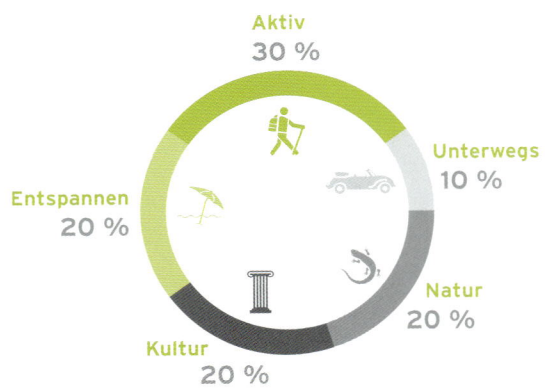

Aktiv 30 %
Unterwegs 10 %
Natur 20 %
Kultur 20 %
Entspannen 20 %

[1] Das bis zu 2872 m hoch gelegene Skigebiet von Ischgl gilt als sehr schneesicher. [2] Von der Gruttenhütte geht es hinab zur Wochenbrunner Alm. [3] Motorräder auf der Silvretta-Hochalpenstraße bei Galtür. [4] Zaha Hadid entwarf die Bergstation der Innsbrucker Hungerburgbahn.

[1]

Silvretta-Hochalpenstraße – Ein echter Klassiker

Motorradfahrer und Liebhaber von Oldtimern schwärmen von der 22,3 km langen Panoramastraße. Sie führt in 34 Kehren von Partenen im Montafon bis nach Galtür im Paznauntal. Höchster Punkt der Passstraße ist die 2037 m hohe Bielerhöhe. Knapp unterhalb der Passhöhe liegt der Silvretta-Stausee der Illwerke, etwas tiefer der Vermunt-Stausee mit zwei Kraftwerken. Seit 1997 findet Anfang Juli die beliebte Silvretta Classic Rallye statt. Wegen der exponierten Lage ist die Alpenstraße von November bis April gesperrt. Skifahrer erreichen das Skigebiet Silvretta-Bielerhöhe über eine Seilbahn.

Ischgl und Galtür – Großer und kleiner Skizirkus

Zwischen Silvretta und Verwallgruppe liegt die Wintersportgemeinde Ischgl. Aus dem stillen Bergbauerndorf ist heute dank Schneesicherheit eine Skihochburg geworden. Die Silvretta Arena ist das drittgrößte Skigebiet Tirols. Legendär sind die international besetzten Top of the Mountain Concerts zu Beginn und am Ende der Skisaison, legendär ist auch das Nachtleben in den Bars und Clubs. Besinnlicher und familienfreundlicher geht es im benachbarten Galtür zu. Der Silvapark bietet Pisten zum Skifahren, Snowboarden und Freeriden für Anfänger und Könner. Das Erlebnismuseum Alpinarium Galtür wurde in eine Lawinenschutzmauer integriert.

Alpenhauptstadt Innsbruck im Habsburger Kleid

Ein Wahrzeichen von Innsbruck ist das Goldene Dachl, ein mit vergoldeten Kupferschindeln verzierter Erker in der Altstadt, der einst Kaiser Maximilian I. als Loge diente. An die Habsburger erinnern auch die kaiserliche Hofburg und im August die Hoffeste mit Festtafel und Vorführungen von Gauklern, Tänzern und Akrobaten. Markante Sehenswürdigkeiten sind die von der Antike inspirierte Triumph-

säule und das im 16. Jh. errichtete Schloss Ambras. Ebenso bekannt sind die Sportstätten der »Alpenhauptstadt«, allen voran der Bergisel mit der futuristischen Sprungschanze. Beliebtes Skigebiet ist der Patscherkofel, Innsbrucks Hausberg.

Zillertal – Berge, Wasser, Schnee

Das Zillertal in Tirol ist eines der bekanntesten Seitentäler des Inns,

[2]

[3]

[4]

nicht zuletzt bekannt durch die Volksmusikgruppe »Zillertaler Schürzenjäger«. Hinter dem Touristenzentrum Mayrhofen zweigen im Naturpark Zillertaler Alpen tief eingeschnittene Quelltäler ab, die Gründe, bei Zell am Ziller das Gerlostal. Über den Gerlospass geht es ins Pinzgau. Dort lohnt ein Abstecher zu den Krimmler Wasserfällen. 365 m stürzt das Wasser über drei Kaskaden in die Tiefe, besonders beeindruckend in Zeiten der Schneeschmelze. Im Winter ist das Zillertal in der Hand der Skifahrer, im Sommer sind Wanderer und Bergsteiger unterwegs. Ginzling ist eines der 24 Bergsteigerdörfer in Österreich.

Kaisergebirge und Kitzbüheler Alpen

Der Wilde Kaiser und der etwas weniger schroffe Zahme Kaiser bilden das Kaisergebirge bei St. Johann in Tirol. Die markante Gebirgsgruppe steht größtenteils unter Naturschutz und ist weder durch Straßen noch Seilbahnen erschlossen. Das idyllische Kaiserbachtal ist Ausgangspunkt für gemütliche Wanderungen und anspruchsvolle Klettertouren. Gleich nebenan, zwischen Zillertal und dem

Zeller See, schließen sich die Kitzbüheler Alpen an. 29 Themenwege, zehn Bergerlebniswelten, Wassererlebnisstationen und mehr ziehen die Besucher an, ebenso der mondäne Wintersportort Kitzbühel. Auf der Streif findet seit 1937 das Hahnenkamm-Skirennen statt.

Großglockner – Die Welt der Dreitausender

Mitten in den Zentralalpen erhebt sich der mit 3798 m höchste Berg Österreichs. Der pyramidenförmige Gipfel des Großglockners hat die Menschen immer schon fasziniert. Seit 1935 schlängelt sich die knapp 48 km lange Großglockner-Hochalpenstraße von Heiligenblut mit seiner hoch aufragenden Wallfahrtskirche über die Pässe Fuscher Törl und Hochtor ins Pinzgau. Abzweigungen führen zur Edelweißspitze und zur Kaiser-Franz-Josefs-Höhe mit Blick auf die Pasterze, den größten Gletscher Österreichs. Großglockner, Großvenediger und andere Dreitausender liegen im Nationalpark Hohe Tauern.

Gletscherregion Dachstein

Die Region um das bis zu 2995 m hohe Dachsteinmassiv gehört zum UNESCO-Welterbe Hallstatt-Dachstein-Salzkammergut. Unterhalb des Gipfels erstrecken sich Gletscher, noch tiefer liegen der Vordere und der Hintere Gosausee. Die Seen werden vom Gletscherwasser gespeist. Die Dachsteinseilbahn führt auf den Krippenstein mit der kubistischen Aussichtplattform »Welterbespirale«. Noch spektakulärer – für Schwindelfreie – ist der Ausblick von den »5fingers«. Von der Mittelstation aus gut zu erreichen sind die faszinierende Dachstein-Rieseneishöhle und die Dachstein-Mammuthöhle. Weiteren Nervenkitzel versprechen der Skywalk und die Dachstein-Hängebrücke mit der »Treppe ins Nichts«.

Mondäner Wörthersee

Kärnten gilt mit seinem milden Klima als die Sonnenstube Österreichs. Insgesamt 1270 winzige bis große Seen laden zum Verweilen ein, der Klopeiner See im Sommer mit Schwimmbadtemperaturen bis 28 °C. Bekanntester ist der Wörthersee mit den schon im 19. Jh. beliebten Kurorten Velden und Pörtschach. Verschnörkelte Villen im Wörthersee-Stil säumen die Uferpromenaden. Heute trifft sich hier die High Society. Malerisch auf einer Halbinsel liegt die Kirchenanlage Maria Wörth mit Pfarrkirche, Winterkirche und Karner. Am Ostufer breiten sich die Badeanlagen von Klagenfurt aus.

Steiermark - Vollmundiger Wein und warmes Wasser

Drei Weinbaugebiete gibt es in der Steiermark, im Südosten das Vulkanland Steiermark mit der Spezialität Traminer. Die hügelige Landschaft der Südsteiermark wird auch als Toskana Österreichs bezeichnet. Dort gedeihen vorzügliche Weißweine. Fehlt noch die Weststeiermark mit ihrem Roséwein Schilcher. Auf sieben Weinstraßen lässt sich die Region erkunden. Zum Wein im Buschenschank passt bestens ein Brot mit Verhackertem. Keinesfalls versäumen sollte man einen Abstecher in die Thermenregion mit Bad Radkersburg an der Grenze zu Slowenien und der von Friedensreich Hundertwasser gestalteten Therme Rogner Bad Blumau.

Graz - City of Design

Die Stadt ist bekannt für ihr besonderes Flair. Einen guten Überblick gewährt der 473 m hohe Schlossberg mit dem auffälligen Uhrturm. Den Hauptplatz umgeben schöne Patrizierhäuser, z. B. das barocke Haus Luegg, und das repräsentative Rathaus. Der Renaissancebau des Landhauses beherbergt das Landeszeughaus. Die kreative Kulturszene – Graz trägt den Beinamen »City of Design« – dokumentiert sich entlang der Mur im futuristischen Kunsthaus und der in Muschelform gestalteten Insel in der Mur. Im Westen bezaubert Schloss Eggenberg mit seinen Schlossgärten.

[1]

[1] Die Südsteirische Weinstraße führt bis an die Grenze zu Slowenien. [2] Drei Karseen liegen auf der Reiteralm im Dachsteingebiet. [3] »Friendly Alien« oder »Walfisch« wird das 2003 eröffnete Kunsthaus Graz auch genannt. [4] Schloss Velden am Wörthersee, heute ein Hotel, war mehrfach Filmkulisse.

INFOBOX

Beste Reisezeit

Die mittleren Ostalpen stehen unter dem Einfluss der Westwinde mit Niederschlägen zu allen Jahreszeiten. Spätsommer und Herbst eignen sich zum Wandern, die Wintermonate zum Skifahren. In Kärnten und der Südsteiermark ist das Klima durch mediterrane Einflüsse milder.

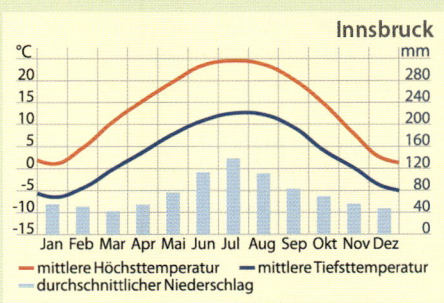

Innsbruck

°C / mm

20 / 280
15 / 240
10 / 200
5 / 160
0 / 120
-5 / 80
-10 / 40
-15 / 0

Jan Feb Mar Apr Mai Jun Jul Aug Sep Okt Nov Dez

— mittlere Höchsttemperatur
— mittlere Tiefsttemperatur
— durchschnittlicher Niederschlag

München · Inn · ÖSTERREICH · Wien · Donau
Bodensee · Salzburg
Kaisergebirge · Kitzbühel · Dachstein
Innsbruck · Zillertal
Schruns · Ischgl · Krimmler Wasserfälle · Großglockner · Graz
Silvretta-Hochalpenstraße · Galtür · Nationalpark Hohe Tauern · Weinstraßen Steiermark
Wörthersee · Bad Radkersburg
Klagenfurt

TSCHECHIEN - MITTELEUROPÄISCHE KULTURLANDSCHAFT ERSTER GÜTE

15

*Böhmen und Mähren, um-
fasst von mehreren Grenz-
gebirgen, empfangen den
Besucher mit einer Kulturlandschaft von großer Vielfalt und Fülle, die auch
jenseits des goldenen Prag
mit Städteperlen, mäch-
tigen Burgen und mondä-
nen Kurorten glänzt
und beeindruckt.*

Kultur
70 %

Entspannen
20 %

Natur
10 %

[2]

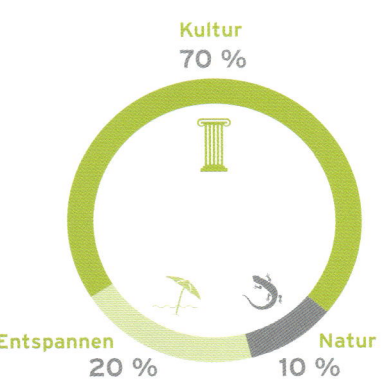

[1]

Böhmische Schweiz

Auch Tschechien hat seine Schweiz: als Fortsetzung der Sächsischen Schweiz im Elbsandsteingebirge. 80 km² rechts des Elbdurchbruchstals sind als Nationalpark (Narodní Park České Švýcarsko) geadelt. Einige Tafelberge, der Basaltkegel Rosenberg (619 m), Felskuppen, -türme und -abbrüche, Schluchten und steile Talabhänge prägen die bewaldete Landschaft. Besonders spektakuläre Felsformationen finden sich südlich des Großen Winterbergs: Das Prebischtor ist mit gut 27 m Spannweite die größte natürliche Sandsteinbrücke Europas. Bizarre Verwitterungsformen prägen das zerklüftete Felslabyrinth der Tyssaer Wände im Westen. An einigen »Türmen« dürfen sich Kletterer beweisen.

Karlsbad - Kuren wie die Könige

Seine Blüte erlebte das westböhmische Bäderdreieck im 19. Jh., als dort gekrönte Häupter aus ganz Europa und Dichter von Weltruf kurten und sich kurierten. In Karlsbad (Karlovy Vary) im Tal der Tepl helfen die zwölf Glaubersalzquellen, u. a. der 72 °C heiße »Sprudel«, stilecht aufgefangen mit dem Karlsbader Porzellantrinkbecher. Die klassischen Trinkkuren sind heute modernen Wellnessangeboten gewichen. Dennoch hat sich Karlsbad viel von seiner k.u.k. Atmosphäre bewahrt. Sie zeigt sich besonders in den historischen Kurkolonnaden wie der Mühlenbrunnenkolonnade (1881). Wer Karlsbad mit nach Hause nehmen will, greift zur Salzpackung, Karlsbader Oblate oder zum Becherovka-Kräuterlikör.

Franzensbad und Marienbad

Franzensbad (Františkovy Lázně) nicht weit von Eger (Cheb) ist eine Gründung von Kaiser Franz II. (1793) und zwei Nummern beschaulicher als Karlsbad. Die weißen und sonnengelben Badehäuser, Trinkhallen und Villen im Stil des Klassizismus und der Belle Époque verströmen gediegen-großbürgerlichen Charme. Für Gesundung und Wohlbefinden sorgen neun Mineralquellen. Marienbad (Mariánské Lázně) am Fuß des Kaiserwalds (Slavkovský les), berühmt durch die Elegie des alten Goethe, wartet mit 40 Thermal- und eisenhaltigen Mineralquellen auf, kredenzt in säulengefassten Brunnengebäuden. Eine Attraktion ist der Springbrunnen mit »singender« Fontäne (ungerade Stunden 7–22 Uhr) vor der Kolonnade (1889).

Pilsen - An der Quelle

Ein Segen, dass die Pilsener einst bayerische Braumeister verpflichteten, um untergäriges Bier zu brauen. So ent-

[3]

stand 1842 das »Pilsener Urquell«, das immer noch vor Ort gebraut wird, und die Pilsener Brauart wurde zum Exportschlager. Die Stadt Pilsen (Plzeň) ist aber nicht nur ein wichtiger Wirtschaftsstandort (Brau- und Autoindustrie), sondern spielt auch kulturell mit kleinen (u. a. Puppenspiel) und großen Theaterbühnen in der ersten Liga. Im Kulturhauptstadtjahr 2015 machte sich die Altstadt besonders fein. Zu den markantesten Gebäuden zählen die gotische St.-Bartholomäus-Kathedrale (15. Jh.) mit dem 102 m hohen Turm, die Große Synagoge mit ihrem maurischen Architekturspiel (1893) und das Renaissance-Rathaus (1574).

[1] Die singende Fontäne vor der Kurkolonnade in Marienbad spielt klassische Musik. [2] Burg Karlstein mit Brunnenturm, Marienturm und Großem Turm (v. r.). [3] Einer von drei modernen Brunnen auf dem Platz der Republik in Pilsen. [4] Auf der Prager Karlsbrücke gibt es immer Unterhaltung. [5] Die Sandsteinbrücke Prebischtor gehört zu den eindrucksvollsten Felsformationen der Böhmischen Schweiz.

[4]

Goldenes Prag

 In der Hauptstadt der Tschechischen Republik steckt noch viel von dem multikulturellen Europa, das 1914 unterging. Sein glanzvolles Erbe rettete Prag aus dem Spätmittelalter, als der mächtige gotische Veitsdom auf dem Burgberg (Hradschin) entstand, und aus der Habsburgerzeit (1526–1918) in die Gegenwart. An den Stationen des Krönungswegs der böhmischen Könige wird das goldene Zeitalter wieder lebendig: am Altstädter Rathaus mit der Astronomischen Uhr, wo zur vollen Stunde die Apostel paradieren, auf der Karlsbrücke

(ab 1347) mit ihrer »Statuenallee« und im Burgviertel auf der Kleinseite mit den barocken Adelspalais und der St.-Niklas-Kirche (18. Jh.). Große Ruhe verströmt der Alte Jüdische Friedhof in der Josefstadt mit seinem »Grabsteinmeer«. Umso lebendiger geht es in den Bierlokalen zu. Dort werden Schweinebraten und böhmische Knedlíky mit süffig-dunklem Gebrauten heruntergespült.

Karlstein - Eine Burg für den Schatz

Kaiser Karl IV. suchte einen sicheren Platz für die Reichskleinodien, die

[5]

Symbole seiner Herrschaft, und baute ab 1348 gleich eine Burg drum herum: Burg Karlstein (Karlštejn) auf einem Kalksteinfelsen über der Berounka, 20 km von seiner Residenz in Prag entfernt. Entstanden ist eine Ritterburg aus dem Bilderbuch, die das 19. Jh. »gotisch« verfeinerte. Drei innen reich ausgemalte und geschmückte Kapellen in respektablen Türmen gaben Karls Schatz einen repräsentativen Rahmen. Mittlerweile sind die Reichkleinodien in Wien, Burg Karlstein blieb.

Budweis – Silber, Salz und noch ein Bier

Noch eine Stadt mit einer Biermarke (Budvar) von Weltruf – nicht zu verwechseln mit dem Leichtbier gleichen Namens aus den USA: Budweis (České Budějovice). Wohlstand errang die Stadt an der Mündung der Malše in die Moldau jedoch durch den Silberbergbau und Salzhandel in der frühen Neuzeit. Das zeigt sich eindrucksvoll im größten Marktplatz Tschechiens. Er wird gesäumt von Bürgerhäusern (mit Arkaden) und dem Rathaus (1730) im Barockstil. Dahinter erhebt sich der Dom St. Nikolaus mit dem frei stehenden Glockenturm (72 m), dem Schwarzen Turm. Ganz in der Nähe von Budweis

strahlt das weiße »Märchenschloss« Hluboká (19. Jh.) im Tudorstil.

Český Krumlov – Perle des Böhmerwalds

Böhmisch-Krumau (Český Krumlov) wird als »Perle des Böhmerwalds« bezeichnet. Mit Recht, denn die gesamte Altstadt gehört zum Weltkulturerbe. An kopfsteingepflasterten Gassen und um Plätze stehen schmucke Häuser und prachtvolle Kirchen, die an die Zeit erinnern, als die Stadt durch Silber- und Bleibergbau reich wurde (16. Jh.). Ein Schmuckstück ist das im 18. Jh. barock umgestaltete Schloss, darin auch das Theater mit einer Bühnenanlage aus Holz, die seit 250 Jahren ihren Dienst versieht.

Telč – Mährisches Venedig

In Teltsch (Telč) ist der Marktplatz (auch Stadtplatz) dreieckig. Ihn zieren das Rathaus, malerische Giebelhäuser von Renaissance bis Klassizismus, fast durchgehend mit Arkaden, sowie die Marien- oder Pestsäule (1720) und der sechseckige Margaretenbrunnen (16. Jh.).

Das gesamte Altstadtensemble innerhalb der teils erhaltenen Stadtmauer mit dem Schloss aus dem 16. Jh. (Allerheiligenkapelle mit prächtigem Stuckdekor) steht auf der Welterbeliste der UNESCO. Für das südmährische Städtchen wurde Fisch, in Zeiten mit strengen Glaubensvorschriften *die* Fastenspeise, zur »Goldgrube« – Teiche und Wassergräben gaben Telč den Beinamen »mährisches Venedig«.

Brünn – Leben und Arbeit unter dem Spielberg

Brünn (Brno) ist das Zentrum des mährischen Landesteils und die zweitgrößte Stadt Tschechiens. Seit dem Hochmittelalter Herrschersitz, profitierte die Stadt aufgrund ihrer günstigen Verkehrslage vom Fernhandel, insbesondere mit Tuchen. Mit der Industrialisierung wurde Brünn zum »mährischen Manchester«. Die historische Innenstadt dominiert der gotische Peter-und-Pauls-Dom. Bürgerstolz hinterließ das Alte Rathaus mit Turm (15./16. Jh.), Schutz gewährte die Festung Špilberk. Offenheit für Neues zeigten die Werkbundsiedlung Nový Dům (1928) und die Villa Tugendhat von Mies van der Rohe (1930).

[1]

[1] Abendstimmung über Brünn mit dem markanten, 63 m hohen Turm des Alten Rathauses im Vordergrund. [2] Verträumte Arkaden am Teltscher Schlosspark. [3] Originales Budvar vom Fass hat 4 % Alkohol. [4] Gesundheit aus der Tiefe der Erde: Glaubersalzbrunnen in Franzensbad.

INFOBOX

Beste Reisezeit

In Tschechien herrscht ein gemäßigtes Kontinentalklima, im Westen mit ozeanischen Einflüssen. Angenehme Temperaturen haben die Monate Mai bis September. Allerdings fällt dann auch der meiste Niederschlag. Schneesicheren Wintersport bieten die Sudeten.

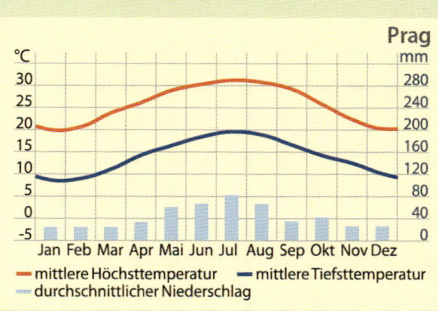

Prag

°C	mm
30	280
25	240
20	200
15	160
10	120
5	80
0	40
-5	0

Jan Feb Mar Apr Mai Jun Jul Aug Sep Okt Nov Dez

— mittlere Höchsttemperatur
— mittlere Tiefsttemperatur
durchschnittlicher Niederschlag

16

POLEN – REICHE GESCHICHTE ZWISCHEN OSTSEE, ODER UND WEICHSEL

Von Wüste bis Seenplatte, vom Ostseebad mit provinziellem Charme bis zur Millionenmetropole mit urbanem Schick – Polen hat viele Gesichter. Die prächtigen Altstädte bezaubern Kulturfans, die Lagerfeuerromantik am Wasser Naturfreunde.

Kultur
50 %

Biken
10 %

Entspannen
20 %

Natur
20 %

[1] Leuchtturm in Form einer stilisierten Windmühle in Swinemünde. [2] Der Slowinzische Nationalpark mit seinen Wanderdünen ist UNESCO-Biosphärenreservat. [3] Strandvergnügen in Misdroy im Schutz der Wolliner Endmoräne. [4] Rechtsstädter Rathaus (im Hintergrund) mit Langgasse in Danzig.

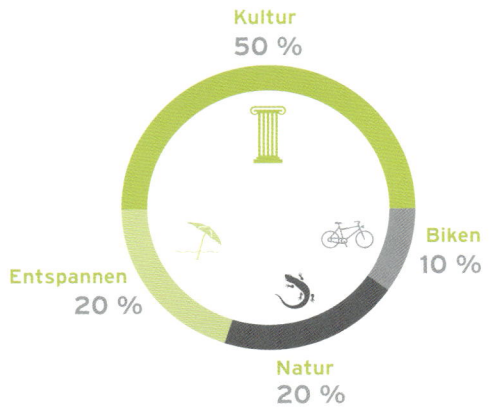

[1]

Kaiserbad Swinemünde

Schon im 19. Jh. weilte Kaiser Wilhelm II. alljährlich einige Tage in Swinemünde (heute: Świnoujście) auf den Inseln Usedom, Wollin und Kaseburg (Kasibór). Bald schon betrachteten die Berliner das nahe Ostseebad als ihre »Badewanne«. Die vielen Sonnenstunden, der 12 km lange, feine Sandstrand, die prachtvollen Villen im Stil der Bäderarchitektur und der historische Kurpark ziehen auch heute noch Erholungsuchende an. Beim Bummel auf der Westmole mit der weißen stilisierten Windmühle oder auf der Europapromenade, die Swinemünde mit den benachbarten deutschen »Kaiserbädern« Ahlbeck, Heringsdorf und Bansin verbindet, tankt man in frischer Ostseeluft neue Energie.

Seebad Misdroy

Auf 150 Jahre als mondänes Kurbad Misdroy (Międzyzdroje) blickt das einstige Fischerdorf auf der Insel Wollin zurück. Den Fischern schaut man immer noch gerne zu; sie ziehen die Boote mit Winden auf den windgeschützten Strand unterhalb der bis zu 116 m hohen, bewaldeten Höhen der Misdroy-Wolliner-Endmoräne. Der kilometerlange weiße Sandstrand lädt zum Sonnen und Wandern ein. Auf der 395 m ins Meer ragenden Seebrücke kann jeder übers Wasser gehen oder auch ein Ausflugsschiff nehmen. Im Nationalpark gleich hinter Misdroy grasen Wisente friedlich im Gehege; auf den Wander- und Radwegen im Wald hört man nur das Meer und die Vögel.

Slowinzischer Nationalpark - »Polnische Sahara«

Sand, so weit das Auge reicht. Im Sommer bis zu 50 °C heiß. An der polnischen Ostseeküste bilden einige der größten Wanderdünen Mitteleuropas das Herz des Slowinzischen Nationalparks (Słowiński Park Narodowy) in Hinterpommern. Łącka Góra (42 m) ist die höchste von ihnen. Sie legt 2 bis 10 m pro Jahr zurück – und begräbt alles unter ihren Sandmassen. Zurück bleiben bizarr geformte Pflanzenreste, die als letztes »Grün« aus der »Polnischen Sahara« ragen. Die Wanderdünen befinden sich zwischen den kilometerlangen Ostseestränden und den großen Seen des Parks, die Lebensraum für 270 Vogelarten bieten. Etwa 2000 Pflanzenarten sind dort beheimatet, ebenso seltene Tierarten wie die Ostseerobbe und der Ostsee-Schweinswal.

Ostseeradweg

Über 470 km führt der Ostseeküstenradweg vom Seebad Swinemünde durch eine überwiegend ebene Landschaft, meistens nahe am Meer entlang durch Pommern. Zwischen Wiesen und Wäldern quert der Weg idyllische Dörfer, den Wolliner und den Slowinzischen Nationalpark mit seinen riesigen Wanderdünen. Städte wie das Kurbad Kolberg (Kołobrzeg) mit dem fünfschiffigen Dom und Łeba, wo Max Pechstein 1921–45 malte, liegen an der Route. Schließlich ist das geschichtsträchtige Danzig (Gdańsk) erreicht.

Danzig - Eine Augenweide

Eine frische Brise weht durch Danzig (Gdańsk), die traditionsreiche Hafen- und Hansestadt mit ihren Stadttoren, prächtigen Patrizierhäusern und riesigen Kirchen wie der Marienkirche. Nach dem Zweiten Weltkrieg wurde die zerstörte Stadt komplett wieder errichtet. Vor allem die Rechtstadt ist eine Augenweide; sie vereint zahlreiche Sehenswürdigkeiten: In der Langgasse, die man stilvoll durch das Goldene Tor (17. Jh.) betritt, und in der Frauengasse schlendert man entlang farbenfroher, reich geschmückter Bürgerhäuser, wie dem Goldenen Haus (17. Jh.), und vorbei am Rechtstädter Rathaus (16. Jh.). Dort befinden sich schicke Cafés und Restaurants. In kleinen Läden kann man insbesondere Bernsteinschmuck kaufen, für den Danzig bekannt ist. Wahrzeichen der Stadt ist das rekonstruierte Krantor (15. Jh.) am Ufer der Mottlau.

Marienburg - Die Ritterzeit wird lebendig

14 Tore, drei Zugbrücken und drei Fallgatter musste passieren, wer ins Hochschloss der Marienburg (13./14. Jh.) am Nogat bei Marienburg (Malbork) gelangen wollte. Die 800 mal 220 m mes-

sende Burg des einstigen Deutschen Ordens ist als weltgrößter Backsteinbau UNESCO-Weltkulturerbe – und dient heute als Museum und Hotel. Die Burg im Stil von Gotik bis Renaissance gliedert sich in drei Bereiche: Im Vorschloss der Wirtschaftsteil, im Mittelschloss die Residenz des Hochmeisters, im kastellartigen Hochschloss der Konvent und die Marienkirche. Alles umgibt ein Zwingersystem mit Burggräben. Die düster-romantischen Gewölbe lassen die Ritterzeit lebendig werden.

Masurische Seen – Stille über dem Wasser

Auf 1700 km² in einer eiszeitlich geformten Moränenlandschaft erstrecken sich 2700 Seen – die Masurische Seenplatte umgeben von Schilf, Grasland und bewaldeten Höhen. Geht es an den Badeorten wie Lötzen (Giżycko) oder Nikolaiken (Mikołajki) bisweilen lebhaft zu, verspricht eine Tour mit dem Kanu oder Kajak ungeahnte Ruhe und unvergessliche Natureindrücke. 40 % des Gebietes stehen unter Naturschutz, die Höckerschwan-Kolonie um den Lucknainer See (Jezioro Łuknajno) ist Biosphärenreservat. Viele Seen sind durch Flüsse oder Kanäle miteinander verbunden, man kann bis zur Ostsee gelangen.

Warschau – Hauptstadt mit vielen Gesichtern

Warschau, das ist eine nach dem Zweiten Weltkrieg komplett wieder aufgebaute Altstadt, ein wunderschönes mittelalterliches Ensemble in unterschiedlichen Baustilen. Warschau ist eine europäische Metropole voller Lebenslust. Zugleich erinnern viele Narben, Gedenkstätten und Museen an leidvolle Abschnitte seiner Geschichte. Der Kulturpalast im »Stalinbarock« und Plattenbauten sind Relikte der kommunistischen Zeit. Am Südende der Altstadt mit ihren gemütlichen Cafés beginnt vor dem Schloss der von historischen Prachtbauten gesäumte Königsweg, eine Repräsentationsstraße, die bis zum barocken Wilanów-Palast im gleichnamigen Park führt. In Saska Kępa am Ostufer der Weichsel begegnet man jungem polnischen Gründergeist.

Königsstadt Krakau

Der Planty, ein 4 km langer Grüngürtel, trennt eine der schönsten Altstädte Europas vom Verkehr. Rund um den Hauptmarkt (Rynek Główny) der Altstadt erstrecken sich die Tuchhallen sowie etwa 40 Adelspaläste und Bürgerhäuser im Stil von Renaissance und Barock. Im Gassengewirr rund um den Platz entfaltet sich ein vibrierendes Kultur- und Nachtleben mit hippen Galerien und einer lebendigen Jazzszene. Südlich der Altstadt erhebt sich das Burgareal des Wawel mit dem Schloss und der Kathedrale der polnischen Könige.

Oder-Metropole Breslau

»Venedig des Ostens« wird die niederschlesische Metropole an der Oder wegen ihrer zahlreichen Brücken und ihrer Schönheit auch genannt. Der Marktplatz (Rynek) in der Altstadt von Breslau (Wrocław), gesäumt von eleganten, historischen Bürgerhäusern und dem alten gotischen Rathaus mit der astronomischen Uhr, trägt maßgeblich zu dieser Schönheit bei. Architektonische Highlights sind ferner die barocke Universität, die Jahrhunderthalle im Bauhausstil und die Dominsel mit ihren acht gotischen und barocken Kirchen. In dieser Kulisse gibt es Szenecafés und coole Clubs sowie moderne Shoppingmalls und charmante Lädchen – und nur wenige Touristen.

[1] Im Zentrum des Warschauer Altstadt-marktes steht die »Sirene« (1850). [2] Inseln auf dem Kisajnosee, der Teil der Masurischen Seenplatte ist. [3] Der Hauptmarkt von Krakau – einer der größten mittelalterlichen Plätze Europas. [4] Das Rathaus am Ring ist ein Wahrzeichen von Breslau.

INFOBOX

Beste Reisezeit

Polen ist im Osten kontinentalem und im Westen maritimem Klimaeinfluss ausgesetzt. Insgesamt ist es etwas kühler als in Deutschland. Die beste Reisezeit ist von Mai bis Oktober. Generell fallen im Sommer die meisten Niederschläge. Der trockenste Monat ist September.

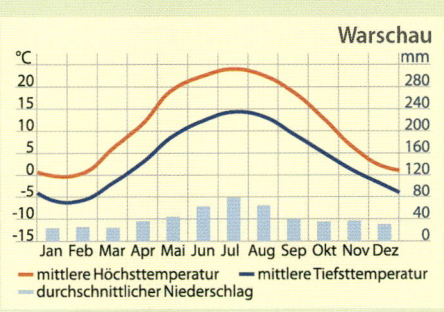

Warschau

°C
20
15
10
5
0
-5
-10
-15

mm
280
240
200
160
120
80
40
0

Jan Feb Mar Apr Mai Jun Jul Aug Sep Okt Nov Dez
— mittlere Höchsttemperatur — mittlere Tiefsttemperatur
durchschnittlicher Niederschlag

SLOWAKEI, UNGARN UND SLOWENIEN - VON DER DONAU IN DEN KARST

17

Die drei Nationen zählen zum südöstlichen Mitteleuropa. Zahlreiche sehenswerte Bauwerke zeigen vom Barock bis zum Jugendstil Einflüsse aus der Zeit der Donaumonarchie. Vielfältig ist die Natur: Weite Steppen wechseln sich mit Hochgebirgen ab.

Natur
30 %

Biken
10 %

Aktiv
10 %

Kultur
30 %

Entspannen
20 %

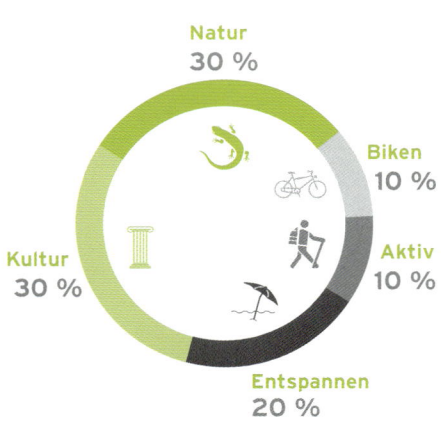

Hohe und Niedere Tatra

Die Tatra ist ein zu Polen und der Slowakei gehörender Gebirgskomplex in den Westkarpaten. Höchster Berg der Karpaten, der Hohen Tatra und der Slowakei ist die 2555 m hohe Gerlsdorfer Spitze. Wegen des alpinen Charakters wird die Hohe Tatra auch als »kleinstes Hochgebirge der Welt« bezeichnet. Wanderer, Kletterer und Skifahrer finden auf engstem Raum eine Fülle von Sportmöglichkeiten. Die Region ist auch bekannt für ihre Thermalquellen. Landschaftlich kaum weniger reizvoll ist die Niedere Tatra. Lohnende Ziele sind die Demänováer Eishöhle, die Demänováer Tropfsteinhöhle und im Winter das Skigebiet von Jasná.

Im Slowakischen Paradies

Im Südosten der Slowakei erstreckt sich das vorwiegend aus Kalkgestein aufgebaute Slowakische Erzgebirge. An den ab dem 5. Jahrt. v. Chr. betriebenen Bergbau erinnern die malerischen Bergbaustädte Kremnica, Banská Bystrica und Banská Štiavnica. Zum Erzgebirge zählt das Slowakische Paradies, seit 1998 ein Nationalpark. Die vielen Schluchten mit kleinen Wasserfällen und Höhlen erkundet man auf teils abenteuerlichen Wanderwegen über schmale Pfade, Brücken und Leitern; Trittsicherheit und Schwindelfreiheit vorausgesetzt. In der Dobschauer Eishöhle, der einzigen Schauhöhle, trainierten früher Eiskunstläufer und Eishockeyspieler.

Bratislava - Auf den Spuren der Habsburger

Die slowakische Hauptstadt an der Donau liegt nur 60 km von Wien entfernt. Kaum zu übersehen ist die hoch über der Donau gelegene eindrucksvolle Burg, das Wahrzeichen von Bratislava. Maria Theresia hielt sich gern in der mächtigen Vierflügelanlage auf. Die vorbildlich restaurierte Altstadt besticht durch ihre barocken und klassizistischen Bauten, darunter der Grasalkovi-Palais (1760) und die »Blaue Kirche« (1913). Der mehrfach umgebaute Dom St. Martin war die Krönungskirche der ungarischen Monarchen. Nach einer Tour durch die Altstadt, etwa auf dem Krönungsweg,

kann man sich im Stadtpark an der Donau oder in einem der vielen Kaffeehäuser oder einer Weinstube erholen.

Hortobagy-Nationalpark - Freie Sicht über die Puszta

Ungarns größter Nationalpark ist auch gleichzeitig UNESCO-Biosphärenreservat. In dem weitläufigen Steppengebiet finden nicht nur geschützte Vogelarten wie Trappen und Rotfußfalken ein sicheres Refugium, auch seltene Pflanzenarten. Im Herbst rasten hier rund 100 000 Kraniche, ein faszinierendes

Schauspiel. Ein Besucherzentrum im Ort Hortobagy informiert über die landläufig als Puszta bekannte Landschaft. Im Nationalpark blieb die zwischen Budapest, Debrecen und Tiszafüred liegende Grassteppe noch weitgehend unberührt. Wegen der nur geringen Lichtverschmutzung in der Nacht ist er auch eines von rund 50 Lichtschutzgebieten weltweit.

Rund um den Balaton

Mit einer Fläche von 594 km² ist der Plattensee, ungarisch Balaton, am Südrand des Bakony-Gebirges größer als

[1] Im Nationalpark Hohe Tatra. [2] Reichlich Nervenkitzel verspricht eine Wanderung im Slowakischen Paradies. [3] Die Bestände der heute streng geschützten Tatra-Gämse waren durch Bejagung stark zurückgegangen. [4] Am südlichsten Ende der Tihany-Halbinsel liegt die Anlegestelle für die Ausflugsboote auf dem Balaton. [5] Vor dem Alten Rathaus in Bratislava steht der Maximiliansbrunnen.

[4]

der Bodensee. Das milde Klima, Strandbäder, Thermalquellen und die guten Weine machen den flachen Steppensee zum wichtigsten ungarischen Reiseziel hinter Budapest. Seit 2004 ist der See um eine Attraktion reicher. Der 204 km lange Balatonradweg lädt zum genussvollen Radeln entlang des Ufers ein. Wer es sportlicher mag, macht Abstecher ins hügelige Hinterland. Ausflugsboote und Fähren lassen Abkürzungen und Varianten zu. Besonders reizvoll ist die Strecke auf der Halbinsel Tihany mit der barocken Abtei und zwei Kraterseen. Wellness und Erholung bieten die vielen Kurorte rund um den See, besonders Heviz mit seinem Thermalsee.

Budapest – Das Paris des Ostens

Viele Donaubrücken – die bekannteste ist die Kettenbrücke – verbinden die beiden Stadtviertel Buda und Pest. Eine Standseilbahn bringt die Besucher auf den Budaer Burgberg mit dem mächtigen Burgpalast und der Fischerbastei. Im Burgviertel wurde auch die mehrfach umgebaute Matthiaskirche, die Krönungskirche, errichtet. Zweites UNESCO-Weltkulturerbe neben dem Burgviertel ist das Donauufer mit dem

[5]

neogotischen Parlamentsgebäude. Im ehemaligen jüdischen Viertel pulsiert das Nachtleben. Ganz der österreich-ungarischen Gründerzeit verpflichtet sind der Prachtboulevard Andrássy út und die eleganten Kaffeehäuser. Mehr als 120 Thermalquellen haben Budapest auch zu einem Dorado der Badekultur mit herrlichen Badepalästen wie dem Gellértbad gemacht.

Eger – Kuren mit Erlauer Stierblut

Barockbauten prägen das Stadtbild der am Fuß des Bükk-Gebirges gelegenen Stadt Eger (Erlau). Hinter dem Erzbischöflichen Palais befindet sich der Eingang zur »Stadt unter der Stadt« mit einem 3 km langen Weinkeller und einem Säulensaal. Nicht weit entfernt reiht sich im Schönfrauental ein alter Weinkeller – diesmal oberirdisch – an den anderen. Eger ist das Zentrum eines Weinbaugebietes mit der Spezialität Erlauer Stierblut. Eger ist auch ein bekannter Badeort. Im Thermalbad Egerszalók fließen 68 °C heiße Thermalwasser über schneeweiße Kalksinterablagerungen. Ein kleiner Abstecher führt ins originelle Höhlenbad Miskolctapolca.

Ljubljana – Stadt der Brücken

Die kleine, aber feine Hauptstadt Sloweniens besticht durch ihre herrliche Lage an der Ljubljanica, über die mehr als zehn Brücken führen, die bekannteste ist die Tromostovje (Drei Brücken). Die über sie führenden drei Wege vereinen sich auf der gegenüberliegenden Altstadtseite. Nach einem Bummel durch die schmalen Gassen und Einkaufsstraßen geht es mit der Standseilbahn zur Burg auf dem Schlossberg. Vom Erasmusturm genießt man die Aussicht über die Stadt bis hin zu den Alpen. Das im weitläufigen Tivolipark gelegene Radetzky-Schloss beherbergt heute ein Kunstgrafikzentrum.

Ober- und Unterirdisches in Slowenien

Am Rand des Nationalparks Triglav schmiegt sich am Fuß der Julischen Alpen der Kurort Bled an den Bleder See. Mit traditionellen Holzbooten kommt man zur Insel mit der Marienkirche. Im Hintergrund erhebt sich eine trutzige Burg (11. Jh.). Zwischen Ljubljana und der Adria erstreckt sich die Landschaft Karst, Namensgeberin für die geologische Geländeform Karst. Zahllose Tropfsteinhöhlen durchziehen das Kalksteinplateau. Am bekanntesten sind die Höhlen von Postojna (Adelsberger Grotte). Mit fast 21 km Länge ist sie die größte Schauhöhle Europas. Ein Minizug führt in die Tropfsteinhöhle mit ihren riesigen Hallen. Noch eindrucksvoller sind die Höhlen von Škocjan, durch die in der Tiefe die Reka rauscht.

An der Slowenischen Riviera

Nur 46 km misst der slowenische Küstenanteil. Im Norden der Halbinsel Istrien reihen sich bezaubernde Städtchen mit venezianischem Flair aneinander: die Universitätsstadt Koper mit bedeutendem Hafen am Golf von Triest, der Fischerort Izola und Piran im äußersten Südwesten. Das malerische Zentrum von Piran breitet sich auf einer weit ins Meer ragenden Halbinsel aus und besticht durch Gebäude im venezianischen Stil und die auf einer Klippe stehende Kathedrale. Mondän gibt sich das Seebad Portorož mit vielen Hotels, einem Spielcasino und Jachthafen. Das 1910 erbaute »Palace Hotel« war und ist eines der prachtvollsten Hotels an der Adria.

[1]

[1] Vor der Kulisse der Karawanken ragt die Bleder Burg über dem See auf. [2] Vom Budaer Burgberg hat man den schönsten Blick auf die Pester Seite mit dem Parlamentsgebäude (1884–1904). [3] Jože Plečnik entwarf die Tromostovje in Ljubljana. [4] Die neoklassizistische Kathedrale von Eger ist Ungarns zweitgrößte Kirche.

INFOBOX

Beste Reisezeit

Das Klima Ungarns und der Slowakei ist im Westen noch leicht ozeanisch beeinflusst. Im Osten machen sich besonders in Ungarn kontinentale Einflüsse bemerkbar. Der alpine Norden Sloweniens hat schneesichere Winter. Mediterranes Klima kennzeichnet die Slowenische Riviera.

Budapest

℃													mm
25													280
20													240
15													200
10													160
5													120
0													80
-5													40
-10													0

Jan Feb Mar Apr Mai Jun Jul Aug Sep Okt Nov Dez

— mittlere Höchsttemperatur — mittlere Tiefsttemperatur
— durchschnittlicher Niederschlag

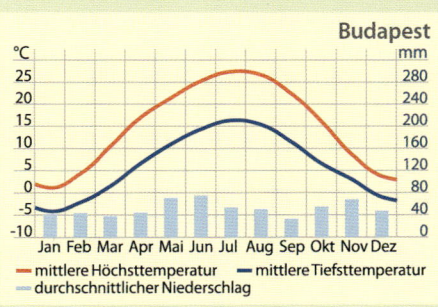

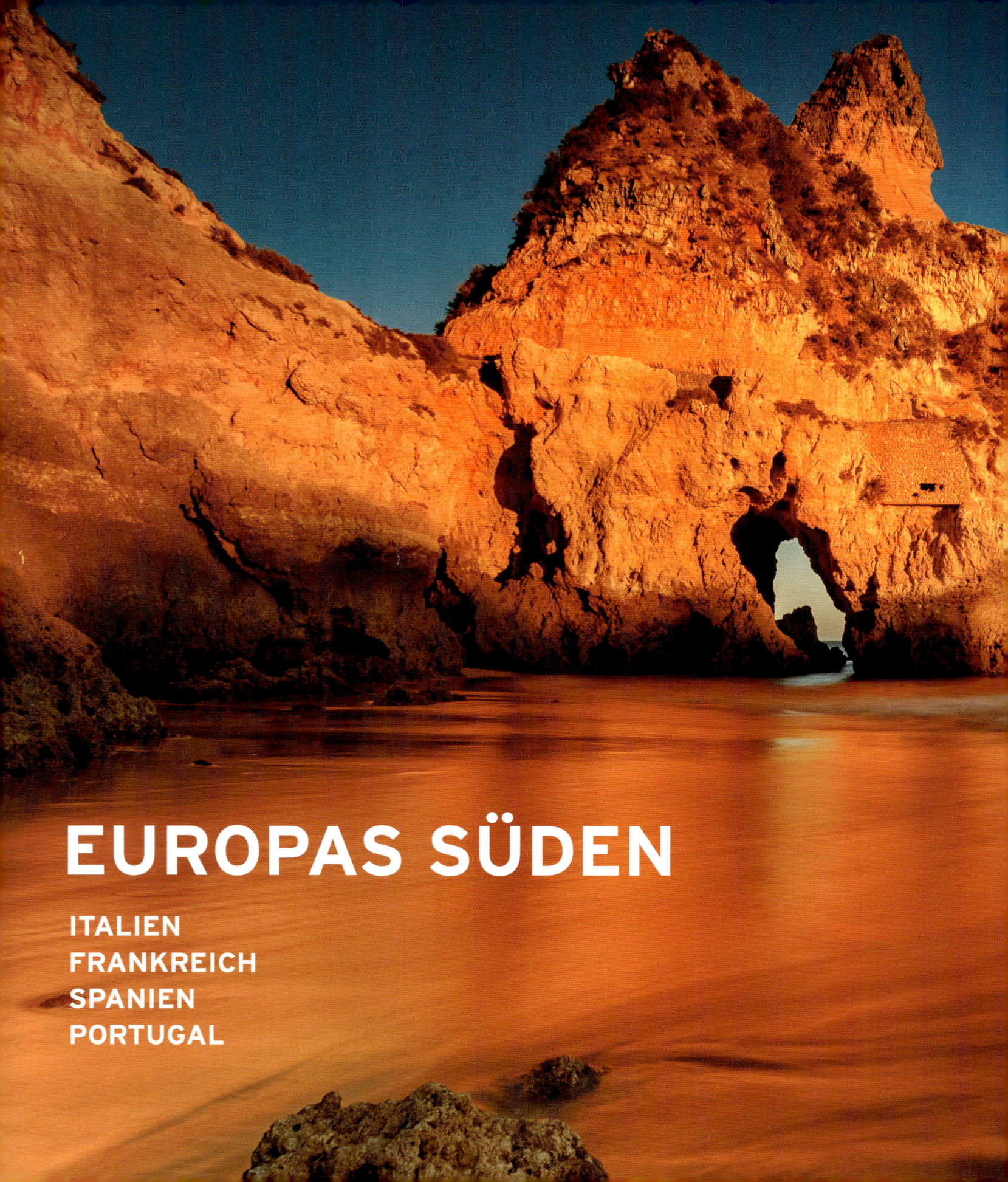

EUROPAS SÜDEN

ITALIEN
FRANKREICH
SPANIEN
PORTUGAL

(18) ITALIEN – SCHROFFE BERGE, MILDE SEEN, DAS MEER VORAUS

Natur, Sport und Kultur lassen sich in den malerischen Bergorten oder Kurstädtchen aufs Beste verbinden: Die Dolomiten sind ein Wanderparadies, Venedig oder Mailand sind rasch erreicht und das milde Klima der Seen schenkt viel Erholung.

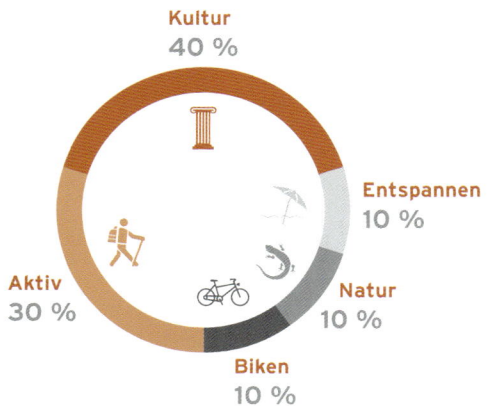

Kultur 40 %

Entspannen 10 %

Natur 10 %

Biken 10 %

Aktiv 30 %

[1] Schloss Lebensberg (13. Jh.) oberhalb von Tscherms bei Meran. [2] Waalwege führen durch die Weinhänge und Obstplantagen um Meran. [3] Die Umwanderung des Gebirgsstocks der Drei Zinnen in den Sextner Dolomiten ist relativ leicht. [4] Das Sellajoch verbindet Canazei im Fassatal und Wolkenstein im Grödnertal.

[1]

Um die Drei Zinnen

Die drei jeweils knapp 3000 m hohen Bergkegel sind zusammen so etwas wie der Symbolberg der Dolomiten. Relativ spät wurde das grandiose Felsgebilde durchstiegen, vor allem die berüchtigten Nordwände forderten ihre Opfer. Für die »Superdirettissima« etwa an der Großen Zinne, im Winter 1963 eröffnet, benötigten erfahrene Bergsteiger nicht weniger als 17 Tage für 600 Klettermeter. Um den Nordwänden nahezukommen, können Bergwanderer die Drei Zinnen aber auch einfach umrunden. Vom Parkplatz am Misurinasee geht es in Richtung Paternsattel. Relativ ebene Schotterwege, von Felsscharten oder Engstellen unterbrochen, führen in vier Stunden um die Berggipfel herum.

Alpenblüten auf der Seiser Alm

Auf dem Hochplateau mit Blick auf das Massiv des Schlern und die Santnerspitze befindet sich in den westlichen Dolomiten die größte Hochalm Europas. Auf und an den sanft geschwungenen saftig-grünen Almwiesen, auf denen sich malerisch Holzhütten verteilen, entfalten etwa zwischen Mai und Juli unzählige hochalpine Blüten ihre ganze farbenfrohe Pracht: Roter Steinbrech, Krokus, Goldprimel, Küchenschelle, Schlangenknöterich, Anemone, blauer Enzian und viele mehr. Mit Glück ist ein Edelweiß zu entdecken, Alpenrosen leuchten rot auf Hängen bis auf über 2000 m Höhe. Knapp 800 Blüten und Farnpflanzen sind auf der Seiser Alm zu Hause.

Bozen – Atmosphäre mit Gotik und Barock

Aus der Südtiroler Landeshauptstadt wurde nach dem Zweiten Weltkrieg ein beliebter Ausflugsort. Durch Gassen mit gotischer oder barocker Architektur oder die Bozner Lauben schlendert man etwa zum Waltherplatz mit dem Denkmal für den Minnesänger Walther von der Vogelweide (um 1170–1230). Der filigrane Turm des Bozner Doms, einer dreischiffigen Hallenkirche mit Umgangschor, ist ebenso ein Fotomotiv wie die gotische Dominikanerkirche mit ihrem herrlichen Sterngewölbe. Die Fresken (1330–40) der angebauten Johanneskapelle sind von der Kunst Giottos inspiriert. In der Bindergasse vom Anfang des 13. Jh. stehen alte Wirtshäuser wie das »Weiße Rössl«.

Auf den Meraner Waalwegen

Waale im nahen und weiteren Umfeld von Meran dienten bereits im 13. Jh. zur Bewässerung. Um die Bewäs-

[2]

[3]

[4]

serungsanlagen pflegen zu können, wurden an ihren Seiten Wege angelegt, auf denen es sich heute »auf halber Höhe« sehr bequem spazieren lässt – ganzjährig und durchweg ohne nennenswerte Steigung. Der Panoramablick fällt auf das Etsch- oder Passeiertal, das schöne Meran selbst oder auf schneebedeckte Gipfel im Hintergrund. Man wandert durch Wiesen, Obstgärten und Wäldchen, überquert kleine Brücken. Es gibt herrliche Aussichtpunkte und viele Sitzgelegenheiten; die Wege sind auch für ältere oder gehbehinderte Menschen geeignet.

Vinschgau – Zur Schaumkrone aus Schnee

Geübte Bergsteiger erfüllen sich im Vinschgau einen Traum und starten vom Örtchen Sulden im gleichnamigen Tal zur Besteigung des Fast-Viertausenders Ortler mit seiner markanten »Schaumkrone« aus Schnee – am besten im Rahmen einer geführten Tour und mit einem erfahrenen Bergführer. Der anspruchsvolle Normalweg auf den höchsten Berg der Ostalpen führt zunächst zur Payerhütte (Teilstücke mit dem Sessellift machbar), dann über den Tabarettagrat und die vergletscherte Nordflanke auf den Gipfel (3905 m). Vorsicht, vor dem letzten Teilstück auf dem Plateau sind Eisrinnen und Spalten im Weg!

Dolomiten-Venedig – Eine Woche im Sattel

Vom Hochgebirge in die Po-Ebene führt die abwechslungsreiche Reise mit dem Rad. Es geht zunächst über die gut ausgebaute Trasse der ehemaligen Dolomitenbahn, danach über ruhige Seitenstraßen in etwa einer Woche mit gut zu bewältigenden Tagestouren sanft hinab. Geschichte, Kunst und Kulinarik nimmt der Radfreund auf dem Weg gleich mit: Der Weg führt von Toblach durch das Höhlensteintal, vorbei am Wintersportort Cortina d'Ampezzo, nach Belluno als Ausgangsort für Bergtouren, Bassano del Grappa am Ufer der Brenta und in die Modestadt Treviso. Als Krönung winkt ein Aufenthalt in der Lagunenstadt Venedig mit ihren Kanälen, gesäumt von jahrhundertealter Architektur.

Venedig – Juwel an der Lagune

Kanäle, Kirchen, Museen und Palazzi prägen die »Serenissima« Venedig – auf der einzigen (echten) Piazza der Markusdom mit goldenen Mosaiken und vielen Kuppeln. Der frühere Fondaco dei Turchi (ab 1225) mit »orientalischem« Zinnenkranz ist Sitz des Naturkundemuseums. Der wohl schönste Barockpalast der Stadt, die Ca' Pesaro (1673–1710), beherbergt die Galleria Internazionale d'Arte Moderna und das Museo d'Arte Orientale. Die Rialto-Brücke (1488) trägt zwei Ladenreihen; links ragt das Teatro Goldoni empor.

In Höhe der Accademia-Brücke befindet sich die Kunstgalerie »Accademia«, am Kanalufer hat 1949 auch Peggy Guggenheim (1898–1979) im Palazzo Venier dei Leoni (1748) ihre Kunstsammlung untergebracht.

Der Charme der Oberitalienischen Seen

Alpenwelt und Mittelmeer scheinen an den Seen Oberitaliens zu verschmelzen. An den Ufern zu schlendern und zwischen Villen und Parks den nostalgischen Charme der Ferien- oder Kurorte wie Cannobbio und Stresa, Como und Bellagio, Riva und Sirmione zu erkunden ist einfach erholsam. Das milde Klima lässt Zitronen, Magnolien, Kamelien und Palmen gedeihen. Der Lago Maggiore vereint die Lombardei und die Südschweiz in heiter-mediterraner Atmosphäre. Der Comer See gilt als »Alpenfjord«, denn vom Seegrund bis zum Gipfel des Monte Legnone (2609 m) sind es 3 km; die Landschaft gibt sich rauer. Am Gardasee, einem Eldorado für Wassersportler, stürzen im Norden die Berge ins Wasser, im Süden wachsen Weinreben und Orangen. Per Kabinenbahn geht es von Malcesine bequem mit der Seilbahn auf den Monte Baldo.

Schauen und Kaufen in Mailand

Mekka der Mode, des Designs und des Shoppings: Am Domplatz mit dem Reiterdenkmal für Vittorio Emanuele II. zu Füßen des gotischen Doms beginnt die Stahl-Glas-Konstruktion der Galleria Vittorio Emanuele II (1877), Vorbild aller Einkaufspassagen. In den Modepalästen an der Via Monte Napoleone und den Nebengassen fehlt keine Edelmarke. Die »Brera« ist Kunstakademie und -sammlung zugleich: Während der Säkularisierung im 19. Jh. gelangten viele Kunstschätze dorthin. Der »Salone del Mobile« ist eine der größten Designmessen der Welt, 2007 eröffnete in einem Triennale-Gebäude das erste italienische Designmuseum.

Genua – Hafenmetropole mit UNESCO-Welterbe

Während der Renaissance wurde die Via Garibaldi mit ihren Palästen errichtet. Im 19. Jh. legte man die Via XX Settembre tiefer, zum Kolumbusjahr 1992 wurde der alte Hafen restauriert. 2004 schließlich durfte sich Genua Europäische Kulturhauptstadt nennen.

[1]

[1] Gravedona ist ein kulturelles Zentrum am Comer See. [2] Der Canal Grande in Venedig mit der Kirche Santa Maria della Salute (Mitte). [3] Im Palazzo Reale (17. Jh.) im Hafen von Genua befindet sich ein Museum. [4] Die Galerie Vittorio Emanuele (19. Jh.) in Mailand gilt als ältestes »Einkaufszentrum« der Welt.

INFOBOX

Beste Reisezeit

Im Hochgebirge starten Wanderurlauber im Juni. Die Region Meran punktet mit mildem Frühjahr und Herbst. An den Seen sind Frühjahr und Herbst sonnenreich, die Sommer eher diesig. Im Winter sinkt das Thermometer selten unter 10 °C, im Sommer herrschen durchschnittlich 24 °C.

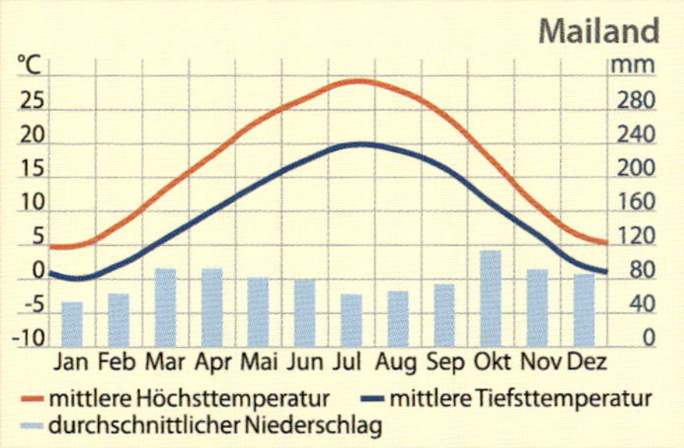

Mailand

°C / mm
25, 20, 15, 10, 5, 0, -5, -10
280, 240, 200, 160, 120, 80, 40, 0
Jan Feb Mar Apr Mai Jun Jul Aug Sep Okt Nov Dez

— mittlere Höchsttemperatur
— mittlere Tiefsttemperatur
— durchschnittlicher Niederschlag

ÖSTERREICH

SCHWEIZ

Meran
Vinschgau
Bozen
Dolomiten
Toblach
Drei Zinnen
Seiser Alm
Cortina d'Ampezzo
Belluno

Cannobbio
Comer See
Stresa
Bellagio
Lago Maggiore
Como
Riva
Malcesine
Iseosee
Gardasee
Bassano del Grappa
Treviso
Brenta
Mailand
Sirmione
Verona
Padua
Venedig
ITALIEN
Po
Adria
Genua
Bologna

ITALIEN – GLANZVOLLE KULTUR UNTER GOLDENER SONNE

(19)

Mittelitalien ist zu Recht ein Lieblingsreiseziel, bietet es doch etwas von allem: Hochkultur in Städten, deren Architektur und Kunstschätze ihresgleichen suchen, kulinarische Höhepunkte und maritime landschaftliche Schönheit.

Kultur
70 %

Natur
10 %

Entspannen
20 %

Bologna – »Schöne Backsteinerne«

Die Altstadt der Regionalhauptstadt der Emilia Romagna wird von Arkadenbogen (»portici«) geprägt, so auch die Piazza Maggiore. Die Südseite dominiert die Kirche San Petronio (1390–1673) mit gotischer Gestaltung. Die Westseite nimmt der Palazzo Comunale (13./14. Jh.) ein. Bolognas »Bauch«, der Mercato di Mezzo, verbirgt sich nordöstlich der Piazza in den Pescherie Vecchie. Hinter dem Chor von San Petronio ist die älteste Universität Europas im Palazzo dell'Archiginnasio (16. Jh.) mit Anatomievorlesungssaal untergebracht. An der Piazza di Porta Ravegnana erheben sich die – schiefen – Geschlechtertürme Torre Asinelli und Torre Garisenda.

Weltkunstmetropole Florenz

Nur eine Auswahl: An Piazza del Duomo und Piazza di San Giovanni erheben sich die Kathedrale Santa Maria del Fiore mit roter Brunelleschi-Kuppel (1296) sowie das Baptisterium di San Giovanni und der Glockenturm von Giotto. Hier lebten und arbeiteten mit Dante, Petrarca, Boccaccio, Machiavelli, Michelangelo, Botticelli, Leonardo, Tizian und Tintoretto die wichtigsten italienischen Denker und Künstler. Auf der Piazza della Signoria ist der David von Michelangelo (16. Jh., Kopie) zu bewundern. Giorgio Vasari errichtete im 16./17. Jh. für die Sammlung der Medici die neuen »uffici«, heute Heimat der weltweit größten Gemäldesammlung italienischer Renaissance.

Die Weinkultur des Chianti

Gleich hinter Florenz wächst Wein, San Casciano im Val di Pesa ist das Tor ins klassische Chianti-Gebiet. Die Straße des Chianti Classico führt über sanfte Hügel nach Greve mit seinen alten Lauben. Von einer massiven Rocca samt Wehrturm aus dem 15. Jh. beschützt wird Castellina. Durch Eichenwälder erreicht man Radda, ein Weindorf mit 360-Grad-Weitblick. »Chianti« ist eine

geschützte und kontrollierte Bezeichnung (DOCG). Den Hauptanteil macht mit 70 % Sangiovese aus, dazu kommen Cannaiolo, Malvasia und Trebbiano. In sieben Anbaugebieten darf Chianti produziert werden, Chianti Classico nur in einer bestimmten Zone.

Pisa – Schief ist schön

Touristen umschwärmen den Campo dei Miracoli, den Platz der Wunder, eigentlich Piazza del Duomo, mit weißem Dom, Baptisterium, Friedhof und

Glockenturm – seit 1987 UNESCO-Welt-erbe. Der Dom Santa Maria Assunta mit elliptischer Kuppel, Loggien, Arkaden und Statuen wurde 1118 von Papst Ge-lasius II. geweiht. Pisas Wahrzeichen ist der 55 m hohe, abgesackte Glockenturm des Doms (12. Jh.), die 294 Stufen kön-nen heute wieder erklommen werden. Das Baptisterium ist die größte Taufkir-che der christlichen Welt. Blickfang sind die sechseckige Kanzel von Nicola Pisano (1260) und das achteckige Taufbecken. Der Camposanto (»heiliges Feld«) hinter dem Dom war der Friedhof der Adligen von Pisa.

[1] Unter den Arkaden von Bologna.
[2] Die Florentiner krönten die Kathedrale Santa Maria del Fiore im 15. Jh. mit der größten Kuppel der Welt. [3] Der »schiefe Turm« ist das Wahrzeichen Pisas. [4] Die Maremma steht in weiten Teilen unter Natur-schutz. [5] Der Strand von Padulella ist nur einer von vielen auf Elba.

[4]

Küstenlandschaft Maremma

Die toskanische Maremma beginnt im Norden beim Golf von Folloni-ca und erstreckt sich bis zur Lagune von Orbetello am Monte Argentario. Der fla-che Küstenstreifen an den zum Meer ab-fallenden Monti dell'Uccellina mit dem Einzugsgebiet der beiden Flüsse Bruna und Ombrone wird über 25 km die Küste entlang durch den 8900 ha großen Parco Naturale della Maremma geschützt. Fla-che Brackwasser-Binnenseen und Macchia bedecken weite Teile der Landschaft. Dü-nen, Naturstrände, Pinienwald, Ackerland und Weiden prägen das Bild, Fauna und Flora sind artenreich. Für den leiblichen Genuss sorgen Produkte der Gegend: Ge-müse, Obst, Fisch, Fleisch, Olivenöl und Spitzenweine.

Elba – Welcher Strand darf es sein?

Elba ist von Piombino aus mit der Fähre zu erreichen. Die Insel ist we-gen ihrer Sandstrände und des azurblauen Wassers ein Lieblingsurlaubsziel. Schwim-men, Tauchen, Segeln, Windsurfen und mehr – auf Elba sorgen über 150 Strände und Buchten für Auswahl und Abwechs-

[5]

lung. Biòdola und Procchio etwa laden mit ihrem Golf und weitläufigen Sandstränden ein. Im wilden Westen locken an der Punta Nera Sandareale, die sich mit Klippen und romantischen Buchten abwechseln. Porto Azzurro zählt mit seinem kleinen Hafen zu den meistbesuchten Badeorten der Insel. Den zentralen Teil der Insel prägt noch zu einem großen Teil die Landwirtschaft mit Wein- und Oliventerrassen.

Gestreifter Dom und Reiterspiele in Siena

Sehenswert ist natürlich auch der Dom (Cattedrale di Santa Maria Assunta), ein Meisterwerk toskanischer Gotik. Ganz in weißem Marmor, mit etwas Rosso di Siena und Schwarzgrün aus Prato, präsentiert sich die Fassade, schwarz-weiß gestreift in den Farben Sienas der frei stehende Campanile. Die Glasmalereien von 1288 im großen Rosettenfenster des Mittelschiffs zählen zu den ältesten erhaltenen ihrer Art in Italien. Spektakulär aber ist der Palio: Zweimal jährlich finden seit dem 13. Jh. Reiterspiele auf der muschelförmigen Piazza del Campo statt. Dann treten im Schatten des Rathauses (Palazzo Pubblico) mit seinem eindrucksvollen Turm (Torre del Mangia) Vertreter der einzelnen Stadtteile ungesattelt in mittelalterlichen Kostümen gegeneinander an.

Orvieto - Stadt aus Tuff

Die Etrusker errichteten ihre Städte oft auf Bergplateaus, so auch den Vorläufer Orvietos. Der Tuff der Stadt leuchtet in der Sonne golden, ist aber ausgehöhlt: Keller und Weinlager wurden errichtet, wo früher vielleicht Nekropolen lagen, aber auch eine Verbindung von Unter- und Oberstadt. Vom Bahnhof nimmt man die »Funicolare« (Standseilbahn) hoch zur Piazza Cahen an der Porta Rocca. Ganz in der Nähe ermöglichen im 62 m tiefen Brunnen Pozzo di San Patrizio von 1537 zwei Treppen den Auf- und Abstieg. Die engen Altstadtgassen der Oberstadt, in 325 m Höhe über der Verlängerung des toskanischen Chianatals gelegen, lassen sich gut zu Fuß erschließen.

Assisi - Stadt des heiligen Franziskus

Von der Festungsruine Rocca Maggiore gekrönt, liegt Assisi zu Füßen des Monte Subasio. Wie auf dem Reißbrett angelegt wirkt die mittelalterliche Stadt. Von der Hauptgasse führen enge Treppengassen seitwärts. Zentrum Assisis ist die Piazza del Comune (Marktplatz) auf dem einstigen römischen Forum. Um den 4. Oktober herum, dem Todestag des heiligen Franziskus, strömen Gläubige aus aller Welt nach Assisi, um den Heiligen zu würdigen, etwa in der Franziskus-Kathedrale San Rufino unterhalb der Festungsruine. In der aufwendig gestalteten Grabkirche San Francesco, einer Doppelkirche der Spätromanik und Frühgotik, ruhen die sterblichen Überreste des Heiligen.

Ancona - Im Angesicht des Meeres

Ancona an der Adria hat zwei Gesichter: das historische Zentrum auf dem Monte Guasco und den modernen Teil mit dem Hafen. Der romanische Dom San Ciriaco blickt über die Stadt, im Inneren mit Grundmauern einer frühchristlichen Kirche und eines heidnischen Tempels. Kunstliebhaber entdecken in der Kirche San Domenico die »Kreuzigung« von Tizian. Einer der außergewöhnlichsten Bauten ist die Mole Vanvitelliana.

[1]

[1] Ein Landstreifen schirmt die Bucht von Fetovaia auf Elba vom Meer ab. [2] Orvieto in Umbrien ist bekannt für seinen Dom aus dem 13. Jh. und die Keramik. [3] Ein bedeutendes Beispiel romanisch-gotischer Baukunst ist der Dom von Siena. [4] Franz von Assisi predigte Armut und gründete den Orden der Minderen Brüder.

INFOBOX

Beste Reisezeit

Mittelitalien ist von mediterranem Klima geprägt, die meisten Sonnenstunden gibt es im Juli und August. Im Sommer können die Temperaturen bis über 35 °C steigen. Je weiter landeinwärts, desto trockener ist die Hitze. Der meiste Niederschlag fällt von Oktober bis Dezember.

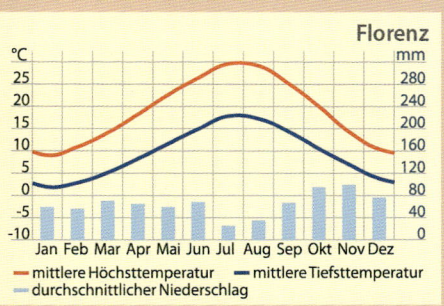

Florenz

°C / mm

25 / 280
20 / 240
15 / 200
10 / 160
5 / 120
0 / 80
-5 / 40
-10

Jan Feb Mar Apr Mai Jun Jul Aug Sep Okt Nov Dez

— mittlere Höchsttemperatur — mittlere Tiefsttemperatur
— durchschnittlicher Niederschlag

ITALIEN – PRACHT AUS 3000 JAHREN

Metropolen, die tiefe Einblicke in die antike Vergangenheit erlauben und Europa kulturell prägten, sowie paradiesische Strände und Inseln, die Generationen Reisender zum Träumen anregten. All das bietet das südliche Italien.

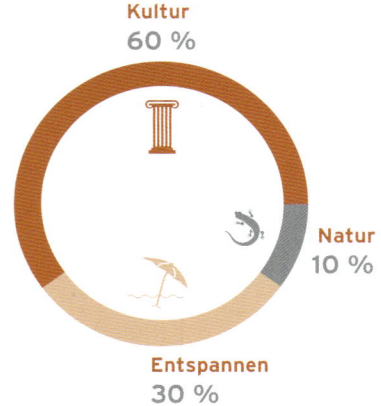

Kultur 60 %

Natur 10 %

Entspannen 30 %

[1] Die barocke Piazza Navona in Rom wurde im 15. Jh. auf den Ruinen eines antiken Stadions erbaut. [2] Der Nationalpark Pollino in Kalabrien ist der größte Italiens. [3] In Neapel wird das Handwerk gepflegt, etwa beim Mandolinenbau. [4] Der Apollotempel in Pompeji, der einst reichen Hafenstadt am Golf von Neapel.

[1]

Rom – Ewige Stadt auf sieben Hügeln

»Roma aeterna« ist in seiner Fülle an Kunstschätzen und baulichen Relikten einzigartig. Zeugen der Antike sind etwa das Pantheon, erst Tempel, dann Kirche, oder die Engelsburg, erst Mausoleum, dann Schutzburg und heute Museum. Ein anderes Wahrzeichen Roms ist das antike Kolosseum. Das Amphitheater (1. Jh. n. Chr.) mit Arkadenreihen wurde zum Symbol römischen Lebens, denn es diente Aufführungen der besonderen Art: Gladiatoren und Raubtiere sorgten für blutige »Unterhaltung«. Das Forum Romanum, 1000 Jahre lang politisches, gesellschaftliches und wirtschaftliches Herz der Metropole, mit prächtigen Tempeln und Monumenten, verfiel im Lauf der Zeit, aber beeindruckende Überreste haben überdauert. Seit Rom Zentrum des Christentums wurde, prosperierte der Kirchenbau – allein sieben Basiliken wie etwa St. Peter im Vatikan gehören dazu. Roms bildende Kunst wäre eine eigene Reise wert, wie die Vatikanischen Sammlungen und die Sixtinische Kapelle mit den Deckenmalereien Michelangelos (16. Jh.) eindrucksvoll beweisen.

Neapel – Glanzvolle Kapitale Süditaliens

Einen Überblick gewährt der Hausberg Vomero über historisches Zentrum und Meer bis zum Vesuv. 1995 wurde Neapel, im Kern von spanischem Barock geprägt, UNESCO-Welterbe. Von der Altstadt führt die Straße Spaccanapoli schnurgerade bis zum Stadtteil Forcella. In den Seitengassen hängt pittoresk Wäsche auf der Leine und Kinder spielen. Vor allem die Gasse der Krippenbauer, der Pastorai, zieht Käufer an. Von der Hafenmole Molo Beverello gehen nicht nur viele Fähren ab, sondern es reihen sich auch grandiose Bauten aneinander, darunter die Festung Castel Nuovo (13. Jh.) mit einem Renaissancetor zwischen wuchtigen Rundtürmen. Der Palazzo Reale (17./18. Jh.), früher Sitz der Bourbonen-Herrscher, fasst das Halbrund der Piazza del Plebiscito ein. In der kreuzförmigen, kuppelgekrönten

Galleria Umberto I, einer Glas-Eisen-Konstruktion aus dem 19. Jh., schreitet man über Marmorboden in edle Geschäfte.

Pompeji – Antike zum Anfassen

Die Ruinen der einst wohlhabenden 20 000-Einwohner-Stadt Pompeji waren 1700 Jahre lang verborgen. Am 24. August des Jahres 79 n. Chr. hatten Asche und Lava aus einer gewaltigen Eruption des Vesuvs die ganze Herrlichkeit verschüttet. Freigelegt, gewähren die Ruinen auf einem Rundgang plastische Einblicke

[2]

[3]

[4]

in das pralle Leben der Antike – besonders eindrucksvoll die »calchi«, Gipsabdrücke der Hohlräume, die die Körper der Opfer hinterließen. Die Relikte Pompejis wurden ab dem 19. Jh. professionell freigelegt. Zum Vorschein kamen meist zweistöckige Wohnhäuser mit Innenhof, Geschäfte und Restaurants, Werkstätten und öffentliche Gebäude mit üppigen Wandgemälden, farbigen Mosaiken und zahllosen Alltagsgegenständen.

Capri – Insel der Sehnsucht

Die Marina Grande mit den bunten Häuschen scheint einer Filmkulisse zu entstammen. Seit Beginn des 19. Jh. kamen Künstler, später fanden sich Jetset und Filmdiven ein. Eine Seilbahn führt in den Ort Capri mit der von Cafés und Luxusläden gerahmten »piazzetta«. In Anacapri geht es etwas ruhiger zu. Vom »Belvedere di Tragara« sind die »Faraglioni«, Felsen im Tyrrhenischen Meer, zu bewundern; das Licht verleiht auch der Blauen Grotte ihre magische Farbe. Nelken, Rosmarin und Zitronen duften um die Wette, wenn man nach Abreise der Tagesgäste ungestört durch Gassen und über Spazierwege schlendert.

Die raue Natur Kalabriens

Drei Nationalparks laden ein, die wilden Gebirgslandschaften im Süden der Appeninhalbinsel zu entdecken. Im Parco Nazionale del Pollino, dem größten Nationalpark des Landes, befindet sich mit dem Serra Dolcedorme (2267 m) der höchste Berg Süditaliens. Im Parco Nazionale della Sila wechseln sich auf sanft gewellten Hochebenen Misch- und Kiefernwälder mit kühle Bergseen und von Gebirgsbächen durchzogenen Weideflächen ab. Dort wachsen uralte Bäume, die »Giganti della Sila« bei Spezzano. Der wenig erschlossene Parco Nazionale dell'Aspromonte wird von Höhlen und Schluchten durchzogen.

Strandleben in Tropea

Kleine Stadt an der kalabrischen Westküste mit Traumstrand: Über Treppen gelangt man zum weißen Sand am türkisfarbenen Wasser. Tropea und Umgebung ist der passende Ort für Strandleben mit Bars, Clubs und Restaurants.

Apulien - Wiege der Zivilisation

Um 900 v. Chr. haben Messapier die Region besiedelt, später fanden sich griechische Kolonisatoren ein. Historische Stätten, Kunst und Architektur vom frühen Altertum bis zum Barock ziehen Kulturfreunde an den »Stiefelabsatz«. Architekturschätze im Großen und Kleinen sind etwa das Castel del Monte 60 km nordwestlich von Bari. Kaiser Friedrich II. ließ die frühgotische Burganlage (13. Jh.) als mächtigen, streng achteckigen Bau errichten. Im Itriatal bilden gern fotografierte Zeugnisse einstigen und heutigen Landlebens, die Trulli, Ansiedlungen: Von den weißen Rundhäusern mit kegelförmigen Steindächern stehen im Stadtteil Monti von Alberobello über 1000 Stück.

Bari - Prachtfenster zur Adria

Die Hauptstadt Apuliens besteht aus Altstadt, Murat-Viertel (nach Joachim Murat, König von Neapel 1808–15) und moderner Stadt. Das Gassengewirr des Centro storico liegt auf einer Halbinsel in der Adria. Dort beeindruckt die romanische Basilika San Nicola mit einer Fassade aus weißem Kalkstein, gerahmt von zwei massiven Türmen; drei Portale führen ins Innere mit Skulpturen aus dem Mittelalter. An der byzantinischen Kathedrale San Sabino ziert eine gotische Fensterrose die Fassade. Baris Archäologisches Museum und die Provino-Pinakothek überraschen mit Werken von Weltrang, letztere zeigt Bellini bis Veronese. Das Murat-Viertel glänzt mit pompöser Architektur aus dem 19. Jh. und einer Promenade.

Lecce im eleganten Barockkleid

Die opulente Barockkunst der Kirchen und Palazzi verleiht dem einst reichen Handelsstützpunkt im Süden Apuliens Eleganz. Der üppige »barocco leccese« macht Lecce zur Kunststadt der Region Salento. Die Prunkfassade von Santa Croce, die harmonische Stilmischung der Chiesa dei Santi Niccolò e Cataldo sowie das Kastell Kaiser Karls V. (16. Jh.) bereichern den Kathedralenplatz im Herzen der Stadt ebenso wie der fünfstöckige Domturm (17. Jh.). Die Kathedrale selbst ist an der Front von strenger Schlichtheit, die Seitenfassade wieder barock geschmückt. Am Bischofspalast (15. Jh.) fällt die elegante Loggia im ersten Stock ins Auge.

Liparisches Inselgefühl

Die Inseln Alicudi, Filicudi, Panarea, Stromboli, Vulcano, Lipari und Salina sind alle vulkanischen Ursprungs. Auf der Hauptinsel Lipari befindet sich die gleichnamige Hauptstadt; ihr Zentrum ist der Burgberg. Der Dom San Bartolomeo (ursprünglich 11. Jh.), eine barocke Kirche, verbirgt einen normannischen Kreuzgang; in der Nachbarschaft sind im Archäologischen Museum manche Schätze zu entdecken. Vor allem aber pflegt man auf Lipari eine entspannte Lebensart: Der Corso Vittorio Emanuele ist eine Flaniermeile mit Geschäften, Restaurants und Cafés. Wer noch mehr Inselgefühl sucht – mit einer Vespa lässt sich Lipari stilecht umrunden. In Aquacalda hat man vom langen Kiesstrand einen herrlichen Blick zur Insel Salina.

[1]

[2]

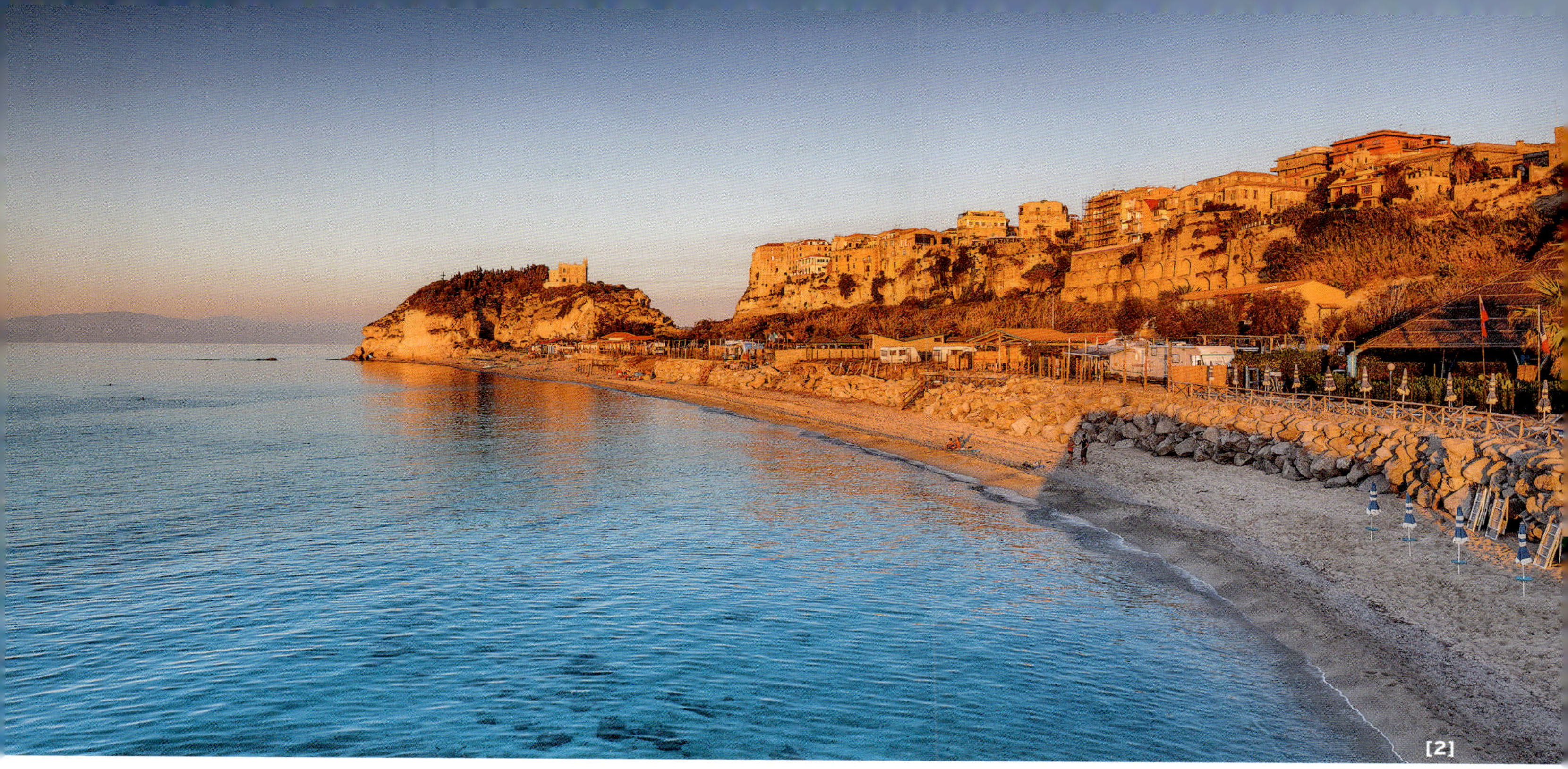

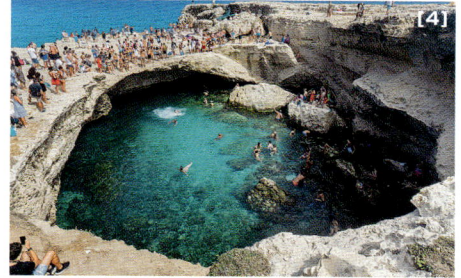

[1] Die Trulli-Häuser im apulischen Alberobello entstanden in Trockenbauweise. [2] Fast 200 Stufen führen von der Altstadt Tropeas hinab an den Strand. [3] In Bari schmeckt das Traditionsgericht Polenta fritta. [4] Nahe des archäologischen Ausgrabungsortes Roca Vecchia liegt der Naturpool Grotta de la Poesia.

[3]

[4]

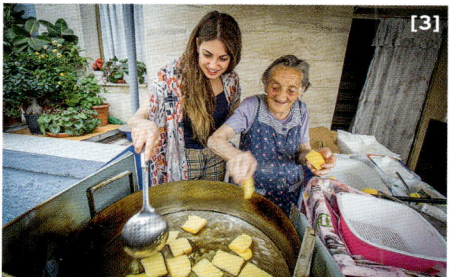

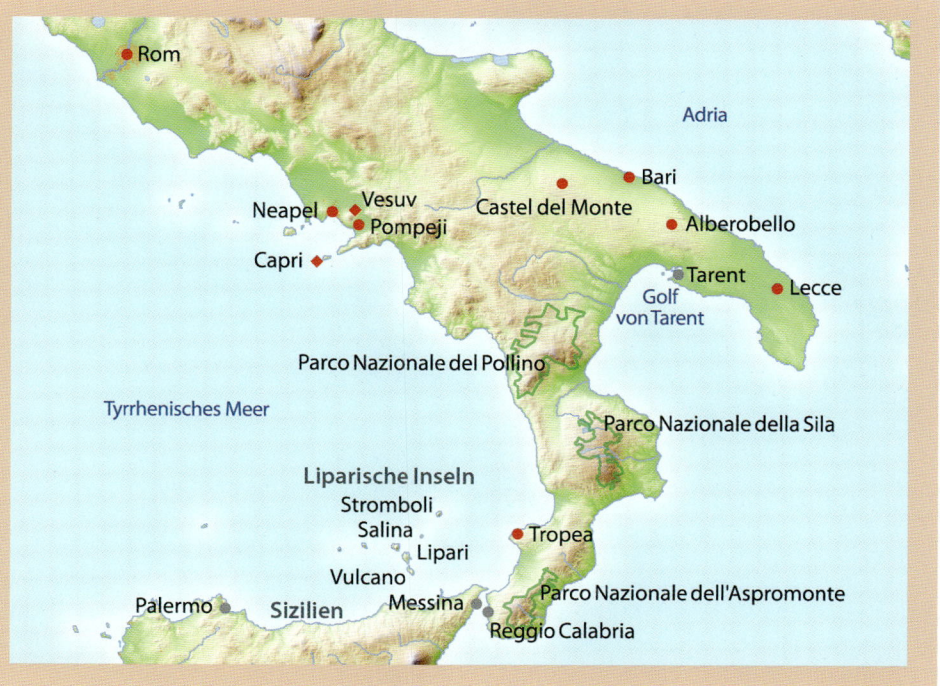

INFOBOX

Beste Reisezeit

Die Sommermonate sind heiß und trocken, es weht kein Lufthauch. Von Mai bis Oktober herrschen Temperaturen um 25 °C, im Juli/August um 30 °C. Die Wassertemperatur ist angenehm, der Aufenthalt in Großstädten gerät dann durchaus anstrengend. Regen fällt etwa von November bis Anfang März.

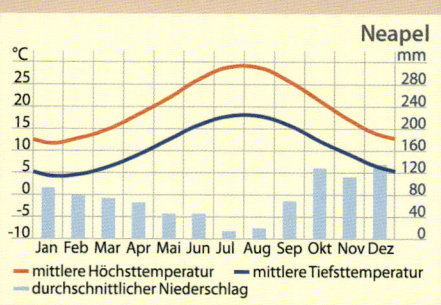

Neapel
°C
mm
25
20
15
10
5
0
-5
-10
280
240
200
160
120
80
40
0
Jan Feb Mar Apr Mai Jun Jul Aug Sep Okt Nov Dez
mittlere Höchsttemperatur
mittlere Tiefsttemperatur
durchschnittlicher Niederschlag

Rom
Adria
Bari
Castel del Monte
Alberobello
Neapel
Vesuv
Pompeji
Capri
Tarent
Lecce
Golf von Tarent
Parco Nazionale del Pollino
Tyrrhenisches Meer
Parco Nazionale della Sila
Liparische Inseln
Stromboli
Salina
Lipari
Tropea
Vulcano
Palermo
Sizilien
Messina
Parco Nazionale dell'Aspromonte
Reggio Calabria

SARDINIEN – TRAUMSTRÄNDE UND SCHROFFE BERGWELT

21

Eine Landschaft wie aus dem Bilderbuch: Weiße Kalksteinfelsen und rosa Sandstrände leuchten mit dem türkisfarbenen Tyrrhenischen Meer und der grünen Macchia um die Wette. Sardinien ist von farbenfroher, aber rauer Schönheit.

Entspannen 50 %

Aktiv 10 %

Kultur 10 %

Natur 30 %

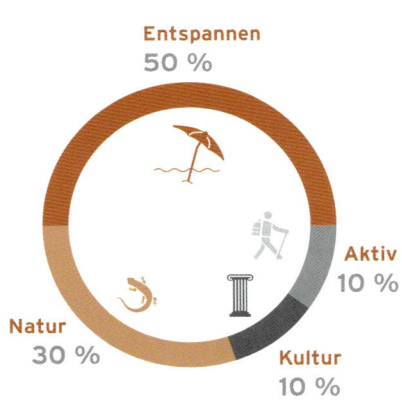

Tavolara – Auf die Punta Cannone

Die nordöstlich von Porto San Paolo aufragende Kalksteininsel Tavolara ist knapp 6 km lang und misst am höchsten Punkt, der Punta Cannone, 565 m. Außer einigen Macchiagewächsen ist die Vegetation karg; es wachsen Mastixbäume, Steinkräuter und Kornblumen. Die Insel ist Lebensraum wilder Ziegen, Mufflons und Seevögel. Ein Gang zur Westspitze oder an die Ostseite bietet immer wieder Blicke auf Kalksteinberg und Meer. Die Punta Cannone kann man auf einer fünfstündigen anspruchsvollen Wanderung erklimmen. Nicht schwindelfreie, wenig erfahrene Wanderer sollten nur in Begleitung eines Führers gehen, da mehrere Passagen Anseilen erfordern.

Baden und Tauchen um Santa Teresa di Gallura

Auf der runden Landzunge Capo Testa in Sardiniens Nordwesten wechseln sich Granitfelsen mit schönen Badebuchten ab; mit glasklarem Wasser lädt etwa die Cala Spinosa zum Tauchen ein. Vom Meer umspült wird auch das Städtchen Santa Teresa di Gallura mit ihren Bars, Restaurants und Cafés an und um die Piazza Vittorio Emanuele. Hier beginnt die von Läden gesäumte Via XX Settembre, die zur Piazza Libertá führt. Von dort öffnet sich der Blick auf den Hafen Porto di Longonsardo und den sichelförmigen Hausstrand Rena Bianca. Am nördlichsten Ende Sardiniens dehnt sich zu Füßen der Punta Falcone der Traumstrand Spiaggia La Marmorata, eine seicht ins azurblaue Wasser abfallende Sandbank, aus.

Willkommen im rosa Badeparadies!

Hier kann man die Seele baumeln lassen: Klippen ragen ins blaue Meer, lauschige Buchten und lange Sandstrände ziehen sich die Küste entlang, davor ein winziges Eiland: die Isola Rossa, die »Rote Insel«. Eine schmale Halbinsel mit rosefarbenen Granitfelsen und weißen Sandstränden erstreckt sich nordwestlich von Trinità d'Agultu e Vignola und trägt den gleichen Namen wie die ihr vorgelagerte Insel. Der Küstenabschnitt der zauberhaften Costa Paradiso nordöstlich der Isola Rossa ist voller duftender Erdbeerbäume, ebenfalls rosefarbener Granitfelsen, glasklarer Badegumpen und klitzekleiner, steiniger Buchten, die oft nur auf dem Seeweg zu erreichen sind.

Stintino – Karibik im Mittelmeer

Am äußersten Ende der Nordwestküste, knapp 5 km entfernt vom Fischerort Stintino im Golfo dell'Asinara mit seinen Salzlagunen, Schieferfelsen und

Fjorden, lockt zwischen grüner Macchia und türkisblauem Meer die weiße Spiaggia La Pelosa: Der kalkweiße, flach abfallende Strand ruht zu Füßen des Capo Falcone an einer kleinen Meerenge vor der Isola Piana. Vom Strand sieht man die unter Naturschutz stehende Asinara-Insel. Gut geschützt von den Klippen des Kaps bietet der Strand beste Badebedingungen, selbst wenn ein kräftiger Mistral weht, gibt es kaum Wellen.

Vulkangeborener Monte Ferru

Ein vor rund fünf Millionen Jahren entstandener Vulkan hinterließ

[1] Die Isola di Tavolara im Naturschutzgebiet von Punta Coda Cavallo. [2] Felsen von Santa Teresa di Gallura am Nordende Sardiniens. [3] Halbinsel Stintino: einst Gefängnisinsel, heute Badeparadies. [4] Ziegen durchstreifen das Gebirge Supramonte. [5] Den Strand von Torre dei Corsari bewacht ein Piratenturm.

das 430 m² große Basaltmassiv des Monte Ferru mit dem 1050 m hohen Monte Urtigu als höchster Erhebung. Heute bilden grüne Berge und Täler, alte Steineichenwälder, Ölbäume und Quellen um den und auf dem »Eisenberg« zwischen der einsamen Planargia, der waldreichen Bergkette des Marghine und dem fruchtbaren Tirsotal den idealen Lebensraum für Marder, Wiesel, Igel, Hasen, Füchse, Mufflons, Wildschafe, Wildschweine und Gänsegeier. In höheren Lagen zwischen nacktem Fels zwängen sich Macchia und Kräuter. In Richtung Cuglieri geht das Basaltmassiv in eine anmutige Hügellandschaft über.

Die Einsamkeit der Costa Verde

Zwischen dem Capo Pecora und dem Capo Frasca breiten sich an der Costa Verde riesige Sanddünen und verlassene Bergwerksdörfer aus. Dort liegen einige der einsamsten Strände der Insel. Im 19. Jh. hatten sich Bergleute auf der Suche nach Galenit und Zinkblende bei Arbus durch die Talebene Vallata delle Anime gegraben. Ingurtosu sollte das bedeutendste Bergwerk der Insel werden – mitten im Wald, wo der Rio Irvi an Dünen vorbei ins

[5]

Meer mäanderte. Doch 1968 wurde die Mine geschlossen. Westlich von Ingurtosu erstreckt sich die größte Wüstenlandschaft Sardiniens; im Frühling blühen wilde Lilien, Levkojen und Sandmohn. Mit Glück trifft man auf den Sardischen Hirsch.

Cagliari – Im Schutz der Festung

Die Metropole im Süden wurde im Mittelalter von den Pisanern zur Festung ausgebaut. Auf dem Schlossberg liegt das Castello-Viertel. Von einem mächtigen Schutzring umgeben sind prunkvolle Wohnhäusern, Kirchen und Gassen. Wahrzeichen der Stadt sind die Türme Torre di San Pancrazio und Torre dell'Elefante. Die ab dem 13. Jh. entstandene Kathedrale Santa Maria Assunta e Santa Cecilia dominiert den prächtigen Piazza-Palazzo. Von der Terrazza Umberto I der Bastione di Saint Remy im Süden des Castello-Viertels genießt man das Panorama von Altstadt und Golfo degli Angeli. Unterhalb der Festungsmauern erstrecken sich das Hafenviertel La Marina, Stampace, das Viertel der Händler und Kunsthandwerker, und das einst bäuerliche Villanova.

Schroffe Wildnis Supramonte und Gennargentu

Im Gennargentu-Gebirge mit Felswänden und kargen Bergweiden erheben sich die höchsten Berge Sardiniens: die Punta La Marmora und der im Winter oft schneebedeckte Bruncu Spina. An ihren Hängen leben Mufflons und Steinadler. Die immergrünen Haine mit Eiben, Erlen, Eichen und Stechpalmen der tieferen Lagen sind das Terrain von Wildschweinen, Rotfüchsen und Wildkatzen. Nordöstlich davon türmt sich das Supramonte-Massiv mit weißen Granitfelsen voller Grate und Grotten. Die unteren Lagen sind von Schluchten, Quellen und Steineichenwäldern geprägt. Südwestlich von Dorgali hat sich einer der tiefsten Canyons Europas in die Erdkruste gefräst: die Gola di Gorropu.

Mondbucht an der Felsenküste

Die Cala Luna war häufig Drehort für Filme, was Wunder, denn die von Oleander und Wacholder gesäumte Bucht mit blütenweißem Sand zwischen einem grünen Bach und kobaltblauen Meeresflu-

ten ist wunderschön – und nur zu Fuß oder mit dem Boot erreichbar; von der Cala Gonone aus führt ein Wanderweg dorthin. Am nördlichen Ausläufer des Strandes haben Wind und Wellen Grotten in die steilen Felswände gegraben. Der flach ins Wasser abfallende Sandstrand gehört zu den schönsten am Golf von Orosei. In den 1970er-Jahren war die Bucht ein Mekka der Alternativkultur. Tatsächlich verführt so viel landschaftliche Schönheit zum Träumen!

Hideaways am Golfo di Orosei

Am Golf von Orosei mit seinen Sandstränden und Felslandschaften führen schmale Pfade zu luftigen Panoramaplätzen oder dringen durch tiefe Schluchten zu bildschönen, verschwiegenen Mini-Sandbuchten vor. Mit hellen Kalksteintafeln, die bis zu 400 m aus dem Wasser ragen, gewaltigen Höhlungen und tiefen Fjorden hat die naturgeschützte Landschaft fast unwirkliche Züge. Die Buchten lassen die Welt draußen vergessen, etwa die abgeschiedene Cala dei Gabbiani in makellosem Weiß. Im Frühjahr und im Herbst bleibt sogar der schöne Kiesstrand der Cala Sisine einsam.

[1]

[1] In der Cala Mariolu bei Baunei liegt einer der schönsten Strände Sardiniens. [2] Die Gipfel des Supramonte-Massivs laden zu anspruchsvollen Wanderungen ein. [3] Cagliari, die Hauptstadt Sardiniens, wurde wie Rom auf sieben Hügeln erbaut. [4] Felshöhlen bilden den Rahmen für das glasklare Wasser der Cala Luna.

INFOBOX

Beste Reisezeit

Sardinien empfiehlt sich generell von Mai bis Oktober. Die beste Reisezeit ist der Früh- oder Spätsommer. Kann es im Dezember bis Februar mit bis zu 15 °C bisweilen frühlingshaft mild werden, sind die Sommermonate Juli und August teils bis zu 40 °C heiß.

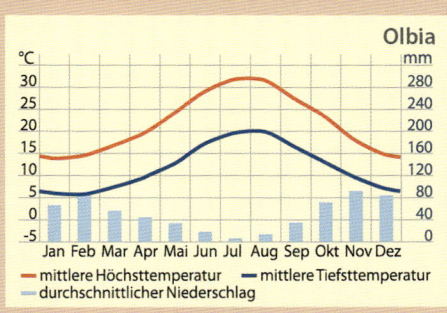

Olbia

°C / mm

Jan Feb Mar Apr Mai Jun Jul Aug Sep Okt Nov Dez

— mittlere Höchsttemperatur
— mittlere Tiefsttemperatur
— durchschnittlicher Niederschlag

FRANKREICH - STAUNEN UND GENIESSEN

22

Von den Steil- und Wattenmeerküsten der Normandie und Bretagne geht der Norden Frankreichs in die am dichtesten besiedelte Region rund um Paris über. Weiter südlich schließt sich das Tal der Loire mit seinen Schlössern und historischen Stätten an.

Kultur
80 %

Unterwegs
10 %

Biken
10 %

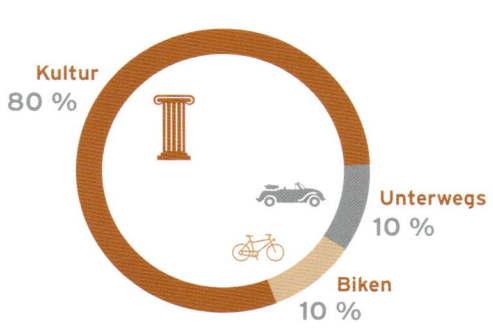

Lille - Flämisches Frankreich

Flämische Tradition und französische Lebensart – diese gelungene Mischung macht den besonderen Reiz der ganz im Norden Frankreichs an der Grenze zu Belgien gelegenen Universitätsstadt aus. Die restaurierte Altstadt beeindruckt mit ihren reich geschmückten Bürgerhäusern und der Alten Börse von 1652, einem Baukomplex des flämischen Barock. Neben einer lebhaften Kulturszene hat die Stadt auch kulinarisch gesehen höchste Genüsse zu bieten. Wer sich im alten Arbeiterviertel Wazemmes auf eine Feinschmeckerreise begibt, stößt u. a. auf köstlichen Käse, die typische Fleischterrine Potjevlesch, leckere Waffeln und natürlich Bier aus Hausbrauereien.

Rouen - Mit den Augen Monets

Claude Monet, der Meister der impressionistischen Malerei, hat ihr in seinen Werken ein Denkmal gesetzt, der gotischen Kathedrale Notre-Dame, die das Stadtbild von Rouen seit Jahrhunderten beherrscht. Neben diesem imposanten Bauwerk hat die alte Seehafenstadt an der Schleife der Seine noch viele weitere geschichtsträchtige Sehenswürdigkeiten zu bieten. Wer die enge Treppe des Gros Horloge, eines herrlichen Uhrenturms in einem Torbau aus der Renaissance, erklimmt, wird oben mit einem grandiosen Blick auf die Stadt belohnt. Das Musée des Beaux-Arts am Square Vedrel zeigt u. a. Monets Bildnis der Kathedrale.

Le Havre - Wie Phönix aus der Asche

Im Zweiten Weltkrieg durch Luftangriffe nahezu vollständig zerstört, wurde die wichtige Hafenstadt an der Mündung der Seine in den Atlantik 1945–60 nach den Plänen von Auguste Perret gelungen wieder aufgebaut. Die UNESCO würdigte das Wirken des bedeutenden Stahlbeton-Architekten als herausragendes Beispiel für die Stadtplanung der Nachkriegszeit und verlieh Le Havre

deshalb den Welterbestatus. Nicht nur die Stadt selbst, auch ihre Umgebung hat viel zu bieten. In Richtung Süden schließt sich die idyllische Blumenküste an, die schon viele Künstler inspirierte. Nach Norden folgt die wilde Alabasterküste mit ihren spektakulären Kreideklippen.

Mont-Saint-Michel - Fata Morgana aus Stein

Bei Flut ragt die ehemalige Benediktinerabtei wie eine Pyramide aus dem Meer. Aber noch imposanter ist ihr Anblick bei Ebbe, wenn sich die felsige Insel mit der mächtigen Kirche etwa 1 km

vor der Küste aus dem normannischen Wattenmeer erhebt. Das Kloster wurde im 8. Jh. der Legende nach auf Geheiß des Erzengels Michael errichtet. Seitdem zieht das zum Weltkulturerbe erklärte Bauwerk unzählige Besucher und Pilger an, die die weitläufige Befestigungsanlage mit dem Klosterkomplex seit 2014 unabhängig von den Gezeiten über eine Stahlbrücke auf Stelzen erreichen können.

Inspiration Paris

Highlights wie Notre-Dame, Montmartre, Louvre, Centre Pompidou,

[1] An der Seine zwischen Le Havre und Rouen erheben sich die Ruinen der Benediktinerabtei Jumièges. [2] Der Klosterberg Mont-Saint-Michel wird auch »La Merveille«, das Wunder, genannt. [3] Blick über das nächtliche Paris. [4] Place du General de Gaulle, der Hauptplatz von Lille. [5] Prunk im Königsschloss von Versailles und Ruhm seinem Erbauer Ludwig XIV.

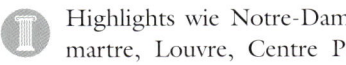

Eiffelturm erkunden oder doch lieber die exklusiven Modeauslagen in der Rue du Faubourg Saint Honoré begutachten oder sich im Szeneviertel Saint-German-des-Prés inspirieren lassen? Ob weltbewegende Vergangenheit oder hochmoderne Gegenwart, das Sightseeing-Angebot in der französischen Hauptstadt ist riesig und bietet etwas für jeden Geschmack. Wer keine festen Besichtigungspläne hat, kann sich aber auch einfach ganz nach Pariser Art treiben lassen und seine Umgebung von einer ruhigen Parkbank in den Tuilerien beobachten oder in einem der unzähligen Straßenlokale bei einem Café crème und einem süßen Crêpe in die geschäftige Großstadtatmosphäre eintauchen.

Versailles – Residenz des Sonnenkönigs

L'état c'est moi – Der Staat bin ich. Getreu diesem absolutistischen Motto gab Ludwig XIV. im 17. Jh. Anweisungen, das kleine Jagdschloss seines Vaters zu einem mächtigen Palastkomplex mit kunstvollen Gartenanlagen zu erweitern. Es entstand eine Residenz der Superlative, wo sich der Hochadel des ganzen Landes versammelte und wo Weltgeschichte geschrieben wurde. Heute können Besucher bei der Besichtigung

von Schloss und Park in den Glanz vergangener Zeiten eintauchen und sich im Spiegelsaal, im Chambre du Roi, dem Schlafgemach des Regenten, im Cabinet du Conseil, dem Empfangsraum, oder im Grand Cabinet de la Reine, dem Thronzimmer, ganz königlich fühlen.

Reims – Auf den Spuren der Könige

Nicht nur Kunstexperten und Kirchenliebhabern schlägt das Herz höher, wenn sie im Zentrum von Reims die berühmte Kathedrale Notre-Dame, ein Meisterwerk der Gotik, erblicken. In diesem innen wie außen reich geschmückten Bauwerk wurden ab dem 11. Jh. Frankreichs Häupter gekrönt. Im benachbarten Palais du Tau, heute ein Museum für Wandteppiche, fanden die Krönungsfeierlichkeiten statt. Neben diesen beiden Gebäuden gehört auch die Basilika Saint-Rémi, die älteste Kirche der Stadt, zum UNESCO-Weltkulturerbe. Reims ist das Herz der Champagne. Was läge also näher, als sich nach den Besichtigungen in einem der vielen gemütlichen Lokale mit einem Glas Champagner zu verwöhnen.

Die Champagne – Heimat des flüssigen Goldes

Rund um Reims dehnt sich die Champagne aus. Mehr als 15 000 Weingüter sorgen dafür, dass die hier angebauten Rebsorten Pinot Noir, Chardonnay und Pinot Meunier als bester Schaumwein der Welt in die Flaschen kommen. Eine Fahrt durch die Wiege des Champagners führt vorbei an reizvollen Aussichtspunkten, zu Klöstern, Kirchen und durch schöne Dörfer. Ausgeschilderte Strecken wie die »Route de la Montagne Reims« oder weiter südlich die »Route de la Côte des Blancs« durchqueren eine liebliche Landschaft mit sehenswerten Städte wie Épernay, Cumières und Troyes. Überall am Weg gibt es Kellereien, die zur Verkostung laden.

Orléans – Im Zeichen von Jeanne d'Arc

Im schönen Tal der Loire liegt die Stadt Orléans, die auf eine glanzvolle Geschichte zurückblicken kann. Allgegenwärtig ist Jeanne d'Arc, die französische Nationalheldin, die durch ihr mutiges Eintreten im Hundertjährigen Krieg dem französischen Thronerben zum Sieg über die Engländer und Burgunder verhalf und die Stadt von ihren Belagerern befreite. Das Ereignis ehren die Bewohner alljährlich im Mai mit einem großen Fest. Neben verschiedenen Statuen ist auch das Haus zu besichtigen, das Johanna, die Jungfrau von Orléans, 1429 bewohnte.

Schlössertour von Orléans nach Saumur

Der gut ausgeschilderte Radweg startet in Orléans und führt auf einer Länge von 218 km flussnah durch das Tal der Loire bis in die für ihren Schaumwein Mousseux und ihre Champignonzucht berühmte Stadt Saumur. Unterwegs gibt es viele lohnenswerte Abstecher wie das Château de Chambord, die Königsstadt Blois und ihre Burg sowie die Schlösser in Chaumont-sur-Loire und Amboise. Im stattlichen Herrenhaus Clos Lucé lebte und arbeitete das Universalgenie Leonardo da Vinci. Ein Juwel der Renaissance ist das Château de Villandry mit seinem 6 ha großen Lustgarten. Eine der größten Klosteranlagen Europas ist die um 1100 gegründete Abtei Fontevraud, mit der Grablege des mittelalterlichen Königsgeschlechts Anjou-Plantagenet.

[1]

[1] Die Weinhänge der Champagne gehören seit 2015 zum Weltkulturerbe. [2] Gotisches Meisterwerk: Die Kathedrale Notre-Dame in Reims gehört zu den Glanzstücken ihrer Epoche. [3] Wie ein Märchenschloss präsentiert sich das Château de Chambord an der Loire. [4] Kunstvoll illuminiert ist abends die Kathedrale Sainte-Croix in Orléans.

INFOBOX

Beste Reisezeit

Beeinflusst durch den Golfstrom, zeigt der Norden Frankreichs ein maritim-gemäßigtes Klima mit mildem, aber regenreichem Winter und mäßig warmem, ebenfalls niederschlagreichem Sommer. Die Champagne und das Loiretal zeigen sich am schönsten zwischen Frühjahr und Herbst.

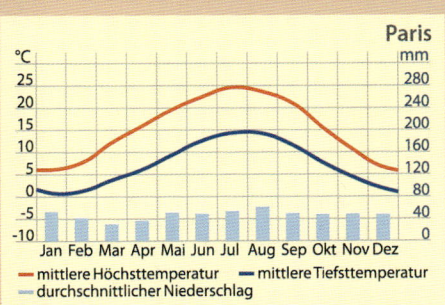

Paris

°C / mm
25 / 280
20 / 240
15 / 200
10 / 160
5 / 120
0 / 80
-5 / 40
-10 / 0

Jan Feb Mar Apr Mai Jun Jul Aug Sep Okt Nov Dez

— mittlere Höchsttemperatur   — mittlere Tiefsttemperatur
durchschnittlicher Niederschlag

23

FRANKREICH – NATUR, KUNST UND GENUSS

Gemütliche Fachwerkstädtchen, sonnige Weinhänge, vielfältige Natur und natürlich eine in aller Welt berühmte Küche – der Osten Frankreichs ist eine Urlaubsregion für Naturfreunde, Genießer und alle, die einen entspannten Urlaub in einer geschichtsträchtigen Region suchen.

Kultur 60 %

Biken 10 %

Aktiv 30 %

[1] Das Colmarer Stadtviertel Krutenau direkt am Fluss, auch Klein-Venedig genannt. [2] Place Stanislas in Nancy mit dem Standbild des Namensgebers. [3] Sehr futuristisch: das Centre Pompidou-Metz mit geschwungener Dachkonstruktion. [4] In der Straßburger Altstadt: Spezialitäten in Hülle und Fülle.

[1]

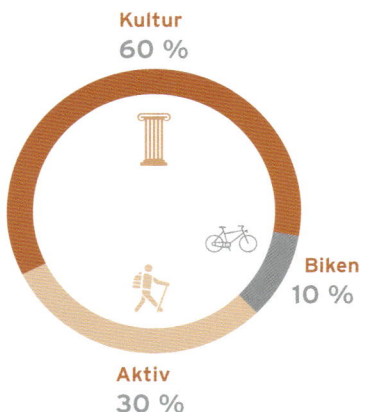

Metz – Alte Geschichte, moderne Kunst

Unterhalb der Moselhöhen, dort, wo die Flüsse Mosel und Seille zusammentreffen, liegt die ehemalige Reichsstadt Metz. Schon früh besiedelt und wegen ihrer strategisch günstigen Lage von den Römern im 2. Jh. zu einer der größten Siedlungen Galliens aufgebaut, gleicht ein Gang durch die Stadt einer Reise in die Vergangenheit. Das von Flussarmen umschlossene Zentrum erstrahlt bei Sonne in Gold und Grün. In prächtigen Farben präsentiert sich auch die Kathedrale Saint-Étienne mit ihren teilweise von Marc Chagall entworfenen großflächigen Fensterfronten. Das Centre Pompidou Metz, Außenstelle des gleichnamigen Pariser Museums, bietet in drei Ausstellungsbereichen herausragende Werke der modernen und zeitgenössischen Kunst.

Nancy – Barock und Jugendstil mit Rum

Die Place Stanislaw, ein imposantes Schmuckstück im barocken Stadtzentrum mit dem Rathaus, dem Opernhaus sowie dem Musée des Beaux-Arts, ist ein Vermächtnis des einstigen polnischen Königs Stanislaus I. Leszczyński, der 1737 Herzog von Lothringen und Bar wurde. Zusammen mit der Place de la Carrière und der Place de l'Hémicycle wurde das Gebäudeensemble 1983 zum Weltkulturerbe erklärt. Auch Liebhaber des Jugendstils kommen auf ihre Kosten, denn an vielen Ecken finden sich Zeugnisse dieser Stilrichtung. Zu den kulinarischen Spezialitäten gehört Baba au Rhum, ein kleiner, in Rumsirup getränkter Napfkuchen, der von König Stanislaus selbst kreiert worden sein soll.

Straßburg – Juwel des Elsass

Schon von Weitem ist das Wahrzeichen der Stadt, das gotische Münster, als glänzende Silhouette zu erkennen. Ab 1176 begann man in der heutigen »Hauptstadt Europas« aus dem rötlichen Buntsandstein der Vogesen ein prächtiges

Gotteshaus zu errichten. Vom Turm aus bietet sich ein schöner Blick auf die Altstadtgassen. Der Innenraum des Münsters überwältigt; ein besonderes Kunstwerk ist die astronomische Uhr. Am Münsterplatz befinden sich die reich verzierten Gebäude Haus Kammerzell und Hirschapotheke. Weiter geht der Weg zum direkt am Wasser gelegenen malerischen Gerberviertel mit seinen jahrhundertealten Fachwerkhäusern.

Kunst und Kleinode in Colmar

Illuminiert von Hunderten von Lichtern, die abwechselnd in den Farben der vier Elemente erstrahlen, ist die nächtliche Kulisse der Colmarer Altstadt an den Wochenenden eine besondere Augenweide. Hauptattraktion der Stadt ist der Isenheimer Flügelaltar, ein Meisterwerk von Matthias Grünewald (1512–16) im Musée d'Unterlinden. In den Kopfsteinstraßen der Altstadt stehen noch viele Fachwerkhäuser aus dem Mittelalter und der Renaissance, z. B. die Maison des Têtes von 1609 mit ihrem aus grotesken Köpfen

bestehenden Fassadenschmuck, das 1744 erbaute Ancien Hôpital oder das Koïfhus, ein ehemaliges Zollgebäude. Gelegen an der Elsässer Weinstraße, bietet Colmar auch allerlei leibliche Genüsse.

Elsässer Weinstraße – Radeln durchs Winzerland

Die Véloroute du Vignoble führt 135 km vom Städtchen Thann bei Mulhouse nach Marlenheim nordwestlich von Straßburg, parallel zur Elsässer Weinstraße teilweise auf stillgelegten Bahntrassen durch idyllische Weinberge und malerische Winzerörtchen. Wein, begleitet von kulinarischen Spezialitäten, ist überall gegenwärtig, sodass bei der Tour der Genuss eindeutig im Vordergrund steht. Bevor es losgeht, sollte noch die Besichtigung der Stiftskirche Saint-Thiébaut in Thann auf dem Programm stehen. Auch der Winzerkeller Vieil Armand am Dorfrand von Weinheim, ist wenige Kilometer von Cernay entfernt, ist einen Besuch wert. Dort befinden sich auch ein kleines Weinmuseum und ein Weinlehrpfad.

Naturpark Nordvogesen – Wald, Forts und Glas

Naturliebhaber und Wanderer kommen gleichermaßen auf ihre Kosten in diesem seit 1975 unter Schutz stehenden und 1989 zum Biosphärenreservat ernannten Gebiet, das die Regionen Elsass und Lothringen verbindet. Ein engmaschiges Netz an Wanderwegen durchzieht das Gebiet, das auf dem Grand Ballon (1424 m) seinen höchsten Punkt hat. Neben der landschaftlichen Vielfalt der Nordvogesen gibt es auch in einigen wenigen noch verbliebenen Glashütten die traditionellen regionalen Fertigkeiten der Glas- und Kristallverarbeitung zu bewundern. Altehrwürdige Burgen sowie einst wehrhafte Forts und Zitadellen erzählen von anderen Zeiten der Grenzregion.

Dijon – Im Herzen Burgunds

Zu den bekanntesten Spezialitäten der Stadt gehört der aromatische Dijonsenf, der mittlerweile überall in der Welt vertrieben wird. Aber nur hier in der Rue de la Liberté findet sich das entsprechende Museum mit allerlei Wissenswertem zu Senf und Co. Darüber hinaus hat Dijon aber noch viele andere Highlights zu bieten, etwa sein historisches Zentrum, das Stilgeschichte von der Gotik bis zum Art déco präsentiert. Der weitläufige Palast der Herzöge beherbergt auch das bereits seit 1787 bestehende Musée des Beaux-Arts mit seiner großen Kunstsammlung.

Abbaye de Fontenay – Frommes Klosterleben

Von der restlichen Welt abgeschieden, versteckt sich tief im Wald zwischen Auxerre und Dijon die Abtei von Fontenay. Sie gehört zu den ältesten Zisterzienserklöstern auf französischem Boden. Hier gedieh über Jahrhunderte hinweg eine Glaubensgemeinschaft, die in der Abkehr von allem Weltlichen und in freiwilliger Armut und Kargheit Gott huldigte (Kloster 1791 aufgehoben). Heute kommen das ganze Jahr über Besucher aus aller Welt, um den romanischen Kreuzgang, die Abteikirche, den Schlafsaal der Mönche, den Kapitelsaal, das Scriptorium und die Wärmestube zu besichtigen. Mehr als einen Blick wert sind auch die prächtigen Gartenanlagen des Klosters.

Chamonix – Metropole des Alpinsports

Am Fuß des Mont Blanc, an der Grenze zu Italien und der Schweiz, lässt die charmante kleine Alpenstadt Chamonix mit ihren fast 200 km Pistenabfahrten das Herz der Alpinsportler höher schlagen. Ob waghalsige Freerider, die außerhalb der Pisten im Tiefschnee unterwegs sind, oder »Genussfahrer« – der Ort bietet Skivergnügen für alle. Eine besondere Attraktion ist das Mer de Glace, ein aus drei Gletschern gespeister Eisstrom, der vom 1913 m hohen Montenvers aus bewundert werden kann.

Grenoble – Gute Aussicht auf Berge und Kunst

Sommers wie winters ist das von hohen Bergen umsäumte Grenoble ein beliebtes Ziel. Imposant ist die Fahrt mit der Seilbahn vom Ufer der Isère bis zur hoch über der Stadt gelegenen Bastille, einer weitläufigen Festungsanlage. Für den Rückweg verzichtet man auf den Komfort der Glaskugelkabinen und wandert zu Fuß den Berg hinunter, um die Stadt mit ihrer Kathedrale Notre Dame und dem modernen Kunstmuseum zu erkunden.

[1]

[1] Mehr als die Hälfte der Fläche des Naturparks Nordvogesen ist von Wald bedeckt.
[2] Das Skigebiet von Chamonix beeindruckt
mit grandiosen Panoramen. [3] Ort der Stille:
Die Abtei Fontenay gehört seit 1981 zum
Weltkulturerbe. [4] Eine Kostprobe gefällig?
Dijonsenf gibt es in zahlreichen Variationen.

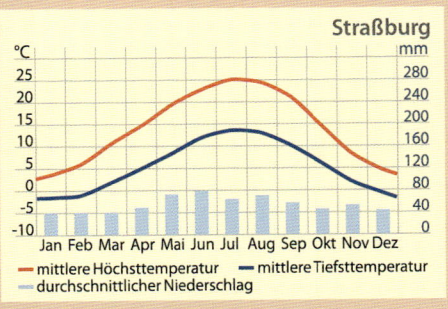

INFOBOX

Beste Reisezeit

Ostfrankreich gliedert sich in ein feucht-gemäßigtes halbkonti-
nentales Klimagebiet ein, das zwischen den Jahreszeiten größere
Temperaturschwankungen aufweist. Die Winter sind meist kalt
und trocken, die Sommer warm, aber nicht immer sonnig. Im
Herbst kommt häufig Nebel auf. Es fällt im Allgemeinen weniger
Niederschlag als im Westen Frankreichs.

Straßburg

°C / mm
25 / 280
20 / 240
15 / 200
10 / 160
5 / 120
0 / 80
-5 / 40
-10 / 0

Jan Feb Mar Apr Mai Jun Jul Aug Sep Okt Nov Dez
— mittlere Höchsttemperatur   — mittlere Tiefsttemperatur
durchschnittlicher Niederschlag

FRANKREICH – WO LAVENDEL UND MIMOSEN BLÜHEN

Antike Monumente, wogende Lavendelfelder, Schluchten und Seen sowie verträumte Buchten an der Côte d'Azur, das alles findet sich in der Provence. Der Süden Frankreichs, die sonnenreichste und wärmste Region des Landes, lädt dazu ein, den »Savoir vivre« mit all seinen Facetten zu genießen.

Kultur
50 %

Unterwegs
10 %

Aktiv
10 %

Natur
10 %

Entspannen
20 %

[2]

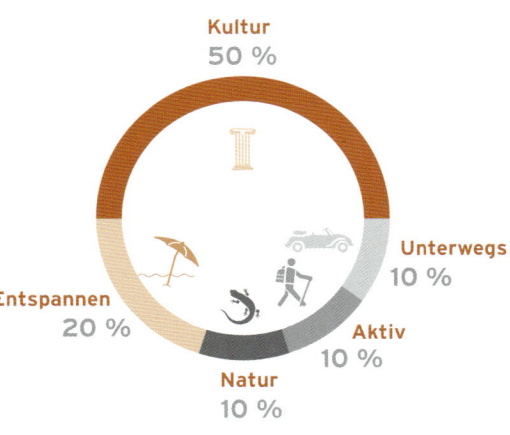

[4]

Ehemalige Papststadt Avignon

Im 14. Jh. residierten in der Stadt an der Rhône die katholischen Päpste. Von der vergangenen Blütezeit zeugt noch immer der mächtige Papstpalast im historischen Stadtkern, der von einer 4,5 km langen Mauer mit mächtigen Toren umschlossen wird. Neben diesen beiden Attraktionen gehört auch die Saint-Bénezet-Brücke zum UNESCO-Weltkulturerbe. Ihre ehemals 17 Bögen spannten sich einst zwischen beiden Teilen der Stadt über den Fluss. Heute sind von dem im Volkslied »Sur le pont d'Avignon« verewigten Bauwerk nur noch fünf Bögen erhalten. Für eine kleine Pause und einen grandiosen Blick auf die Stadt bietet sich der auf einem Hügel gelegene Jardin des Doms an.

Das römische Erbe von Arles

Ockerfarbene Häuserfassaden und ziegelrote Dächer prägen das Stadtbild – ein prächtiger Anblick, von dem sich auch der Maler Vincent van Gogh inspirieren ließ. In der einstigen Provinzhauptstadt des Römischen Reiches finden sich noch beeindruckende Zeugnisse dieser Zeit, etwa das unter Augustus um 25 v. Chr. errichtete antike Theater, das um 90 n. Chr. erbaute Amphitheater (Arena) sowie die Reste des römischen Forums und der Thermen. Neben dem Glanz vergangener Epochen hat Arles auch ein lebendiges modernes Kulturangebot vorzuweisen. Auf dem Boulevard des Lices findet jeden Samstag ein großer Markt mit regionalen Produkten aller Art statt.

Camargue – Unter den Schwingen der Flamingos

 Südlich der Stadt Arles, zwischen den Mündungsarmen der Rhône, erstreckt sich eine Feuchtlandschaft mit Salzsteppen, Brackwasserseen, Sümpfen, Uferwäldern und Dünen. Sie steht unter strengem Schutz: Im Parc Naturel régional de Camargue brüten seltene Vogelarten wie Stelzenläufer und Lachseeschwalben, Seidenreiher stolzieren am Wasser entlang und Flamingos lassen sich in ro-

saroten Schwärmen nieder. Zwischen den weißen, reetgedeckten Häusern weiden schwarze Stiere und immer wieder sind die für die Camargue typischen kleinen, aber stämmigen weißen Pferde zu sehen. Ein besonderes Erlebnis ist die Erkundung des Gebiets hoch zu Ross. Viele Höfe bieten die Möglichkeit, an geführten Ausritten teilzunehmen.

Aix-en-Provence – Auf den Spuren Cezannes

Die historische Hauptstadt der Provence, die nach Paris als die teu-

[3]

erste französische Stadt gilt, hat einiges zu bieten: Allein um die unzähligen eindrucksvollen Brunnen zu besuchen, sind mehrere Tage nötig. Drei herausragende Exemplare schmücken die prächtige Platanenallee Cours Mirabeau, die lokale Flaniermeile. Überall im Stadtbild finden sich Spuren des Malers Paul Cézanne, der hier geboren wurde, lebte und arbeitete. Sein bis heute unverändertes Atelier kann besichtigt werden. Wer Aix-en-Provence mit den Augen des großen Impressionisten erkunden möchte, dem stehen verschiedene Routen zur Verfügung, die zu Cézannes wichtigsten Bildmotiven in der Stadt und ihrer Umgebung führen.

[1] In Arles laden viele Bistros zu einer sonnigen Pause ein. [2] Die Brücke von Avignon trägt eine kleine Kapelle. [3] Flamingos in freier Wildbahn sind das Aushängeschild der Camargue. [4] Ob von den Felshängen oder vom Wasser aus, die Verdonschlucht ist immer ein Sinnenerlebnis. [5] Vom alten Hafen aus erblickt man hoch oben die Wallfahrtskirche Notre-Dame de la Garde, das Wahrzeichen von Marseille.

[4]

Verdonschlucht - Wandern im Canyon

Mit unwiderstehlicher Kraft fraß sich das Wasser des Verdon vor Millionen von Jahren als smaragdgrünes Band in den weichen Jurakalk des Voralpenlandes. Der drittlängste Fluss der Provence hinterließ dabei zwischen Castellane und dem Stausee Lac de Sainte-Croix eine 21 km lange Schlucht, die an manchen Stellen atemberaubende 700 m tief ist. Der eindrucksvolle Kontrast aus hellem Gestein, üppiger Vegetation und leuchtend blauem Wasser lässt sich am besten auf einer Wandertour erfassen. Dafür bieten sich mehrere Wege an,

die jedoch aufgrund der zu überwindenden Höhenunterschiede etwas Kondition erfordern. Eine beliebte Route ist der 14 km lange, rot-weiß markierte Sentier Martel, der vom Chalet de la Maline bis zum Point Sublime führt.

Marseille - Frankreichs Tor zur Welt

Im Vieux Port, dem malerischen alten Hafen, ist auf Schritt und Tritt die große Vergangenheit der Stadt zu spü-

[5]

ren, die bereits in der Antike eine große Rolle spielte und dann in der Kolonialzeit als Tor zur Welt galt. Marseille war Frankreichs Hauptumschlagplatz für den Handel mit den Überseegebieten. Heute legen vor allem Kreuzfahrtschiffe an, die ihre Passagiere für einige Stunden in die bunte Atmosphäre der multikulturellen Stadt entlassen. Enge Treppengassen führen hinauf in die Altstadt mit ihren steilen Gässchen und ihren historischen Gebäuden wie der Vieille Charité (17. Jh.). Zurück im Hafen, sollte man unbedingt eines der frischen Fischgerichte genießen.

Côte d'Azur –
Die himmelblaue Küste

Ob Sommer oder Winter, an der französischen Riviera zwischen Marseille und der italienischen Grenze ist immer Saison. Wenn das nördliche Europa früh im Jahr noch friert, beeindruckt diese herrliche Landschaft bereits mit blauem Himmel, milden Temperaturen und einer duftenden Blütenpracht. Kein Wunder, dass die Côte d'Azur bereits vor 100 Jahren Urlauber anzog, die es sich leisten konnten, hier zu überwintern. Ihre eleganten Villen versprühen noch immer den Charme der Belle Époque. Ein herrlicher Panoramablick über die Riviera bietet sich vom Mont Vinaigre, dem mit 618 m höchsten Gipfel des Massif de l'Esterel.

Straße der Mimosen –
Leuchtendes Gelb

Ein Meer aus Blüten, dazu ein lieblicher Blumenduft – während sich die Landschaft anderswo im Februar noch grau und trist zeigt, leuchtet das Hinterland der Côte d'Azur bereits in sonnengelber Pracht. Verantwortlich dafür sind die flauschigen Blüten der Mimosengewächse. Durch diese Welt der Farben und Düfte führt die 130 km lange Straße der Mimosen, die in Bormes-les-Mimosas startet und sich dann meist an der Küste entlang durch Rayol-Canadel-sur-Mer, Sainte-Maxime, Saint-Raphaël, Mandelieu-la-Napoule, Tanneron und Pégomas schlängelt. Die Route endet in der Parfümstadt Grasse.

Plage de Pampelonne –
Sehen und gesehen werden

 Sand, so weit man blicken kann: Etwas südöstlich von Saint-Tropez findet sich der mit 4,5 km längste Strandabschnitt an der Côte d'Azur, der vor allem Reiche und Schöne, aber auch viele neugierige Sonnenanbeter anzieht, die einmal in die Luxuswelt hineinschnuppern möchten. Und tatsächlich ist die von Pinien, Bambuswäldern und Weinbergen umgrenzte Plage de Pampelonne mit ihrem goldenen Sand vor dem azurblauen Meer ein paradiesisches Fleckchen.

Nizza und Cannes –
Mondäner Glanz

Wer auf Glamour aus ist und sich auf die Spuren großer Maler, Filmschaffender und Bohemiens begeben möchte, besucht Nizza, die Königin der Côte d'Azur, und Cannes, wo alljährlich das bedeutende Filmfestival stattfindet. Eingebettet in eine traumhafte Landschaft, umweht beide Orte der Flair des Luxus. An Nizzas Cap Ferrat präsentieren sich die prunkvollsten Villen des Küstenstreifens und auch die Promenade des Anglais erstrahlt in historischer Pracht. Die Altstadt von Cannes breitet sich am Hang des Mont Chevalier aus. Der Wachtturm bietet einen schönen Blick auf den Boulevard de la Croisette, die Flanierstraße.

[1] Tiefblaues Meer und Häuser an grünen Hängen – Nizza ist eine wahre Perle.
[2] Schon aus der Ferne ist die Weite der Plage de Pampelonne zu erkennen. [3] Die Straße der Mimosen, hier bei Mandelieu-la-Napoule, ist nicht nur im Frühling ein Highlight. [4] Duftende Kräuter und aromatischer Knoblauch gehören zur mediterranen Welt der Provence.

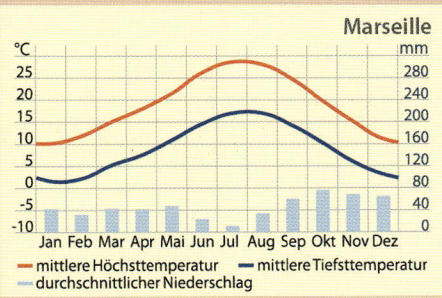

INFOBOX

Beste Reisezeit

Das Klima in Südfrankreich ist stark vom Mittelmeer geprägt. Typisch für die Region sind sehr warme Sommer mit intensiver Sonne und milde Winter. In den Wintermonaten tritt der kalte und trockene Mistral mit teils heftigen Böen auf. Die beste Reisezeit für die Region sind Frühling bis Herbst.

25

FRANKREICH – WO LAND UND MEER VERSCHMELZEN

Von der Bretagne im Norden bis zur Weinregion Bordeaux und den Pyrenäen im Süden – der Westen Frankreichs ist geprägt vom Atlantik. In der vom Meer geformten Küstenregion kommen sowohl Badefreunde als auch Naturliebhaber und Kulturinteressierte auf ihre Kosten.

Kultur
50 %

Aktiv
10 %

Natur
20 %

Entspannen
20 %

[1] Der markante Leuchtturm Phare de Mean Ruz am Eingang zum Hafen von Ploumanac'h. [2] Direkt am Meer: das maritime Musée du Long-Cours Cap-Hornier in Saint-Malo. [3] Treffpunkt für Genießer: die zentrale Talensac-Markthalle in Nantes. [4] Edle Tropfen im Weinmuseum von Bordeaux.

[1]

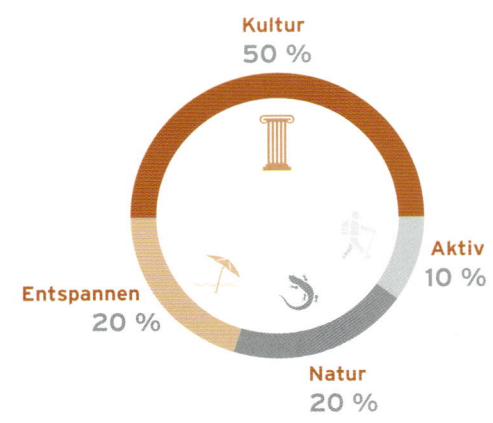

Ehemalige Freibeuter-hochburg Saint-Malo

Die stolzen Granitmauern der bretonischen Hafenstadt sind schon von weitem als Silhouette erkennbar. Einst hauste in der Ville Close, der befestigten Altstadt, eine Schar von Freibeutern, die der Region Reichtum und Ruhm brachte. Zur Verteidigung ließ man im 15. und 16. Jh. das mächtige Château de Saint-Malo errichten. Im Zentrum der engen Gässchen erhebt sich die Kathedrale Saint-Vincent, die sich mit modernen bunten Glasfenstern schmückt. Ein Spaziergang auf dem Mauerring bietet einen schönen Blick auf das Meer und die Inseln vor der Küste. Bei Ebbe sind einige davon wie die Grand Bé oder die Île de Cézembre auch zu Fuß erreichbar.

Côte de Granit Rose – Verzauberte Steinriesen

Sie tragen Namen wie »Napoleons Hut«, »Würfel« oder »Hexe«. Die bizarr geformten Felsen sind die Hauptattraktion der Rosa Granitküste im Norden der Bretagne. Entstanden vor rund 300 Millionen Jahren, als flüssiges Magma aus dem Erdinneren herausgeschleudert wurde, säumen die vom Meer geschliffenen Steingiganten die Küste zwischen Paimpol und Trébeurden, die mit ihren weiten Sandstränden und hübschen Badeorten als schönste Küstenlandschaft der Bretagne gilt. Wer besonders spektakuläre Exemplare dieser in der Sonne leuchtenden Gebilde aus nächster Nähe sehen will, wählt am besten den alten Zöllnerpfad von Perros-Guirec bis zum Küstenort Ploumanac'h.

Grüne Stadt Nantes

Loire, Erdre, Sèvre Nantaise – gleich drei Flüsse geben sich in der ehemaligen Residenzstadt der bretonischen Herzöge die Ehre. Ihre Uferpromenaden laden zum Flanieren und Radfahren ein, außerdem bieten sich Möglichkeiten zum Kanufahren und für Sightseeingtouren per Schiff. Mit seinen prächtigen Parkanlagen wartet Nantes zudem mit viel Grün auf. Der Jardin des Plantes zählt zu den größ-

ten botanischen Gärten Frankreichs. Die bedeutende Vergangenheit der Stadt zeigt sich z. B. im Château des Ducs de Bretagne. In diesem Schloss wurde 1598 das Toleranzedikt von Nantes unterzeichnet. Mit dem Bau der imposanten Kathedrale Saint-Pierre-et-Saint-Paul, einem Meisterwerk der Renaissance, wurde bereits 1434 begonnen, bis zu ihrer Vollendung dauerte es aber mehr als vier Jahrhunderte.

La Rochelle – Rebellische Vergangenheit

Wahrzeichen der Hafenstadt am Atlantik sind die beiden mächtigen Türme an der Einfahrt des Alten Hafens sowie der Tour de la Laterne, der 70 m

hohe ehemalige Leuchtturm, der heute als Aussichtspunkt dient. Vom Vieux Port aus, ab dem 12. Jh. ein wichtiger Fischerei- und Handelsstandort, starteten einst die Siedler nach Kanada. Wer die historischen Bauten aufmerksam betrachtet, kann noch Spuren der »großen Belagerung« erkennen: 1627 schnitten die Truppen Ludwigs XIII. die Hugenottenhochburg von jeglicher Versorgung ab, um sie in die Knie zu zwingen.

Prächtigstes Gebäude des Stadtzentrums ist das Rathaus, ein Renaissancepalast mit spätgotischer Fassade und Arkadengalerie.

Île d'Oléron – Naturparadies am Atlantik

Über eine 3 km lange Brücke gelangt man vom Festland auf Frankreichs zweitgrößte Insel. Dort warten weite, von Pinien und alten Steineichen gesäumte Sandstrände und ein herrliches Meer. Mit ihren grandiosen Atlantikwellen ist die Côte Sauvage im Süden der Insel ein beliebter Treffpunkt für Surfer, aber auch andere Wassersportler. Wer nach dem Durchatmen noch etwas Kultur tanken möchte, besucht Saint-Pierre-d'Oléron, den Inselhauptort,

Château d'Oléron mit Festung und bunten Künstlerateliers in einstigen Fischerhütten.

Bordeaux – Prachtvolle Metropole an der Garonne

Der Mittelpunkt des berühmten Weinanbaugebietes präsentiert sich heute als moderne und quicklebendige

Stadt mit elegantem Zentrum und kosmopolitischen Stadtvierteln, die zu Entdeckungen einladen. Etwa die Hälfte des Stadtgebiets von den Boulevards bis zur Garonne gehört seit 2007 zum UNESCO-Weltkulturerbe. Ein Spaziergang am Flussufer führt an prachtvollen Häusern mit klassizistischen Fassaden entlang zur Place de la Bourse mit dem Brunnen der drei Grazien. Unter den Bauwerken aus dem 18. Jh. finden sich die Börse und das Hôtel des Fermes du Roi mit dem Museum des französischen Zollwesens. Der Platz wartet auch mit einem beliebten Fotomotiv auf: dem Miroir d'Eau, einer riesigen Wasserfläche, die faszinierende Spiegel- und Nebeleffekte produziert.

Tal der Dordogne - Schlemmerland mit Höhlenmalerei

Schwarzer Trüffel, Walnüsse und frische Pilze, dazu Entenconfits und Paté de foie gras, das Département Dordogne, auch als historische Landschaft Périgord bekannt, ist ein Feinschmeckerparadies. Auf den regionalen Märkten wie im Städtchen Sarlat gibt es viel zu sehen, riechen und kosten. Bereits vor Zehntausenden Jahren besiedelt, finden sich in der Region neben imposanten Burgen auch die weltweit ältesten Höhlenmalereien: Wer dem Lauf der Dordogne zu ihrer Mündung in den Atlantik folgt, stößt auf die berühmte Grotte de Lascaux. Unbedingt sehenswert sind auch die kleine Hafenstadt Bergerac und der Wallfahrtsort Rocamadour.

Dune du Pilat - Höchste Wanderdüne Europas

Im Département Gironde am Eingang der Bucht von Arcachon türmt sich ein goldgelb schimmernder Berg aus Sand auf, fast 3000 m lang, mehr als 600 m breit und etwa 110 m hoch. Das Meer und der Wind sorgen unaufhörlich dafür, dass die Dune du Pilat täglich ein kleines Stück weiter wächst. Wer die Mühen des Aufstiegs nicht scheut, wird auf dem Kamm mit einem grandiosen Blick auf die blauen Atlantikwellen und die weißen Sandbänke belohnt.

Toulouse - Stadt in Rosarot

Die Stadt an der Garonne kann auf eine 2000-jährige Geschichte zurückblicken, die sich überall im Stadtbild spiegelt. In der Renaissance kam Toulouse durch den Handel mit dem blauen Farbpigment pastel zu großer Blüte. Von diesem goldenen Zeitalter zeugen z. B. herrschaftliche Backsteinpalais an der Place du Capitole und in der Altstadt. Die dort verbauten Ziegel aus Terrakotta, die dem alten Stadtzentrum seine schöne rosarote Färbung geben, sorgten auch für den Titel als »La Ville rose« (rosafarbene Stadt). Für Pilger auf dem Jakobsweg und Kulturinteressierte wichtiger Anlaufpunkt ist die prächtige Basilika Saint-Sernin, die zu den schönsten Beispielen romanischer Baukunst gehört.

Nationalpark Pyrenäen - Im Auge des Adlers

An der Grenze zu Spanien erstreckt sich die geschützte Gebirgslandschaft des Pyrenäen-Nationalparks, mit seinen malerischen Hochtälern und markanten Gipfeln ein einzigartiges Wandergebiet. Hier leben Gämsen, Murmeltiere und große Raubvögel wie Steinadler und Gänsegeier, die mit etwas Glück aus der Ferne zu beobachten sind. Besonders schöne Routen bietet das Val d'Azun, das »Tal des Lichts und des Wassers«, das Val de Luz/Garnier mit seinen drei markanten Gebirgskesseln und das Vallée d'Ossau, das mit Monolithen und Steinkreisen aufwartet.

[1] Von den Klippen bei Métzel bietet sich ein weiter Blick ins Tal der Dordogne. [2] Die riesige Dune du Pilat steht seit 1978 unter Schutz. [3] In der alpinen Welt der Pyrenäen finden sich viele nahezu unberührte, stille Plätze. [4] Das Garonneufer von Toulouse mit der Saint-Pierre-Brücke, im Hintergrund die Kuppel des Hôpital de La Grave.

INFOBOX

Beste Reisezeit

An der französischen Atlantikküste herrscht ozeanisch geprägtes gemäßigtes Klima mit feuchten, kühlen Wintern und feuchten, warmen Sommern. Von Juni bis August gibt es die meisten Sonnenstunden. Die Pyrenäen zeigen ein Mischklima. Als Reisezeit zu empfehlen sind die Jahreszeiten Frühling bis Herbst. In den Pyrenäen ist im Winter Skisaison.

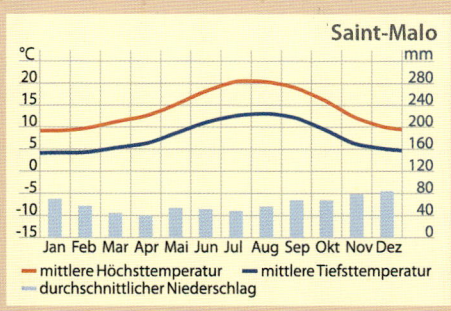

Saint-Malo

- mittlere Höchsttemperatur
- mittlere Tiefsttemperatur
- durchschnittlicher Niederschlag

26

TRAMUNTANA-GEBIRGE – MALLORCAS WILDER WESTEN

Eine wild zerklüftete Küste, abgelegene Felsbuchten und feine Sandstrände – das imposante Tramuntana-Gebirge im Westen Mallorcas beeindruckt mit seiner weitgehend intakten Natur und spektakulären Landschaft.

Aktiv
30 %

Entspannen
10 %

Biken
10 %

Unterwegs
20 %

Kultur
30 %

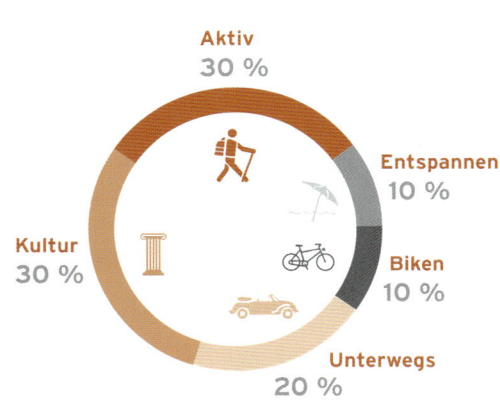

[1]

Küstenstraße Ma-10 – Über den Klippen

Spektakuläre Blicke auf die wild zerklüftete Steilküste des südwestlichen Teils des Tramuntana-Gebirges (Serra de Tramuntana) bietet die Straße Ma-10, die zunächst als eher unspektakuläre Route in Andratx beginnt. Die gut ausgebaute Trasse, die bis nach Pollença im Nordwesten führt, schlängelt sich über 20 km durch die Klippenlandschaft. So lässt sich kilometerweit die bizarre Küste nach beiden Seiten überblicken. Anhalten sollte man aus Sicherheitsgründen jedoch nur an den dafür vorgesehenen Stellen oder innerorts, etwa im hübschen Bergdorf Estellencs oder in Banyalbufar. Einige Kilometer nördlich von Estellencs befindet sich einer der schönsten Aussichtspunkte: der alte Wachturm Mirador des Ses Animes.

Passeig de Calvià – Sightseeing per Rad

Wer den Südwesten der Insel per Rad erkunden möchte, muss einiges an Steigungen meistern und braucht daher ein wenig sportliche Kondition. Der Passeig de Calvià, ein 32 km langer Rad- und Fußweg, ist dagegen eine eher gemütliche Variante, die unterwegs viel Landschaft, schöne Küstenabschnitte und grandiose Blicke auf das Tramuntana-Gebirge bietet. Die leicht hügelige Route verbindet den beliebten Touristenort Peguera im Südwesten mit der Inselhauptstadt Palma. Bei Portals Nous verläuft der Weg parallel zur Autostraße an der Küste.

Zur Klosterruine La Trapa

Vom kleinen Fischerdorf Sant Elm im Süden führt der ausgeschilderte Wanderweg GR 221 über einen schmalen Saumpfad die Steilküste entlang in Richtung Estellencs bis zur Ruine des ehemaligen Klosters La Trapa. Bereits 1820 verließen die letzten Trappistenmönche das stille Tal Val de Sant Joseph, seitdem ist das Kloster unbewohnt. Der Weg geht zum Teil steil bergan, dafür wartet oben eine umso schönere Aussicht. Zu sehen ist z. B. die vorgelagerte Insel Sa Dragonera, die von weit oben betrachtet tatsächlich wie ein Drache im Meer zu lauern scheint.

[2]

La Reserva Puig de Galatzó – Bergpracht

Puigpunyent und der am Fuß des Galatzó liegende Naturpark sind beliebte Ausflugsziele. Auf dem weitläufigen Areal, das viele Aktivitäten, aber auch viele Möglichkeiten zur Entspannung bietet, führt ein fast 4 km langer Wanderpfad durch eine herrliche Berglandschaft. Eine Seltenheit auf Mallorca sind die Wasserfälle, die von hohen Felsen spektakulär zu Tal stürzen. Die Tour auf den Puig de Galatzó gehört zu den schönsten Bergwanderungen auf Mallorca und ist auch für Nichtalpinisten zu meistern. Auf dem 1027 m hohen Gipfel wartet als Belohnung ein

[3]

atemberaubender Blick über den gesamten Südwesten, die Bucht von Palma und alle höheren Erhebungen der Insel.

Malerisches Valldemossa

Das Bergdorf Valldemossa ist ein beliebtes Ausflugsziel. Rund 30 000 Besucher kommen jedes Jahr in den kleinen Ort in einem grünen Tal am Fuß des Teix. Grund dafür ist zum einen die postkartenverdächtige Lage des Dorfes, zum anderen die weltbekannte Romanze zwischen dem Komponisten Frédéric Chopin und der Schriftstellerin George Sand, die hier zusammentrafen. Valldemossa ist aber auch

[1] Mallorca ist ein Radlerparadies, auch wenn es oftmals bergauf geht. [2] Wie gemalt breitet sich das Bergdorf Estellencs an den Hängen des Galatzó aus. [3] Die Terrasse in Son Marroig lockt mit grandiosen Sonnenuntergängen. [4] Der Wanderweg GR 221 bietet immer wieder gute Sicht auf die im Meer »lauernde« Dracheninsel. [5] Die kleinen, versteckten Gassen von Valldemossa versprühen noch ursprünglichen Charme.

[4]

Ausgangspunkt vieler Wanderwege, für die festes Schuhwerk, ausreichend Proviant und eine gute Wanderkarte angebracht sind. Sehenswert sind beispielsweise die Köhlerplätze und die Schneehäuser, in denen im Winter der frisch gefallene Schnee eingestampft und dann in Eisblöcken zu Tal gebracht wurde. Einfacher ist der Aufstieg zur Einsiedelei »Eremita de Trinitat«.

Son Marroig und Miramar – Adlige Residenz

An der wildromantischen Nordwestküste erheben sich das im Mittelalter

errichtete Landgut Miramar, das lange als Kloster und spirituelle Lehrstätte diente, und das stattliche Herrenhaus Son Marroig. Beide Gebäude stammen aus dem weitläufigen Grundbesitz des auf der Insel legendären österreichischen Erzherzogs Ludwig Salvator von Habsburg-Toskana, der Mallorca zu seinem Rückzugsort erkor. Heute sind sein Domizil und dessen Aussichtsplätze für die Öffentlichkeit zugänglich. Nicht verpassen sollte man z. B. den Blick vom kleinen Marmortempel auf die Wellen des Mittelmeers und den herzoglichen Wanderweg zum Lochfelsen »Sa Foradada«.

Künstlerdorf Deià

Wie ein Magnet zieht das Bergdorf Deià am Fuß des Teix seit jeher Künstler aller Art an, die sich von der natürlichen Schönheit des Ortes und seiner grandiosen Lage inmitten der üppigen Vegetation inspirieren lassen. Zu den Zugewanderten gehörte z. B. auch der britische Schriftsteller Robert von Ranke-Graves, dessen Wohnhaus Ca N'Alluny besichtigt werden kann. Der Charme des Dorfes entfaltet sich am besten bei einem Bummel durch die verwinkelten Gassen, die von erdbraunen Natursteinhäusern und üppig blühenden Gärten gesäumt sind. Wer eine Abkühlung in den Wellen sucht, nimmt den Weg durch die Schlucht Es Clot und gelangt auf einem kleinen Pfad zum Felsstrand der Cala de Deià.

Sóller - Perle des Orangentals

Malerische Bergdörfer, fruchtbare Zitronenplantagen, dazu stille Felsbuchten, das azurblaue Meer und feiner Sand – das Orangental präsentiert sich als mediterranes Paradies. Dort liegt auch die kleine, aber sehr lebendige Stadt Sóller und ihr Naturhafen Port de Sóller. Obwohl schon lange ein touristisches Highlight, hat sich die Stadt viel von ihrem ursprünglichen Charme bewahrt. Die Plaça de la Constitució mit der Pfarrkirche Sant Bartomeu, den Patrizierhäusern und vielen Straßencafés ist ein Treffpunkt für Alt und Jung. Hier rattert der »Orangenexpress« (auch »Roter Bitz«) vorüber: Die historische Straßenbahn, die bereits 1912 zu ihrem ersten Dienst antrat, bringt ihre Passagiere auf einer beschaulichen Fahrt bis zum Hafen.

Sa Calobra - Der besondere Kick

In engen, schwindelerregenden Kehren windet sich die berühmt-berüchtigte Passstraße von Sa Calobra die Schlucht bis zum Meer hinunter. Die Route ist zwar nur etwa 14 km lang, überwindet dafür aber auf dieser kurzen Strecke sagenhafte 900 Höhenmeter. Auch wenn es so nah am Abgrund nicht leicht fällt, der Blick auf die Felsgärten und bizarren Steinformationen in der Tiefe ist grandios. Als die Serpentinenstraße durch die spektakuläre Berglandschaft 1932 eröffnet wurde, feierte man sie als technische Meisterleistung, denn es hatte Jahre gedauert, die Fahrspuren in den Kalkstein zu meißeln. Um einen längeren Stau an der beliebten Attraktion zu vermeiden, sollte man die kleine Mutprobe am besten am frühen Morgen oder frühen Abend wagen.

Platja Formentor - Baden wie die Götter

Der Leuchtturm auf der letzten Klippe der Felshalbinsel Formentor markiert den nördlichsten Punkt Mallorcas. Wer ihn sich erobern möchte, muss zuvor eine enge Serpentinenstraße meistern, die die Mühen mit spektakulären Panoramen lohnt. Am Weg zum Leuchtturm liegt auch der wahrhaft paradiesische Platja oder Cala de Formentor (auch Cala Pi de la Posada oder Cala Gentil). An dem abwechselnd feinsandigen und felsigen schmalen Streifen, der sich über eine Länge von 800 m als Rundbogen an die Küste schmiegt, lässt es sich herrlich entspannt im türkisfarbenen Wasser baden. Gratis dazu gibt es schattige Pinien und einen großartigen Ausblick über die Bucht von Pollença.

[1]

[1] Die Steinhäuser von Deià erheben sich auf dem Puig de Teix 400 m über dem Meer. [2] Türkisfarbenes, glasklares Wasser bieten die Buchten der Halbinsel Formentor. [3] Im Tal wachsen unzählige Orangenbäume, die reichlich Früchte tragen. [4] Auf der serpentinenreichen Abfahrt in die Schlucht von Sa Calobra sind viele Engpässe zu meistern.

INFOBOX

Beste Reisezeit

Mallorca bietet ein recht typisches Mittelmeerklima mit heißen Sommermonaten und recht mildem Winter. Der Frühling eignet sich gut für Wanderungen und Erkundungen zu Fuß sowie mit dem Rad. Die meisten Besucher kommen zum Badeurlaub in den Sommermonaten. Auch im September hat das Wasser noch eine angenehme Temperatur. Im Oktober muss wieder mit mehr Regen gerechnet werden.

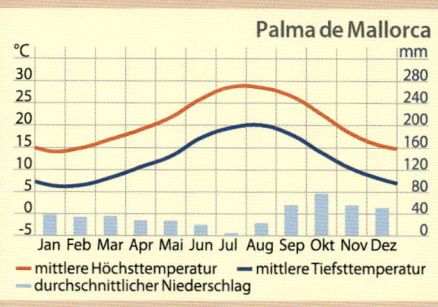

Palma de Mallorca

°C — mm
30 — 280
25 — 240
20 — 200
15 — 160
10 — 120
5 — 80
0 — 40
-5 — 0

Jan Feb Mar Apr Mai Jun Jul Aug Sep Okt Nov Dez

— mittlere Höchsttemperatur
— mittlere Tiefsttemperatur
— durchschnittlicher Niederschlag

Mallorca

Cap Formentor
Platja Formentor
Pollença
Sa Calobra
Tramuntana-Gebirge
Son Marroig + Miramar
Sóller
Valldemossa
Deià
Estellencs
Banyalbufar
La Trapa
Puig de Galatzó
Palma de Mallorca
Andratx
Portals Nous
Peguera
Passeig de Calvià

MITTELMEER

(27) SPANIEN – HOHE BERGE, BIZARRE KÜSTEN, GLANZVOLLE STÄDTE

Traumhafte Strände und abgelegene Felsbuchten, hohe Gipfel, bizarre Felsen und grandiose Natur zum Sattsehen – Spaniens Norden geizt nicht mit Reizen. Zwischen dem Grün finden sich immer wieder Städte mit großer Vergangenheit und lebendiger Gegenwart.

Kultur 50 %

Unterwegs 10 %

Aktiv 10 %

Natur 10 %

Entspannen 20 %

[1] Wie aus einer anderen Welt: das glänzende Oval des Museums Guggenheim Bilbao. [2] Rückzug in die Stille – der Nationalpark Ordesa y Monte Perdido. [3] Die Playa de La Concha mit unendlichen Badefreuden und Sand, so weit das Auge reicht. [4] Pilger-Souvenirs vom Jakobsweg in Santiago de Compostela.

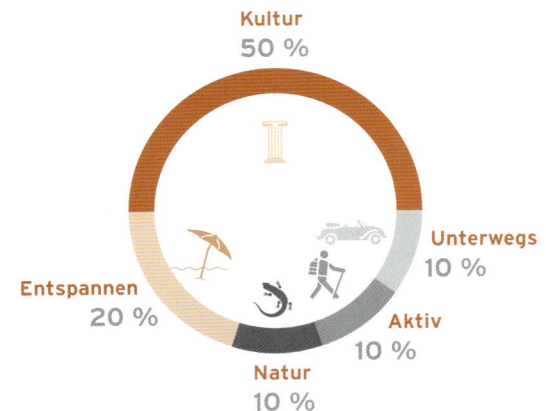

[1]

Ordesa-Nationalpark – Grandiose Berglandschaft

Mit etwas Glück trifft man auf seinen Streifzügen durch den Parque Nacional de Ordesa y Monte Perdido auf Bartgeier und andere seltene Tiere. Das bereits 1918 unter Schutz gestellte Gebiet in den spanischen Zentralpyrenäen, das sich um den 3348 m hohen Monte Perdido gruppiert, wartet mit einer einzigartigen Flora und Fauna auf. Schroffe Felswände und tiefe Schluchten wechseln sich mit grünen Wäldern und saftigen Wiesen ab. Klare Bergbäche suchen sich sprudelnd ihren Weg an großen Steinbrocken vorbei. In den Hochlagen breiten sich Gletscher aus. Guter Ausgangspunkt für die Erkundung der westlichen Zone ist das Dorf Torla. Von dort ist das Hochtal Valle de Ordesa, Ausgangspunkt für weitere Wandertouren, schnell erreicht.

Playa de La Concha – Baden

Aus der Vogelperspektive ist es am besten zu sehen: Wie eine wohlgeformte Muschel liegt die Bucht von La Concha am Golf von Biskaya. An ihren beiden Enden von zwei fotogenen Felsmassiven begrenzt, bietet der Stadtstrand von San Sebastián etwa 54 000 m² feinsten goldgelben Sand. An diesem weitläufigen, vor starkem Wind und hohen Wellen geschützten Küstenabschnitt kommt jeder auf seine Kosten, auch Kinder können gefahrlos im flachen Brandungsbereich baden und Sandburgen bauen. Die Älteren genießen die nie langweilig werdende Aussicht auf den Atlantik bei einem Strandspaziergang. Wer von Sonne, Sand und Meer genug hat, ist in wenigen Schritten in der Altstadt mit ihren gemütlichen Bars und exquisiten Gourmetrestaurants.

Kunstmekka Bilbao

Die von grünen Hügeln umgebene baskische Hafen- und Industriestadt wartet mit spektakulären Neubauten auf, die zusammen mit der altehrwürdigen Bausubstanz ein sehr lebendiges Bild ergeben. Da ist als Erstes das von Frank O. Gehry errichtete, 1997 eröffnete Museo Guggenheim Bilbao zu nennen, eine gigantische, silbrig glänzende Skulptur am Ufer des Nervión. Vor diesem weltweit beachteten Museum für moderne Kunst steht ebenfalls unübersehbar Jeff Koons Kunstwerk »Puppy«. 1995 entstand eine 28 km lange Metrolinie, deren Bahnhöfe von Norman Foster, einem weiteren Stararchitekten, gestaltet wurden. Wie ein aufgeblähtes Segel wirkt die von Santiago Calatrava entworfene Zubizuri-Brücke, die Fußgänger vom Stadtteil Campo Volantin nach Uribitarte bringt.

Picos de Europa – Tour durchs Faltengebirge

Berge und Meer – die herrlich kurvenreiche Strecke durch das nordspanische Kalksteinmassiv mit seinen rund 200 Gipfeln, zum Großteil über 2000 m hoch, vereint beides. Über Serpentinen geht es himmelwärts an klaren Bergseen und steilen Felswänden vorbei, wo Steinadler und Gänsegeier ihre Nester haben. Oben angekommen, bietet sich ein grandioser Blick über die »Gipfel Europas«, die sich wie spitze Zipfelmützen über Kantab-

rien, Asturien und Kastilien-León verteilen. Als Ausgangspunkt für spektakuläre Fahrerlebnisse bietet sich das asturische Städtchen Cangas de Onis im Tal der Flüsse Sella und Güeña an. Von dort aus lassen sich abwechslungsreiche Tagestouren unternehmen.

Auf dem Jakobsweg nach Santiago de Compostela

Ob klein oder groß, alt oder jung, alle pilgern oder wandern zu ihrer eigenen ganz weltlichen Sammlung auf dem Jakobsweg, der sich durch große Teile Europas zieht. Sein Endpunkt und damit sein erklärtes Ziel ist der Wallfahrtsort Santiago de Compostela in Galicien – die Stadt führt ihren Namen auf den heiligen Jakob (Sant Jago) zurück. Die 899 geweihte Kathedrale soll die Gebeine des Apostels beherbergen. Das Gotteshaus, dessen prachtvolle Fassade auf die Plaza del Obradoiro zeigt, gehört ebenso wie die Altstadt seit 1985 zum UNESCO-Weltkulturerbe. Neben den historischen Kulissen bietet die Universitätsstadt aber auch viele Facetten des modernen Stadtlebens.

Studentenstadt Salamanca

Ein reges Geistes- und Kulturleben zählt seit jeher zu den besonderen Merkmalen der bereits in keltiberischer Zeit entstandenen Stadt in Altkastilien, schließlich gehört ihre 1218 gegründete Universität zu den ältesten Hochschulen Europas. Die heute die ehrwürdigen Plätze bevölkernden Studenten aus aller Herren Länder bringen viel Schwung und kosmopolitische Lebendigkeit mit. Ob Romanik, Gotik oder Barock, die zum UNESCO-Weltkulturerbe erklärte Altstadt zeigt Pracht aus allen Epochen, darunter die Casa de las Conchas, den im Plateresco-Stil errichteten Stadtpalast, dessen Fassade mit unzähligen Jakobsmuscheln verziert ist.

Segovia – Stadt auf dem Felsen

Die gigantischen Granitbögen des Aquädukts, unübersehbares Wahrzeichen der kastilischen Stadt, schmücken die Plaza del Azoguejo, den Hauptplatz der gut erhaltenen und seit 1985 als Weltkulturerbe geschützten Altstadt. Kaum vorstellbar, dass die römischen Erbauer bei diesem zur Wasserversorgung errichteten architektonischen Kunstwerk ganz ohne Mörtel auskamen. Hinter den mittelalterlichen Stadtmauern warten aber auch noch andere Schmuckstücke wie der Alcázar, die historische Burganlage, die sich über dem Zusammenfluss von Eresma und Clamores erhebt, die spätgotische Kathedrale aus dem 16. Jh. und das jüdische Viertel mit seinen beeindruckenden Häusern.

Barcelona – Perle Kataloniens

Kunst und Architektur, beides wird bei einem Besuch der Hauptstadt Kataloniens groß geschrieben. Die bis heute unvollendet gebliebene Basilika Sagrada Família, das Lebenswerk des spanischen Modernisme-Vertreters Antoni Gaudí, ist das weltberühmte Wahrzeichen Barcelonas. Daneben finden sich mit der Casa Milà, der Casa Batlló und dem Palau Güell im Stadtgebiet noch weitere Gaudí-Meisterwerke. Quirliges Leben bietet die Einkaufs- und Flaniermeile Rambles und die Markthalle Mercat de la Boqueria. Etwas beschaulicher geht es dagegen in den engen Gassen des Gotischen Viertels zu. Dort erhebt sich auch die Kathedrale der heiligen Eulàlia, ein beeindruckendes Zeugnis aus der mittelalterlichen Blütezeit der Hafenmetropole.

Wehrhafte Schönheit Girona

Ihren Beinamen »Unsterbliche« hat sich die Stadt am Riu Onyar redlich verdient, denn seit ihrer Gründung im 5. Jh. v. Chr. trotzte sie mehr als 30-mal ihren Belagerern. In der von einer Mauer umgebenen Altstadt erhebt sich zwischen bunten Häuserzeilen die Kathedrale Santa Maria. Sie beherbergt einen kostbaren Schatz: einen mit biblischen Motiven bestickten farbigen Schöpfungsteppich aus dem 11. Jh. Einen guten Überblick über die historischen Bauwerke bietet der Passeig Arqueològic, ein von prächtigen Gärten gesäumter Fußweg, der die Stadtmauer entlang und an den um 1200 errichteten Arabischen Bädern vorbeiführt.

Wilde Natur am Cap de Creus

Am östlichsten Punkt der Iberischen Halbinsel, dort, wo die Ausläufer der Pyrenäen ans Mittelmeer reichen, erstreckt sich der Naturpark Cap de Creus. Das Tauch-, Wander- und Naturparadies lockt mit einer nahezu unberührten Meereslandschaft, mit versteckten Buchten und kleinen vorgelagerten Felseninseln. Der raue Tramontana-Wind aus den Bergen schuf mit seiner unermüdlichen Kraft bizarre Felsformationen, die Namen wie »Kamel«, »Seehund« oder »Gorilla« tragen. Städte gibt es auf der Halbinsel nicht, dafür aber attraktive kleine Küstenorte wie El Port de la Selva am nördlichen Ende des Schutzgebiets und das »weiße Dorf« Cadaqués, das nicht zuletzt durch seinen berühmten Sohn, den Maler Salvador Dalí, weltbekannt ist.

[1]

[1] Überall im Stadtbild von Barcelona finden sich Spuren des großen Architekten Antoni Gaudí. [2] Fires de Sant-Narcis: Mit großen Paraden feiert Girona alljährlich den Schutzpatron der Stadt. [3] Der Fischerort Port de la Selva liegt malerisch am Golfe du Lion. [4] Zentrum von Salamanca ist die nach Plänen von Alberto de Churriguera errichtete Plaza Mayor.

INFOBOX

Beste Reisezeit

Das Klima in den Küstenorten ist ganzjährig von milden Temperaturen geprägt, die auch im Winter selten unter 5 °C fallen. Im Frühling und Herbst frischt der Wind an der Atlantikküste auf. Am heißesten sind Juli und August mit über 30 °C in Barcelona. Die beste Reisezeit ist März bis Oktober.

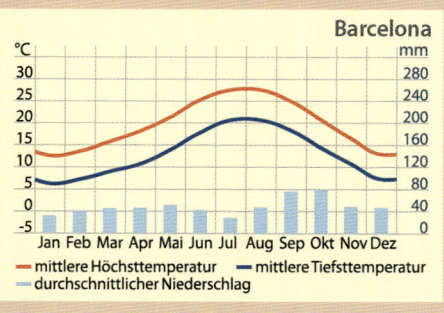

SPANIEN – DAS HEISSE HERZ

Das Zentrum der Iberischen Halbinsel mit der Hauptstadt Madrid und den Städten der kastilischen Hochebene birgt viele historisch und kunsthistorisch bedeutende Schätze. An der östlichen Küste, die zu den heißesten Zonen Europas gehört, gedeihen Orangen und andere tropische Früchte.

Kultur
70 %

Aktiv
10 %

Natur
20 %

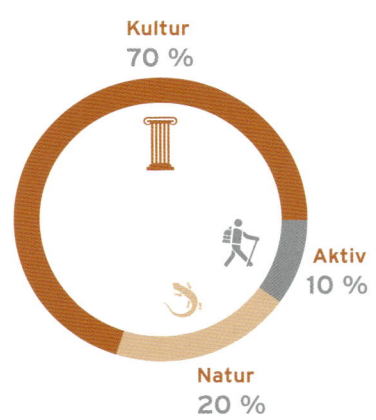

Saragossa – Spuren der Römer und Mauren

Wie am römischen Forum und anderen Überresten lange vergangener Zeiten sichtbar, wurde die Hauptstadt der Region Aragonien (Aragón) einst als römische Siedlung gegründet. Seine Blütezeit erlebte Saragossa (Zaragoza) ab 714 unter den maurischen Herrschern, die sich im prächtigen Aljaferia-Palast verewigten. Die barocke Basílika del Pilar an der Nordseite des gleichnamigen Platzes ist ein wichtiges Pilgerziel, denn hier soll die Jungfrau Maria erschienen sein. In der Kuppel gibt es Fresken des jungen Francisco Goya zu bewundern, der einen Teil seines Lebens in der Stadt am Ebro verbrachte. Mit einem Aufzug gelangen Besucher bis zur Turmspitze hinauf. Gegenüber erhebt sich die gigantische Kathedrale La Seo, die durch ihre ungewöhnliche Mischung von Baustilen auffällt.

Königliche Metropole Madrid

Wenn anderswo schon geschlafen wird, erwacht die spanische Hauptstadt erst so richtig zum Leben. Überall auf den Straßen und Plätzen, in den Bars und Tavernen kommen die Menschen zusammen und genießen das Leben. Imposantester Platz der Metropole ist die von Arkaden und unzähligen Lokalen gesäumte Plaza Mayor, der einstige Marktplatz. Kunst vom Feinsten, nämlich Werke von Rembrandt, Botticelli, Dürer, Goya und anderen Meistern, bietet das Museo de Prado. Wer die moderne Kunst bevorzugt, wählt z. B. das Museo Reina Sofia. Madrid, die Residenz des spanischen Königs, wartet auch mit prunkvollen Palästen auf wie dem barocken Palacio Real mit über 200 Sälen und beeindruckenden Parkanlagen.

Cuenca – Stadt der hängenden Häuser

Errichtet auf einem Felsplateau über einer tiefen Schlucht, gestaltete sich der Hausbau in Cuenca seit jeher schwierig. Doch wussten seine Bewohner Rat und »hängten« ihre Casas Colgadas einfach an die steilen Felswände. Dort präsentieren sie sich heute als historische Schönheiten mit Weltkulturerbe-Status. In einem dieser spektakulären Bauwerke

ist das Museo de Arte Español mit einer Sammlung abstrakter Kunst untergebracht. Bei einem Spaziergang durch die Altstadt gibt es die Kathedrale, weitere Museen sowie zahlreiche Plätze und bezaubernde Winkel zu entdecken. Etwa 25 km von Cuenca entfernt liegt in nordöstlicher Richtung die »verzauberte Stadt« (Ciudad Encantada), eine surreal anmutende Felslandschaft.

Die drei Kulturen Toledos

Die große alte Stadt auf einem Hügel über der Ebene von Kastilien-

La Mancha erlebte ihre größte Blüte im Mittelalter unter maurischer Herrschaft. Die hinter den historischen Stadtmauern versammelten Bauwerke zeugen davon, dass hier einst Muslime, Christen und Juden ihren Glauben ausübten und friedlich ihren Geschäften und Vergnügungen nachgingen. Die Altstadt mit der zwischen dem 13. und 15. Jh. erbauten Kathedrale, dem mächtigen Alcázar, den Klöstern, Kirchen und Museen gehört seit 1986 zum Weltkulturerbe. In Toledo lebte und wirkte auch der manieristische Meister El Greco, dessen Spuren sich vielfach in der Stadt entdecken lassen.

[1] Direkt am Ufer des Ebro erhebt sich Saragossas berühmte Pilgerstätte, die Basilika del Pilar. [2] Bei den Windmühlen von Consuegra in der Provinz Toledo soll Don Quijote seinen Kampf geführt haben. [3] Mit ihrer spektakulären Lage ist die Altstadt von Cuenca ein beliebtes Fotomotiv. [4] Auch Rothirsche wie dieser noch junge Vertreter fühlen sich im Cabañeros-Nationalpark heimisch. [5] Die für Cáceres typische Steingasse gibt den Blick frei auf die Kirche San Francisco Javier.

[4]

Cáceres – Renaissance mit Störchen

Die Renaissancestadt in der Extremadura zieht mit ihrer zum Weltkulturerbe gehörenden Altstadt, den beeindruckenden Kirchen und Klöstern sowie den prächtigen Plätzen und geschmückten Palästen nicht nur Kulturliebhaber an, sondern auch ornithologisch Interessierte. Denn Cáceres ist ein Sammelpunkt für Zugvögel aller Art. Auf den Türmen und Schornsteinen bauen Weißstörche ihre Nester, Turmfalken ziehen ihre Kreise und Mauersegler finden sich zu Schwärmen zusammen. Jedes Jahr zum Herbstende erwarten die Stadt und ihre Umgebung außerdem Tausende von Kranichen, die sich auf den Weg in ihr Winterquartier machen.

Auf Safari im Cabañeros-Nationalpark

Die Serengeti mitten in Spanien? Nicht ganz, auch wenn der mehr als 40 000 ha große, 1995 eingerichtete Nationalpark, einsam und abgeschieden in Kastilien-La Mancha, sich stellenweise wie eine weite Savannenlandschaft präsentiert.

[5]

Durch das mit Bäumen spärlich bewachsene Schutzgebiet ziehen sich lange Wege, die oftmals bis zum Horizont reichen. Sie sind im Rahmen von geführten »Safaris« mit Allradjeeps befahrbar. Außerdem gibt es einige frei zugängliche Wanderwege. Mit etwas Glück und viel Geduld stößt man auf Mönchsgeier, Spanische Kaiseradler, Schwarzstörche, Iberische Luchse, Wildkatzen, Dachs und Fischotter.

Auenland Tablas de Daimiel

In der Region Kastilien-La Mancha am Zusammenfluss von Guadiana und Cigüela schützt der Nationalpark Tablas de Daimiel eine in Spanien seltene Landschaftsform und mit ihr die dort ansässige Flora und Fauna. Die Tablas sind große Flussauen, also natürliche Feuchtgebiete, die vor allem viele Wasservögel wie Pupurreiher, Haubentaucher und Stelzenläufer zum Brüten und Überwintern einladen. Für die ungewöhnliche Artenvielfalt bei Tieren und Pflanzen sorgt auch der unterschiedliche Salzgehalt der Tablas: Während der Guadiana Süßwasser führt, bringt der Cigüela Brack- und Salzwasser mit. Das Feuchtparadies lässt sich trockenen Fußes von hölzernen Besucherstegen aus erkunden.

Murcia – Zwischen Lagune und Schnee

Wer Murcia als Standort wählt, hat viele Möglichkeiten zur Urlaubsgestaltung: Der »Obstgarten Europas« selbst beeindruckt mit einer Kathedrale, Barockbauten, Osterprozessionen und kulinarischen Spezialitäten. Für Wanderfreunde bietet sich die westlich der Stadt gelegene Sierra de Espuña an, mit ihrem üppigen Baumbestand ein Musterbeispiel für Wiederaufforstung. Durch das einsame Gebirge ziehen sich Wanderwege zu den historischen Schneebrunnen (Pozos de la Nieve), den einstigen Schneelagerstätten. Wer das Meer bevorzugt, findet an der Küste schöne Buchten und Strände. Ein besonderes Erlebnis ist eine Kajaktour durch das Mar Menor, eine südöstlich von Murcia gelegene weitläufige Salzwasserlagune.

Alicante – Der Burg zu Füßen

Die Hafenstadt an der Costa Blanca pulsiert bei Tag und Nacht. So richtig genießen lässt sich die Stadt beim Flanieren auf der Explanada de España, der am Hafen beginnenden, von Palmen gesäumten Promenade, und bei einem Bummel durch die Gassen der Altstadt. Das Wahrzeichen der Stadt ist das auf einem Felsen thronende Castillo de Santa Bárbara. Der Anstieg kann bequem mit einem Aufzug von der Altstadt aus oder sportlicher über einen steilen Weg bewältigt werden. Oben wartet ein eindrucksvoller Blick auf Stadt und Mittelmeerküste.

Valencia – Vergangener Prunk, modernes Design

Dort, wo der Turia ins Mittelmeer mündet, breitet sich die drittgrößte Stadt Spaniens aus. Ihre Geschichte reicht weit zurück bis zu den Griechen, Römern, Westgoten und Mauren. Das Zentrum der historischen Altstadt bildet die gotische Kathedrale mit ihrem achteckigen Glockenturm. Als eines der bedeutendsten Bauwerke der profanen Gotik gilt die zum Weltkulturerbe gehörende Lonja de la Seda, die 1482–1533 erbaute Seidenbörse. Das ehemalige Flussbett des Turia beherbergt heute die üppig grünen Gartenanlagen der Jardines del Turia und den hypermodernen Komplex Ciutat de les Arts i les Ciències, u. a. mit dem größten Aquarium Europas.

[1]

[1] Schilfrohr und Binsenschneide sind typische Pflanzen im Nationalpark Tablas de Daimiel. [2] Valencia ist weltbekannt für seine traditionellen Feste wie die Fallas, die alljährlich im Frühling stattfinden. [3] Obst, Gemüse, Wein – die Region Murcia ist dank Bewässerung sehr fruchtbar. [4] Wie ein gigantisches Auge thront L'Hemisfèric in Valencias neuem Gebäudekomplex.

INFOBOX

Beste Reisezeit

Die Mitte und der Osten Spaniens lassen sich mit ihren milden Temperaturen ganz-jährig bereisen. In der Küstenregion herrscht ausgeprägtes Mittelmeerklima. Dort überschreiten die Temperaturen im Sommer oft die 40 °C-Marke. Niederschlag fällt vor allem im Frühjahr und Herbst.

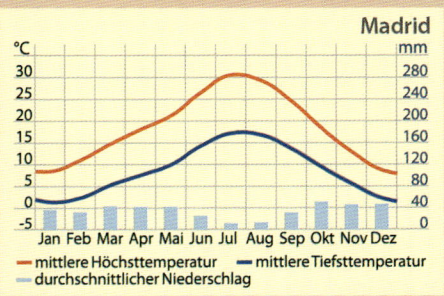

29 ANDALUSIEN – MÄRCHENHAFTES FÜR ALLE SINNE

Schroffe Berge, fruchtbare Täler mit Oliven- und Zitrushainen, Weinhängen und Korkeichenwäldern, sonnige Küsten an Atlantik und Mittelmeer, dazwischen Städte mit klangvollen Namen – keine andere spanische Region ist so reich an Kontrasten wie Andalusien.

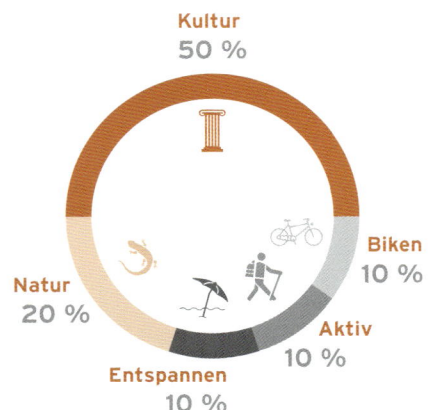

Kultur 50 %

Biken 10 %

Aktiv 10 %

Entspannen 10 %

Natur 20 %

[1] Prachtvolle Architektur: die Säulenhalle der Mezquita-Cathedral in Córdoba. [2] Ronda in einzigartiger Lage über dem Guadalevín. [3] Andalusien, Hochburg der Flamenco-Kunst. [4] Ein unvergessliches Erlebnis für Spaziergänger und Reiter: Sonnenuntergang am Mazagón-Strand.

[1]

Radtour Al-Andalus

Auch wenn es keine speziellen Radwege gibt, findet sich in Andalusien eine Vielzahl von kleinen, verkehrsarmen, aber asphaltierten Straßen, die ideale Bedingungen für Radfahrer bieten. Allerdings ist schon etwas Kondition erforderlich, denn weite Gebiete sind hügelig oder sogar gebirgig. Mit dem Rad ist man nahe dran an der herrlichen Landschaft und kann selbst entscheiden, wo sich das Absteigen lohnt. Ausreichend Zeit sollte man auf jeden Fall einplanen für die Besichtigung der faszinierenden andalusischen Städte. Ob eine Tour durch die »weißen Dörfer« wie Gaucin oder Vejer de la Frontera, eine Fahrt am Rand der Sierra Nevada entlang oder Radeln an der Küste – viele Reiseveranstalter bieten geführte oder individuelle Touren mit Gepäcktransport an.

Maurische Schönheit Córdoba

Wer auf der alten Römischen Brücke den Guadalquivir überquert, stößt direkt auf die Mezquita-Cathedral, das weltbekannte Schmuckstück der Stadt. Die prächtige Moschee mit ihrer Säulenhalle und ihren byzantinischen Mosaiken zeugt von Córdobas Blüte als Zentrum des im 10. Jh. errichteten maurischen Kalifats. Als die einst reichste Stadt des Okzidents im 13. Jh. von den Christen erobert wurde, ließ man das islamische Gebetshaus zur christlichen Kirche weihen und einige Zeit später in deren Mitte ein großes Kirchenschiff errichten. Die meisten Touristen kommen nur für eine Stippvisite. Dabei hat die Stadt mit ihren historischen und modernen Plätzen noch viel mehr zu bieten.

Sevilla – Pracht dreier Jahrtausende

»Herkules erbaute mich« heißt es auf dem Wappen der Hauptstadt Andalusiens. Ob das stimmt, bleibt ungewiss, archäologische Grabungen belegen jedenfalls eine erste Ansiedlung im 9. Jh. v. Chr. Seitdem hat Sevilla eine wechselvolle Geschichte unter verschiedensten Herrschern durch-

laufen. Und sie alle hinterließen Spuren im Stadtbild, das von der UNESCO zum Weltkulturerbe erklärt wurde. Zu den Wahrzeichen zählen u. a. die gotische Kathedrale mit dem Giralda-Turm, der maurische Alcázar-Palast, die Stierkampfarena und der Archivo de Indias in der ehemaligen Börse.

Coto de Doñana – Rastplatz der Zugvögel

Bis zu 40 m hohe Dünen trennen die Marismas, die für die Landschaft typischen Feuchtgebiete, vom Meer. Das immer wieder überschwemmte Land an der Costa de la Luz entstand durch gewaltige

[2]

[3]

[4]

Sedimentablagerungen des Guadalquivir. Im Nationalpark trifft man auf eine einzigartige Fauna mit mehr als der Hälfte der europäischen Vogelarten. Einige davon rasten in den Marismas auf ihrem langen Weg nach Afrika. Auch größere Säugetiere wie der seltene Pardelluchs oder der Ichneumon aus der Familie der Mangusten fühlen sich wohl. Wer das Schutzgebiet besuchen möchte, kann dies z. B. im Rahmen von geführten Jeeptouren tun. Außerdem führen Naturlehrpfade durch den Park.

Strand von Mazagón – Sand ohne Ende

Lange Spaziergänge am Strand mit Blick auf die Wellen des Atlantiks, viel Platz und Ruhe zum Sonnenbaden und Entspannen: Zwischen Huelva, wo die Flüsse Odiel und Tinto ins Meer münden, und dem Guadalquivir spannt sich auf einer Länge von 60 km der Strand von Mazagón. Die Küstenlandschaft mit breitem, feinkörnig-weißem Sandsaum wird von einem lockeren Pinienwald eingerahmt. Herrschen im Osten eher Dünen vor, zeigt sich die Küste im Westen steil und schroff. Wissenswertes über Flora und Fauna dieser Region vermittelt der Parque Dunar, der im Museo

del Mundo Marino am Ortsrand von Matalascañas über das vielfältige Leben in und mit dem Atlantik informiert.

Ronda – Stadt am Abgrund

Das touristische Kapital dieser kleinen Stadt im Hinterland der Costa del Sol ist ihre einzigartige Lage: Durch das tiefe Flussbett des Río Guadalevín in zwei Teile getrennt, erhebt sich Ronda auf einem über 700 m hohen Felsplateau. Von der Puente Nuevo, der Neuen Brücke, die beide Stadtteile verbindet, haben Besucher einen atemberaubenden Blick in die Tiefe und eine grandiose Sicht auf die Gärten im Tal. Neben zahlreichen Baudenkmälern kann Ronda auch mit einer legendären Stierkampfarena aufwarten. Dort entwickelte der Torero Pedro Romero um 1750 die Regeln des modernen Stierkampfs.

Málaga - Kunst von Weltrang

Als »Stadt der Kunst« preist sich die Hafenstadt an der Costa del Sol an. Tatsächlich kann der Geburtsort von Pablo Picasso mit dem 2003 eröffneten Museum Picasso Málaga, dem Kunstmuseum Carmen Thyssen (Kunst des 19. Jh.), dem Centro de Arte Contemporáneo Málaga (zeitgenössische Kunst) und anderen Ausstellungsstätten mit vielen Meisterwerken glänzen. Die Silhouette der Stadt ist geprägt von der maurischen Hügelfestung Alcazaba und der Burganlage Castillo de Gibralfaro. Für eine Pause im Grünen bieten sich der verwunschene Paseo del Parque und der Jardín Botánico-Histórico La Concepción im Norden an.

Granada und der rote Märchenpalast

Die muslimischen Nasriden-Herrscher hinterließen der Stadt am Fuß der Sierra Nevada ein Erbe, das Granada in aller Welt berühmt machte: die Alhambra, eine Palastanlage wie aus »1001 Nacht«. Auf dem Sabika-Hügel verbirgt sich hinter starken Mauern eine blendend schöne historische Stadt mit Königspalast, Bädern, Moscheen und üppigen Gärten. Mit seinem noch heute orientalisch anmutenden Albaicín-Viertel, der Keimzelle Granadas, der mächtigen Kathedrale und dem bunten, von Studenten geprägten Leben hat die Stadt aber noch weit mehr zu bieten. Ein Bummel durch die Gassen des Albaicín lässt die maurische Vergangenheit wiederauferstehen.

Sierra Nevada - Sonne und Schnee

Breiten sich in den tieferen Lagen immergrüne mediterrane Wälder aus, sind die kargen Geröllfelder in der Gipfelregion bis in den Frühsommer hinein von Schnee bedeckt. An klaren Tagen haben Wanderer von der Bergstation am Pico de Veleta (3394 m) einen grandiosen Panoramablick bis zur afrikanischen Küste. Die Sierra Nevada, das höchste Gebirge der Iberischen Halbinsel, liegt nur einen Sprung von der spanischen Mittelmeerküste entfernt und überrascht doch mit ganz anderen Landschaftserlebnissen. Ob Genusswanderer oder Bergprofi, die Bergkette bietet eine Vielzahl von Wegen.

Cabo de Gata - Unberührte Steppenlandschaft

Unglaubliche 339 Sonnentage und spärliche 150 mm Regen weist der Jahresdurchschnitt für die zum Naturpark erklärte Region auf, die östlich von Almería beginnt und im Norden bis nach Carboneras reicht. Mit ihrer wüstenartigen Kargheit und dem Wind, der den feinen Sand in alle Spalten bläst, hat die menschenleere Steppenlandschaft an der südöstlichsten Spitze der Iberischen Halbinsel ihre speziellen Reize. Auf dem ausgetrockneten Boden gedeihen kleine Fächerpalmen, Agaven und einige andere Pflanzen, die mit wenig Wasser auskommen. Ein Besuch im Frühling ist besonders schön, denn dann verwandeln blühende Steppengewächse und wilder Klatschmohn den Landstrich in einen wunderschönen Steingarten.

[1]

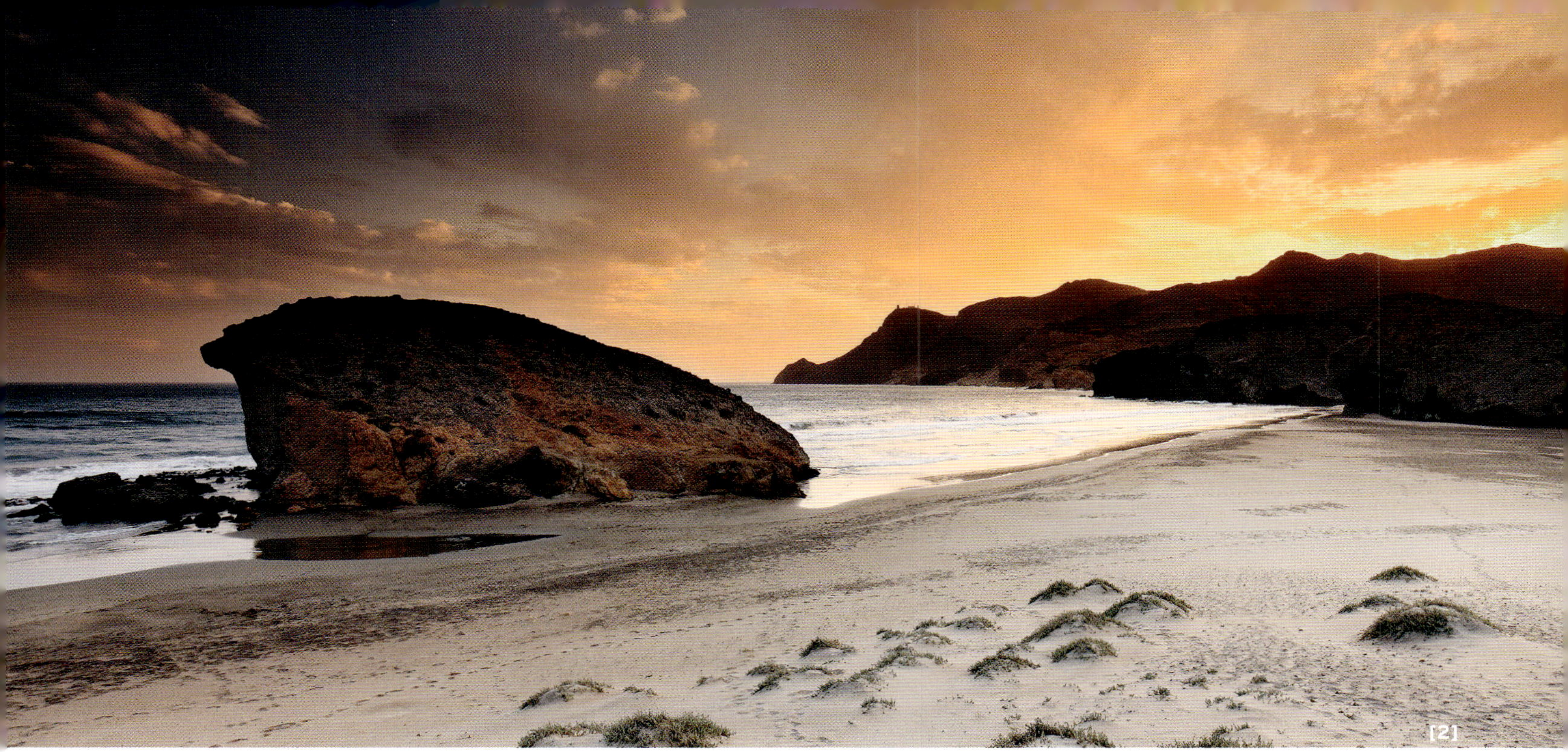

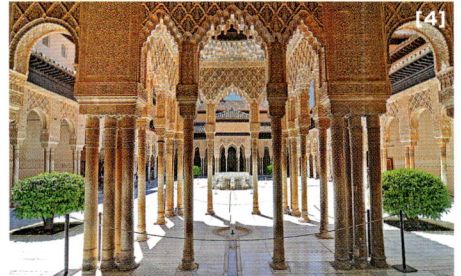

[1] Vor den hohen Gipfeln der Sierra Nevada thront die Alhambra über Granada. [2] Der natürliche Strand Playa Cala de Mónsul liegt abgeschieden vom Rest der Welt im Naturpark Cabo de Gata. [3] Die Statue ehrt Pablo Picasso, den berühmten Sohn der Stadt Málaga. [4] Der von Mohammed V. errichtete Löwenhof gehört zu den eindrucksvollsten Baukunstwerken der Alhambra.

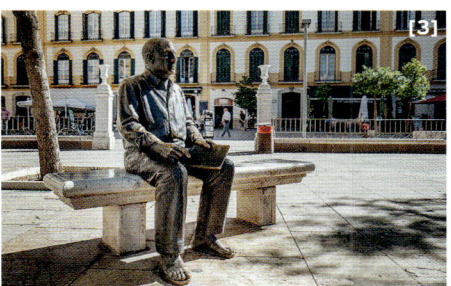

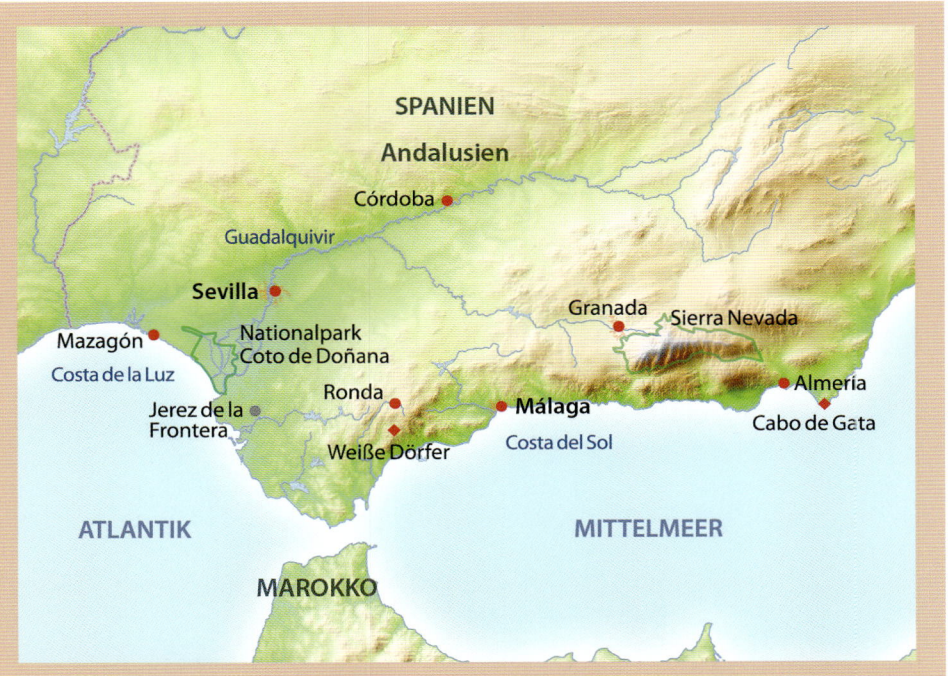

INFOBOX

Beste Reisezeit

Abgesehen von den Hochgebirgsregionen der Sierra Nevada herrschen in Andalusien milde Winter und teils sehr heiße Sommer vor. Der Herbst und insbesondere die Blütezeit im Frühjahr eignen sich mit ihrem angenehm milden Klima am besten für den Kultur- und Entspannungsurlaub.

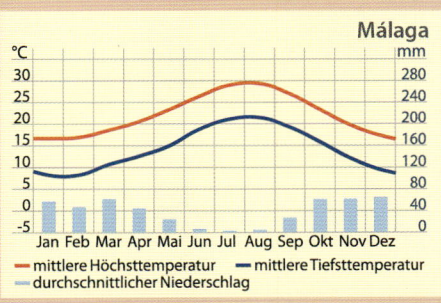

Málaga
°C
mm
30
25
20
15
10
5
0
-5
280
240
200
160
120
80
40
0
Jan Feb Mar Apr Mai Jun Jul Aug Sep Okt Nov Dez
mittlere Höchsttemperatur
mittlere Tiefsttemperatur
durchschnittlicher Niederschlag

SPANIEN
Andalusien
Córdoba
Guadalquivir
Sevilla
Granada
Sierra Nevada
Mazagón
Nationalpark Coto de Doñana
Costa de la Luz
Ronda
Jerez de la Frontera
Málaga
Almería
Cabo de Gata
Weiße Dörfer
Costa del Sol
ATLANTIK
MITTELMEER
MAROKKO

PORTUGAL –
DEM HIMMEL SO NAH

Die Sonne im Gesicht und eine überwältigende Landschaft aus schroffer Bergwelt, üppig grünen Tälern, lieblichen Weinbergen und uralten Dörfern vor Augen – das ist der Norden Portugals. Stolze, lebendige Städte voller Geschichte und Schönheit sind darin eingebettet.

Kultur
70 %

Natur
20 %

Aktiv
10 %

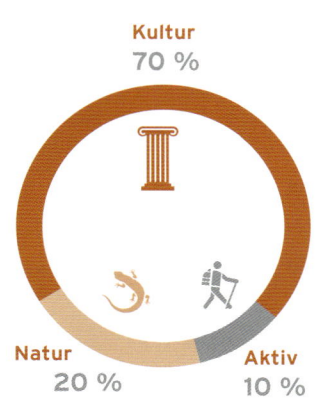

[1]

Nationalpark Peneda-Gerês – Ein Garten Eden

Mehr als 700 km² nahezu unberührte Natur. Aus üppig bewachsenen Tälern und Hügeln mit Seen und malerischen Wasserfällen ragen Felsen und Berge auf, mehr als 1500 m hoch. In den unterschiedlichen Vegetationszonen, teils mit nur dort vorkommenden Pflanzen, lebt eine artenreiche Fauna, vom wilden Bergpony bis zum Wolf, von der Adlereule bis zum Steinadler. Inmitten der atemberaubenden Landschaft leben Menschen seit Jahrhunderten in Dörfern mit reetgedeckten Granithäusern und Speichern. Naturliebhaber, aber auch Wanderer, Biker, Wassersportler und Kletterer kommen im Nationalpark voll auf ihre Kosten.

Im Sternengebirge Serra da Estrela

Torre, so wird der mit 1993 m höchste Gipfel der Serra da Estrela genannt, weil ein Turm ihn auf 2000 m hebt. Rundherum erstrecken sich bizarr geformte Felsen, tief eingekerbte Täler, kristallklare Bergbäche und Seen sowie dichte Wälder. Auf Wiesen wogt ein Meer von Wildblumen. Urtümliche Orte mit Burgen laden zum Übernachten ein. Verwöhnen lässt man sich mit Käse und lokalem Honig. Auf 375 km markierten Wanderwegen beobachtet man seltene Tierarten, stößt auf Portugals einziges Skigebiet, folgt dem Lauf der großen Flüsse, erkundet Gletschertäler oder sucht auf der Route der 25 Seen gelegentliche Abkühlung – das Sternengebirge ist bei jedem Schritt ein Genuss.

Porto – Schönheit am Douro

Von der zentralen Praça da Liberdade aus zieht sich hügelaufwärts die Avenida dos Aliados, die Renommierstraße Portos, gesäumt von Häusern mit eleganten Jugendstilfassaden. Hügelabwärts geht es zum Bahnhof São Bento mit seinen fantastischen Azulejo-Bildern und in die Altstadt Ribeira mit ihren verschlungenen Gässchen und Hinterhofgärten. Überall finden sich

[2]

imposante Kirchen und Paläste in historischen Baustilen. Sechs Brücken führen über den Douro und verbinden Porto mit der Schwesterstadt Nova Gaia, die bekannt für ihre Portweinkellereien ist. Eine Bootsfahrt auf dem Douro oder mit der Tram ans Meer fahren, das sind weitere Highlights.

Blumenschlacht in Guimarães

Guimarães war die erste Hauptstadt des im 12. Jh. entstandenen »Portucale«. In der mächtigen Burg São Miguel oberhalb der Stadt aus dem 10. Jh.

[3]

[4]

mit Bergfried und acht Wehrtürmen soll der erste portugiesische König das Licht der Welt erblickt haben. Unterhalb der Burg erstreckt sich die pittoreske Altstadt mit ihren Granithäusern in engen Gassen und an beschaulichen Plätzen. Der Largo da Oliveira wird gesäumt von prächtigen historischen Bauwerken. Festlicher Höhepunkt des Jahres sind die Festas Gualterianas am ersten Augustwochenende mit (unblutigem) Stierkampf, Feuerwerk und der »Blumenschlacht« als Höhepunkt.

Das Wunder von Fátima

Am 13. Mai 1917 soll drei Hirtenkindern die Mutter Gottes erschie-

nen sein. Seit diesem Tag kam sie jeden 13. eines Monats bis zum Oktober des Jahres. Der letzten Erscheinung wohnten Zehntausende bei. Dabei soll sich die Sonne in einen Feuerball verwandelt haben, der die Erde mit bunten Farben überzog. Fátima wurde zu einem berühmten Wallfahrtsort. Der riesige Versammlungsplatz wird beherrscht von der Igreja da Santissima Trindade (2007) – die neobarocke Basilika aus dem Jahr 1928 war zu klein für die Pilgerströme geworden. An der Stelle der Marienerscheinung steht die gläserne Erscheinungskapelle. Die Hauptwallfahrten finden am 13. Mai und am 13. Oktober statt.

Coimbra – Zu den Tempeln des Wissens

»In Coimbra studiert man«, sagt ein Sprichwort. Kein Wunder, dass die älteste Universität des Landes (12. Jh.) die Stadt hoch oben auf dem Hügel dominiert. Zu den wahrhaften Tempeln des Wissens gehören u. a. der ehemalige königliche Palast, in dem nun Lehrveranstaltungen stattfinden, und die prachtvoll dekorierte Biblioteca Joanina (18. Jh.). Ihre üppige Ausgestaltung macht sie zu

[1] Vierarmiger Stausee Caniçada im Nationalpark Peneda-Gerês. [2] Barockstadt Porto – der italienische Einfluss ist unverkennbar. [3] Stadt mit Rhythmus: Folklorefestival in Coimbra. [4] Am weltgrößten Kirchvorplatz in Fátima: die Basilika Unserer Lieben Frau des Rosenkranzes. [5] Mittelalterlich und charmant: Altstadt von Guimarães.

einer der schönsten der Welt. Auf dem Weg hinunter in die Altstadt werden weitere Sakralbauten passiert; in der ehemaligen Kirche Santa Cruz hat sich eines der schönsten Cafés der Stadt eingerichtet. Dort hört man mit etwas Glück die von Studenten vorgetragenen Tunas, Lieder über das studentische Leben.

Lissabon – Weiße Stadt am Tejo

Kelten, Phönizier, Griechen, Römer, Westgoten und Mauren – sie alle waren da und sie alle hinterließen ihre Spuren in Lissabon, der Metropole auf sieben Hügeln. Jedes Viertel hat sein eigenes Flair: Die Baixa wurde nach dem großen Erdbeben 1755 auf schachbrettartigem Grundriss errichtet. Im Chiado haben historische und moderne Architektur mit traditonsreichen Cafés und edlen Boutiquen zu einem stilvollen Nebeneinander gefunden. Mittelalterlich geprägt ist die Altstadt Alfama mit ihrem Labyrinth aus engen Gassen. Überall in der Stadt öffnen sich Miradouros, Aussichtspunkte mit atemberaubendem Blick auf Stadt und Fluss. Hier nimmt man den Aperitif, bevor man sich in das legendäre Nachtleben Lissabons stürzt.

Sintra – Märchenhafte Sommerfrische

30 km nordwestlich von Lissabon liegt Sintra. Auf 200 m Höhe herrscht ein angenehmes Klima – wesentlich angenehmer als im sommerheißen Lissabon. Deshalb haben Könige und Adlige – nicht nur aus Portugal – in Sintra Sommerresidenzen bauen lassen. Im Ort finden sich in großer Zahl illustre Paläste in zahlreichen Baustilen, mit romantischen Parks und teils exzentrischer Ausstattung. Mittelpunkt ist der Palácio Nacional de Sintra mit seinen weißen, konisch zulaufenden Schornsteinen. Der königliche Sommersitz wurde im 15. Jh. erbaut und danach ständig erweitert. Berühmt ist er u. a. für seine Deckengemälde mit Tiermotiven, darunter Schwäne und Elstern.

Cabo da Roca – Ein Vorhang aus Wasser

Als kleine Landzunge ragt Cabo da Roca westlich von Sintra in den Atlantik und markiert so den westlichsten Punkt des europäischen Festlands. 144 m unterhalb der Felsnase mit dem rot-weißen Leuchtturm aus dem 18. Jh. toben die Naturgewalten. Wind peitscht das Meer auf, Wellen brechen sich an den schroffen Felsen und verhüllen das Kap mit Gischt. An dieser Stelle ist es ein besonderes Erlebnis, wenn die Sonne blutrot im Atlantik versinkt und den Himmel in ein Meer aus orange-roten Farbtönen taucht.

Évora – Perle des Alentejo

Malerisch zieht sich Évora, das mehrfach Königsresidenz war, einen sanft ansteigenden Hügel des nördlichen Alentejo hinauf. Eine weitgehend intakte Stadtmauer mit 40 Türmen umschließt die Altstadt. Dort sind auf engstem Raum Baustile aus zwei Jahrtausenden vereint, von römischen Tempeln über maurische Paläste bis hin zu Bauten der Renaissance und des manuelinischen Stils. 30 Kirchen, Klöster und Paläste sowie zahlreiche repräsentative Stadthäuser, überwiegend in Weiß, strahlen mit der Sonne um die Wette. Zentraler Platz der Altstadt ist die Praça do Giraldo. Sie wird gesäumt von prächtigen Villen und Arkadengängen mit kleinen Lädchen und lauschigen Cafés.

[1] Sightseeing per Straßenbahn: die berühmte Linie 28 in Lissabon. [2] Ein Schloss für Ferdinand II.: Palácio Nacional da Pena (1840) in Sintra. [3] Korkwaren – nicht nur in Évora ein allgegenwärtiges Souvenir. [4] Symbiose von Fels, Sand und Meer: Praia da Ursa nahe Cabo da Roca.

INFOBOX

Beste Reisezeit

Der Atlantik sorgt dafür, dass die Temperaturen in Portugal niedriger sind als in vergleichbaren Mittelmeerbreiten. Im Winter ist es im Landesinneren des Nordens oft frostig, an der Küste häufig nass und neblig. Die Monate April bis September sind die beste Reisezeit, im Juli und August kann es sehr heiß werden.

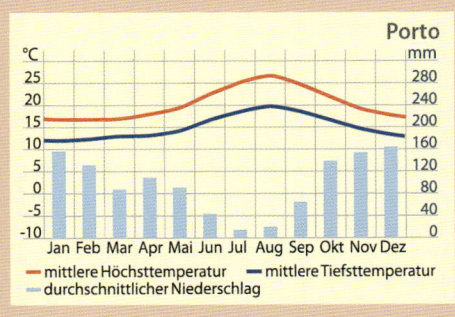

31

PORTUGAL - MEER KÜSST STRAND UND FELS

Ist die Atlantikküste des Alentejo eher rau und menschenleer, zeigt sich die Algarve bunt und lebhaft. Viel Sonne, atemberaubende Natur sowie reizvolle Städte und Strandorte bietet der Süden Portugals.

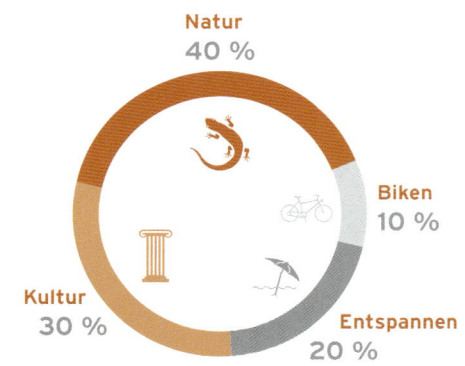

Natur 40 %

Biken 10 %

Entspannen 20 %

Kultur 30 %

[1] Abendstimmung an der Felsenküste der Algarve. [2] Ausgedehnter Sandstrand am Rand des Parque Natural do Sudoeste Alentejano e Costa Vicentina. [3] Faro ist die geschichtsträchtige Hauptstadt der Algarve. [4] Blick vom Fischerhafen auf die breite Promenade und die Altstadt von Lagos.

[1]

Naturpark Südwest-Alentejo und Costa Vicentina

Zerklüftete Felsen, an denen sich die Wellen des Atlantiks mit Wucht brechen, und dazwischen Lagunen und Sandstrände von großer Schönheit – in dieser überwältigenden Kulisse haben sich unzählige Vögel, Säugetiere und Pflanzen eingerichtet. In den Klippen nistet – weltweit einzigartig – der Weißstorch. Wo sonst in Europa jagt der Otter am Meer? Auch viele Pflanzenarten kommen nur hier vor. Die Küste kann man teils mit dem Auto, teils zu Fuß erkunden – muss dann aber gegen Wind und Gischt gewappnet sein.

Praia de Odeceixe – Refugium aus Sand

Auf den letzten Kilometern vor seiner Mündung an der Westküste nahe Odeceixe trennt der Seixe den Alentejo von der Algarve. Dabei umrundet der Fluss die Praia de Odeceixe, eine Landzunge, die komplett mit Sand bedeckt ist. 500 mal 500 m groß, bietet sie Ruhe, viel Sonne und Badevergnügen. Bei Ebbe bilden sich flache Tümpel für die Kleinsten, die Großen haben die Wahl zwischen einem Bad im Süß- oder Salzwasser. Aktiv entspannen ist beim Paddeln auf dem Fluss oder beim Surfen weiter draußen auf den Wellen des Atlantiks möglich.

Cabo de São Vicente – Am schroffen Ende Europas

70 m fallen die Felsen am Cabo de São Vicente, dem südwestlichsten Punkt des europäischen Kontinents, fast senkrecht zum tobenden Meer hinab. Die Wellen schlagen hart gegen das Land, die Gischt spritzt meterhoch. Nichts als Meer, bis nach Amerika. Auf dem Areal der Festung am Kap steht der am weitesten strahlende Leuchtturm Europas. Er warnt die Schiffe – oder ist es doch der heilige Vinzenz, Schutzpatron der Seefahrer? Das raue Gelände hat ein Refugium für Tier- und Pflanzenarten geschaffen oder erhalten, die in der Zivilisation keine Chance mehr hätten – als biogenetisches Reservat

ist das Cabo de São Vicente besonders geschützt.

Lagos – Perle der westlichen Algarve

Von Lagos aus entdeckten die Portugiesen unter Heinrich dem Seefahrer im 15. Jh. allmählich die (übrige) Welt. Die Stadt erblühte, musste aber nach den Zerstörungen des großen Erdbebens von 1755 ganz neu aufgebaut werden. Heute

präsentiert sich die Altstadt als weitgehend geschlossenes Ensemble aus dem 18. Jh. Die mit Ornamenten geschmückten und mit Azulejos verzierten Fassaden der schmucken Stadthäuser säumen schmale, teils recht steile – und autofreie – Gassen, durch die es sich herrlich bummeln lässt. Kirchen, die Hafenburg Ponta da Bandeira, die alte Stadtmauer, der ehemalige Sklavenmarkt – es gibt einiges zu entdecken, bevor man sich ins Nachtleben stürzt. Lagos ist berühmt für seine Straßenkünstler, die ihr Können allabendlich vor allem auf dem zentralen Platz Gil Eanes präsentieren. In der Altstadt warten im Umkreis von nur 1 km zahlreiche Clubs, Bars und Kneipen auf Gäste.

Ponta da Piedade – Die Natur als Künstlerin

Türme und Tore, Dome und Höhlen aus rotem Sandstein – über Jahrmillionen schuf die Natur an der Westflanke der Bucht von Lagos ein Kunstwerk. Die Ponta da Piedade, die Landspitze der Frömmigkeit, aus rotem Sandstein gilt als Highlight der Felsalgarve. Die monumentalen, teils skurrilen Sandsteinformationen sind über eine steile Treppe mit 200 Stufen zu erreichen und weiter per

Boot zu erforschen. Auf den Klippen dient ein Leuchtturm als Wegweiser. Er ist auch der Endpunkt eines spektakulären Wanderwegs über die Klippen von Lagos (3 km) oder sogar von Sagres (30 km) aus, mit einer traumhaften Aussicht auf Strände, Meer und Felsküste.

Faro – Stadt im weißen Karo

Beim großen Erdbeben 1755 wurde Faro zumindest vom nachfolgenden Tsunami verschont. So blieb in den schmalen Gassen der Altstadt die eindrucksvolle Architekturmischung aus römischen, maurischen, gotischen und manuelinischen Elementen erhalten. Einen Überblick über die Altstadt bietet der mächtige Turm der Kathedrale Sé. Von dort erschließt sich dem Betrachter, dass Faros weiße Häuser mit ihren roten Dächern unterschiedlich große Karrees bilden. Die Kirchen sind mit teils vergoldetem Schnitzwerk und wunderbaren Azulejos reich verziert. In den palmenbeschatteten Straßen laden Straßencafés zu einer Pause ein.

Ria Formosa – Vögel zwischen Watt und Pinien

Zwischen Faro und Tavira zieht sich über 60 km eine erstaunliche Landschaft die Küste entlang: Watt und Marschland, dazwischen tiefe Priele und Gezeitentümpel, Sandbänke und Dünen, die landeinwärts in Pinienwäldchen übergehen. So überrascht nicht, dass der Naturpark Ria Formosa ein Paradies für Stand- und Zugvögel ist. Beobachtet werden können das seltene Purpurhuhn sowie Flamingos, Störche, Kraniche, Silber- und Seidenreiher. Bei Wanderungen trifft man auch auf antike römische Salztanks und eine Gezeitenmühle, die im Mittelalter Getreide mahlte.

Praia da Falésia im Farbenrausch

Er liegt in der Nähe von Albufeira und ist nur auf Treppen oder Holzstegen durch schmale Felsschluchten zu erreichen. Der beinahe 6 km lange Strand Praia da Falésia ist etwas Besonderes. Der weiche, helle Sand des Strandes wird vorne vom Meer geküsst und hinten von einer 30 m hohen weiß-roten Sandsteinwand geschützt. Wenn die Sonne im Meer versinkt und den Himmel in ein Meer von Farben taucht, leuchtet der Fels in allen erdenklichen Rottönen, von Blassrosa bis Purpur. Spektakulär geht der Tag zu Ende.

Tavira – Charme der Algarve

Pagodenartige Dächer, innen wie außen reich verzierte Gotteshäuser, historische Bauten an Gassen und Plätzen, lauschige Parks und gemütliche Straßencafés – Tavira gehört zu den charmantesten Städtchen der Algarve, ist aber nie überlaufen. In der einst florierenden Hafenstadt gibt es viel zu sehen: zwei Dutzend Kirchen, teils mit wunderschönen Azu-

lejo-Bildern, eine maurische Burganlage (13./14. Jh.) und ein maurisches Viertel. Die elegante siebenbogige Brücke über den Rio Gilão, der die Stadt teilt, ist ein Erbe der Römer. Lange, feine Sandstrände zur Erholung bietet die vor Tavira liegende Ilha de Tavira.

Auf der Ecovia do Litoral die Algarve entlang

Von Vila Real de Santo António an der portugiesisch-spanischen Grenze bis zum Cabo de São Vicente, dem südwestlichsten Punkt Europas, führt die Ecovia do Litoral 217 km die spektakuläre Küste der Algarve entlang. Der »Öko-Küstenweg«, innerhalb der Orte mit einer blauen Linie markiert, außerhalb mit gelb-grauen Schildern, ist eine der schönsten Radrouten Europas. Ganzjährig. Mit der Sonne im Gesicht und dem Duft von Orangen, Rosmarin und Thymian in der Nase, geht es auf Asphalt, Feldwegen, Holzpfaden, Nebenstraßen und (leider) der N125 durch eine Landschaft mit grandiosen Stränden, schroffer Felsküste, drei Naturparks und attraktiven Städten.

[1]

[2]

[1] Die vielgestaltige Landschaft der Ria Formosa bei Faro. [2] Was für eine Küste! Farbenspiel der Praia da Falésia bei Albufeira. [3] Südländischer Charme – die Gassen von Tavira verströmen einen ganz eigenen Reiz. [4] Lebhaft geht es abends auf dem Hauptplatz von Tavira zu.

[3]

[4]

INFOBOX

Beste Reisezeit

3000 Sonnenstunden im Jahr – die Algarve ist ganzjährig attraktiv. Allerdings weht der Westwind im Winter kühler und heftiger als im Sommer. Richtung Osten wird das Klima milder. An der Ostalgarve kann es im Juli und August daher auch sehr heiß sein.

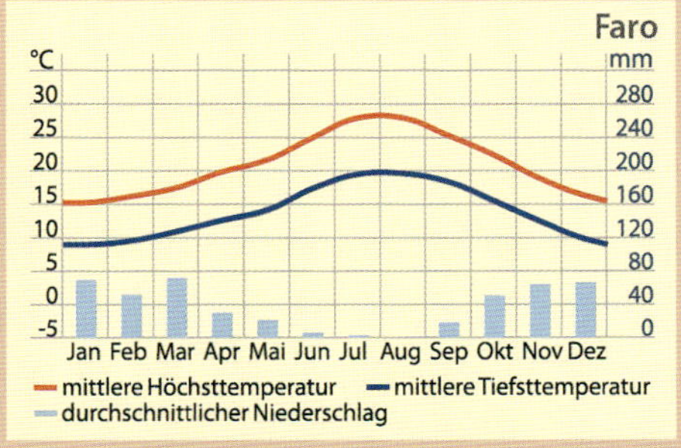

Faro

°C | mm
30 | 280
25 | 240
20 | 200
15 | 160
10 | 120
5 | 80
0 | 40
-5

Jan Feb Mar Apr Mai Jun Jul Aug Sep Okt Nov Dez

— mittlere Höchsttemperatur   — mittlere Tiefsttemperatur
durchschnittlicher Niederschlag

ATLANTIK   PORTUGAL

Alentejo

SPANIEN

Naturpark
Südwest-Alentejo
und
Costa Vicentina

Praia de
Odeceixe   Odeceixe

Aljezur   Seixe

Algarve

Lagos   Tavira

Albufeira   Vila Real de
Santo António

Cabo de
São Vicente   Faro

Ponta da
Piedade   Praia da Falésia

Sagres   Naturpark
Ria Formosa

[2]

MADEIRA - BLÜHENDE VULKANINSEL IM ATLANTIK

(32)

Im ganzjährig sommerlichen Klima Madeiras sind Landschaften mit üppiger und teils uralter Vegetation zu entdecken. Von felsigen Küsten über dem tiefblauen Meer bis hinauf in die bizarre Bergwelt bezaubern beschauliche Dörfer und quirlige Städte.

Aktiv
50 %

Kultur
10 %

Unterwegs
20 %

Natur
10 %

Entspannen
10 %

[1]

Funchal - Britische und mediterrane Akzente

In einer Bucht im Süden Madeiras ziehen sich die Häuser und Terrassen Funchals in Weiß und Pastelltönen den Berg hinauf. Historische Stadtvillen und Hotels zeugen von britischer Lebensart. Die behutsam restaurierten malerischen Altstadtgassen mit zahllosen Cafés, Bars und Restaurants, die neue Hafenpromenade, die blühenden Parks und Gärten, die Kirchen und die eleganten Geschäfte strahlen mediterrane Lebenslust aus. Üppig und exotisch ist der Botanische Garten im 600 m hoch liegenden Vorort Monte, den man per Seilbahn erreicht. Die Fahrt hinunter im Korbschlitten ist ein viel genutztes Vergnügen. Die Stadt feiert gern. Legendär sind das Blumenfest zu Ostern und die Feuerwerke zum Atlantik-Festival im Juni und zu Silvester.

Ribeiro Frio - Zauber des Lorbeerwalds

Auf Madeira hat der Lorbeerwald überlebt. 1999 erklärte ihn die UNESCO zum Weltnaturerbe, bei Ribeiro Frio erstreckt sich einer der schönsten. Am besten folgt man der Beschilderung Miradouro dos Balcões und taucht in die tiefgrüne Welt aus Kanaren-Lorbeer, Wachsmyrthe, Madeira-Mahagoni und Stinklorbeer ein. Mit etwas Glück kreuzen Buchfinken, Silberhalstauben oder Goldhähnchen den 3 km langen Weg. Vom Aussichtspunkt bietet sich eine grandiose Sicht auf die höchsten Berge der Insel. Eine Alternative ist der anspruchsvollere, 10 km lange Weg nach Paso da Portela, der einer Levada, einem Bewässerungskanal, durch den Wald bis auf eine Passhöhe folgt.

Auf den höchsten Gipfeln Madeiras

Sie vereint die höchsten Berge von Madeiraa: Eine etwa dreistündige Wanderung vom dritthöchsten Berg der Insel, Pico do Arieiro (1817 m), zum höchsten, Pico Ruivo (1862 m), umrundet Nummer zwei, Pico das Torres (1851 m). Die Tour durch die Bergwelt über gepflasterte und gestufte Wege, durch Tunnel und über Saumpfade, an einigen

Stellen mit Drahtseilen gesichert, ist anspruchsvoll. Man sollte fit und schwindelfrei sein. Für die Anstrengung belohnt, sofern das Wetter mitmacht, ein fantastischer Rundblick von mehreren Aussichtspunkten.

Caldeirão Verde - Erfrischung im grünen Kessel

In Queimadas im Nordosten Madeiras verwandeln im Frühling riesige Rhododendronbäume einen kleinen Park in ein Blütenmeer. Von dort geht es entlang einer Levada in die Wildnis des Caldeirão

[3]

BALCÕES

Verde. Der Weg führt durch dichten, uralten Wald, der mit zunehmender Höhe durch Heidekrautbüsche abgelöst wird. Es gilt einen Wasserfall zu unterqueren und mehrere Tunnel zu durchlaufen. Dabei wird der zunächst breite Pfad immer schmaler. Nach zwei Stunden ist das Ziel erreicht: Von hohen Felswänden stürzen sich Wasserläufe dekorativ in einen kleinen See hinunter. Hartgesottene stärken sich mit einem Bad für den Rückweg.

Estrada Antiga – Abenteuer Straße

 Wie an den Fels geklebt wirkt die Estrada Antiga, die alte Verbindung

[1] Frisch und bunt: Der Bauernmarkt in Funchal mit seinem verführerischen Angebot.
[2] Diese Aussicht lohnt den Aufstieg auf den Pico do Arieiro. [3] Im »Zauberwald« bei Ribeiro Frio. [4] Nur für Schwindelfreie: der Wanderweg vom Pico do Arieiro zum Pico Ruivo. [5] Sind das noch Bäume oder schon Fabelwesen im Lorbeerwald am Fanal?

[4]

zwischen São Vicente und Porto Moniz im Nordwesten der Insel. Über 16 km Kurve um Kurve, dunkle Tunnel. Wasserfälle ergießen sich direkt auf die Straße. Gleich nebenan brandet das Meer an die Estrada. Die abenteuerliche Strecke darf nur in einer Richtung, von São Vicente nach Porto Moniz, befahren werden. Gegenverkehr mag man sich gar nicht vorstellen! So aber ist die Fahrt auf der Estrada Antiga ein Vergnügen der besonderen Art. Im kleinen Weindorf Seixal lässt es sich gut verschnaufen.

Feenwald am Fanal

Rund um den Berg Fanal im Nordwesten stehen die ältesten Lorbeerbäume Madeiras. Einige Exemplare sind mehrere Hundert Jahre alt: Mächtige Stämme, vom Wind gebogen, tragen gewundene, mit Flechten behangene und mit Moosen bewachsene Äste, die in alle Richtungen streben. In diesem häufig von Nebel verhangenen Zauberwald wächst überwiegend Stinklorbeer, der allerdings nur (unangenehm) riecht, wenn man die Blätter zerreibt – oder die Bäume zersägt.

[5]

Am Fanal oberhalb des Kratersees kann man das dichte Grün bis hin zur Küste überblicken.

Achadas da Cruz – Nichts für schwache Nerven

 Das Dorf Achadas da Cruz liegt etwas versteckt im wilden Westen Madeiras. Am Fuß der Steilküste sieht man die Fajã Quebrada Nova, einen fruchtbaren Küstenstreifen. Durch ein immer schmaler werdendes Tal führt eine einstündige Wanderung über zahllose Treppenstufen in das kleine Paradies hinab. Unten angekommen, findet man sich inmitten üppiger Gärten und Weinberge wieder, vor sich das Meer, hinter sich die Felswand. Der Rückweg wird mit einer Seilbahn zurückgelegt: Mit der Teleférico geht es in fünf Minuten wieder – ohne Stützpfeiler – mehrere Hundert Meter steil bergauf – Nervenkitzel und atemberaubende Sicht inklusive.

Calheta – Sand am Meer

Calheta bedeutet »Kleine Bucht«. Dort gibt es einen echten Sandstrand – eine Seltenheit auf Madeira. Tatsächlich kommt der Sand aus Marokko auf die Vulkaninsel. Er wurde 2004 angeschüttet und bildet nun einen 100 m breiten, feinen, weichen Saum. Zwei Wellenbrecherwehre zähmen den heranbrausenden Atlantik, sodass auch Schwimmer gefahrlos ins Meer können. Aktiv erholen lässt es sich beim Surfen oder Kanufahren. In Calheta wird außerdem der beste Zuckerrohrschnaps der Insel hergestellt, eine der Zutaten für den Insel-Cocktail Poncha, bei dem sich gelassen das Strandtreiben beobachten lässt.

Curral das Freiras – 1000 m über dem Abgrund

Nur 19 km von Funchal entfernt ist das Nonnental, Curral das Freiras, und doch tut sich hier eine ganz andere Welt auf. Durch die bizarre Berglandschaft führt eine 1962 fertiggestellte Panoramastraße, die nach unzähligen Kurven den knapp 1000 m hohen Pico do Serrado erreicht. Am Aussichtspunkt Eira do Serrado ragt eine Felsnase über das 700 m weiter unten liegende Tal, in dem die Häuser an den Felswänden zu kleben scheinen. Auch der Blick auf den 1645 m hohen Pico Grande ist spektakulär. Unten im Tal wartet, umgeben von Kastanienwäldern, das Dorf Curral das Freiras.

Kleine Schwester Porto Santo

Porto Santo, 40 km nordöstlich von Madeira, nur 11 mal 6 km groß, ist ganz anders als die große Schwester Madeira. Frühe Rodungen haben die Insel jahrhundertelang der Erosion ausgesetzt und eine karge Landschaft mit ganz eigenem Reiz hinterlassen. Zahlreiche Wanderwege führen über Wiesen, Steppe, Felsen und Strand, auch durch verbliebene kleine Wäldchen. Mit 516 m höchster Berg ist der Pico do Facho; die Wanderungen erfordern also nur wenig Anstrengung. An zahlreichen Stellen hat man eine fabelhafte Sicht auf Insel und Meer. Ausruhen kann man dann am 8 km langen, natürlichen, goldgelben Sandstrand an der Südseite, der sich an den Hauptort Vila Baleira anschließt.

[1]

[2]

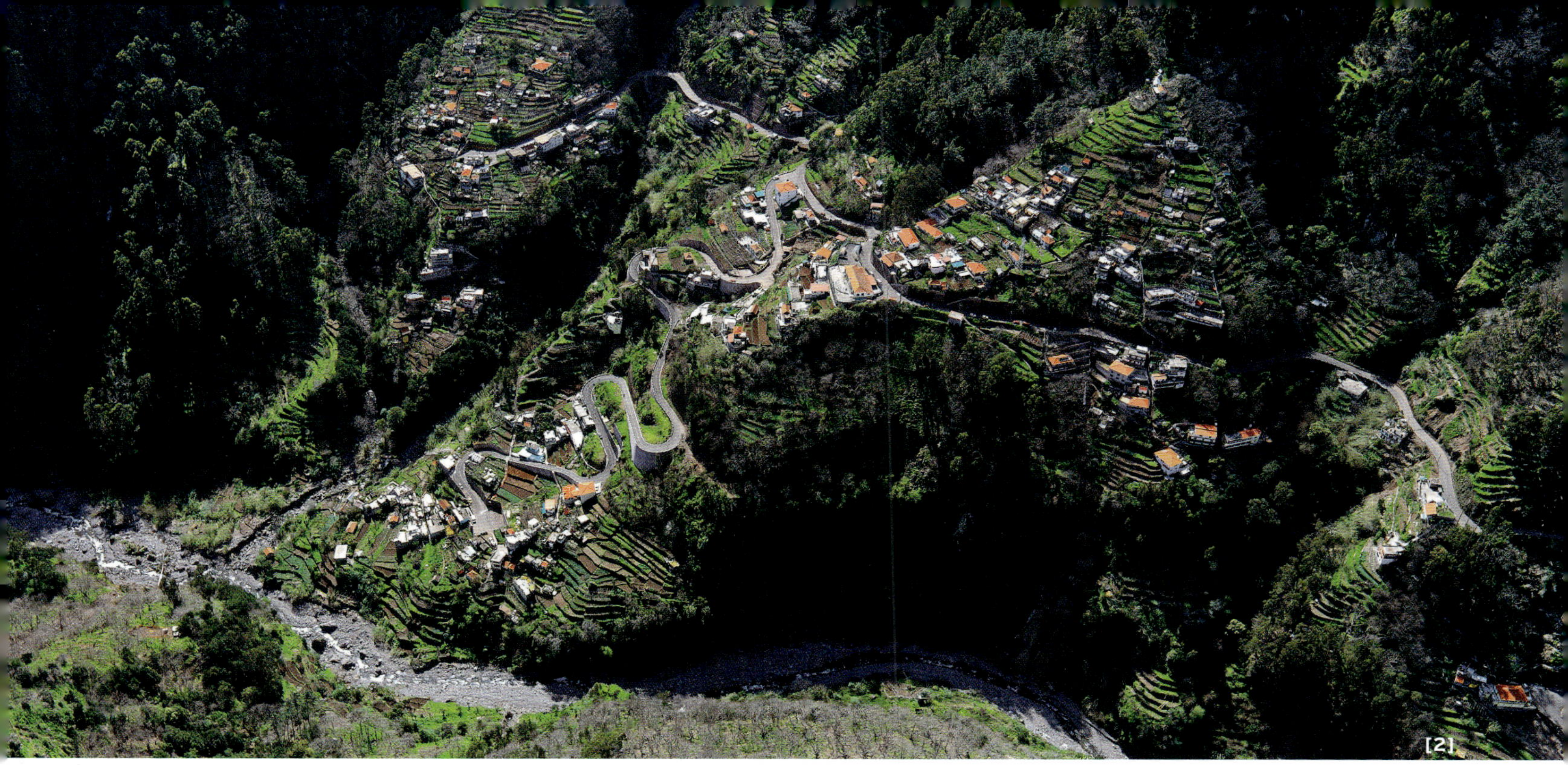

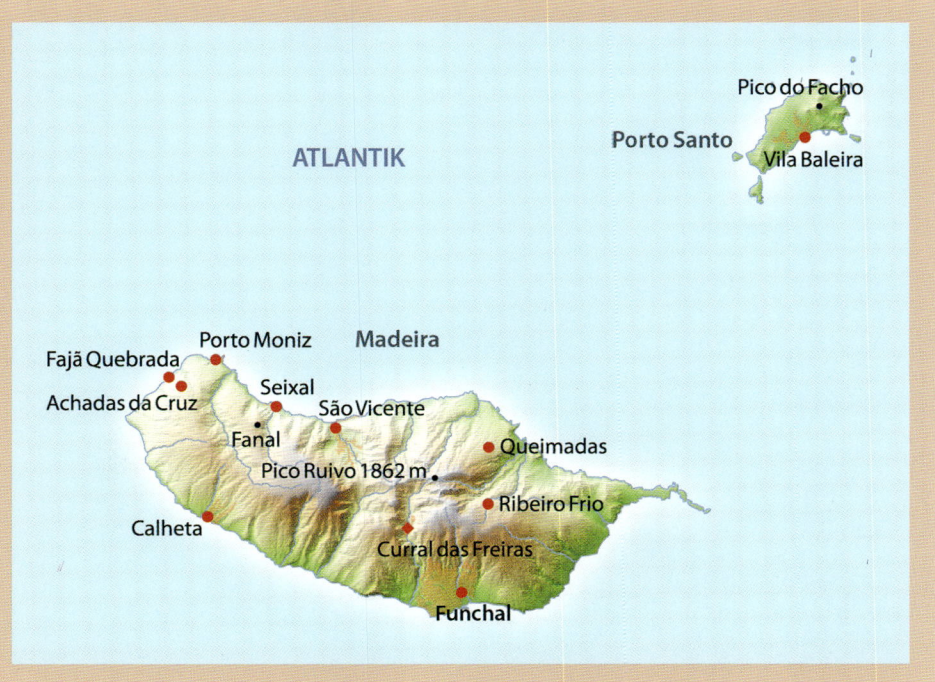

[1] Die Ponta da Calheta im Südwesten von Porto Santo bietet Aussicht aufs Meer und die umliegenden Inseln. [2] Dorf auf Terrassen: Curral das Freiras im Nonnental. [3] Nicht nur für Touristen: Auch Bauern nutzen die Seilbahn von Achada da Cruz für den Transport ihrer Ernte. [4] Am langen Sandstrand von Porto Santo findet man immer ein ruhiges Plätzchen.

[3]

[4]

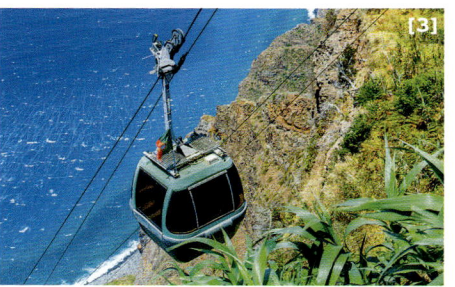

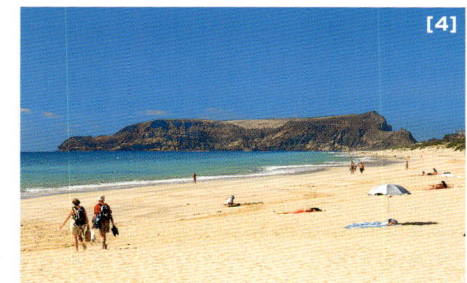

INFOBOX

Beste Reisezeit

»Insel des ewigen Frühlings« wird Madeira auch genannt, denn es herrschen das ganze Jahr über angenehme Temperaturen. Beständig weht ein wohltuender Wind. Madeira kann ganzjährig bereist werden, von Mai bis September ist kaum mit Niederschlägen zu rechnen.

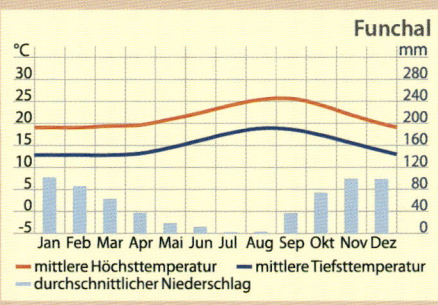

Funchal
°C
mm
30
25
20
15
10
5
0
-5
280
240
200
160
120
80
40
0
Jan Feb Mar Apr Mai Jun Jul Aug Sep Okt Nov Dez
mittlere Höchsttemperatur
mittlere Tiefsttemperatur
durchschnittlicher Niederschlag

ATLANTIK
Pico do Facho
Porto Santo
Vila Baleira
Madeira
Porto Moniz
Fajã Quebrada
Achadas da Cruz
Seixal
São Vicente
Fanal
Queimadas
Pico Ruivo 1862 m
Ribeiro Frio
Calheta
Curral das Freiras
Funchal

EUROPAS NORDEN UND WESTEN

ENGLAND
SCHOTTLAND
IRLAND
ISLAND
DÄNEMARK
NORWEGEN
SCHWEDEN
FINNLAND

ENGLAND – GESCHICHTE ZUM ANFASSEN, DAS MEER VOR AUGEN

33

Grandiose und nicht verbaute Küsten, idyllische mittelalterliche Städte und einsame neblige Moore erwarten uns bei einer Reise durch Südengland. Die faszinierende Weltmetropole London als Höhepunkt steht am Anfang der Reise.

Kultur
50 %

Entspannen
10 %

Aktiv
20 %

Natur
20 %

[2]

[1]

London – Metropole der Möglichkeiten

In London ist die Welt zu Hause. Um über alle Sehenswürdigkeiten, Museen, Opernhäuser, Kirchen, Theater und Königsschlösser zu schreiben, reicht ein Buch nicht aus. Was spricht dagegen, für den ersten Eindruck die Skyline zwischen Canary Wharf und Westminster-Brücke gemächlich an sich vorübergleiten zu lassen? Danach ist noch Gelegenheit, die Schätze von British Museum, Tate Modern und Science Museum zu heben. Oder doch besser in den Buckingham-Palast oder zu den jungen Royals nach Kensington? Fürs Shopping im schicken Westend und für Fish'n'Chips auf die Hand ist immer Zeit, bevor das Nachtleben beginnt.

Glaubenszentrum Canterbury

Canterbury ist eine quirlige Stadt, voller junger Besucher, vor allem aber das Zentrum der anglikanischen Kirche. Stolz erhebt sich über der im Zweiten Weltkrieg schwer zerstörten Stadt die Kathedrale, einer der bedeutendsten Sakralbauten Europas. 1170 wurde sie Ort einer Bluttat, als vier Ritter direkt vor dem Altar den Erzbischof und Lordkanzler Thomas Becket ermordeten. Seine Reliquien wurden das wichtigste Pilgerziel in England. Wenige Schritte weiter steht am idyllischen Flüsschen Stour das moderne Marlowe-Theater. An der nächsten Ecke fühlt man sich zwischen Fachwerkhäusern wieder ins Mittelalter versetzt.

Lebenswertes Winchester

Im 9. Jh. machte König Alfred Winchester zur Hauptstadt seines Reichs. Ab 1079 wurde die mächtige Kathedrale errichtet. Überwältigt schweift der Blick durch eines der längsten Kirchenschiffe der Welt, 170 m. Im nördlichen Seitenschiff liegt die Schriftstellerin Jane Austen begraben. Das Winchester College nebenan ist heute eine teure Eliteschule. Im Armenspital Hospital of St. Cross kann man dagegen kostenlos Hunger und Durst stillen. Dort wird noch die Tradition des Way-

farers Dole zelebriert. Winchester gilt als die lebenswerteste Stadt Englands. Der hervorragende Schokoladenladen unter dem Buttercross spielt dabei sicher die Hauptrolle.

Salisbury – Eine Kathedrale wie gemalt

Schon aus der Ferne sieht man den höchsten Kathedralturm Englands. Mit seinen 123 m überblickt er die normannische Stadtgründung und ihre mittelalterlichen Bauten. Die Kathedrale von Salisbury gehört zu den herausragenden Zeugnissen der englischen Frühgotik. John

[3]

Constable, der bedeutendste englische Landschaftsmaler des 19. Jh., hat sie gemalt; seinen Lieblingsblick kann man heute noch beim Spaziergang in den Avon-Auen genießen. Im skulpturengeschmückten Kapitelhaus wird ein Exemplar der Magna Charta von 1215 aufbewahrt. Sie ist eines der wichtigsten staatsrechtlichen Dokumente der Geschichte. In der Altstadt spaziert man vorbei an den Fachwerkhäusern, am besten an belebten Markttagen.

Stonehenge – Im Bann der Steinkreise

 Wenn man frühmorgens vor Ort ist und wenn der Wind den Ne-

[1] In London allgegenwärtig: der Union Jack und die Uniform der Beefeater aus dem Tower. [2] Stonehenge im magischen Licht. [3] Die Kathedrale von Salisbury auf dem Rasen der Domfreiheit. [4] In Canterbury fließt der Stour an idyllischen Fachwerkhäusern vorbei. [5] Jane Austen und ihr Butler warten in Bath auf Besucher.

bel über den einsamen Salisbury Plains weggeblasen hat, umgibt die mehr als 5000 Jahre alten Steinkreise eine ganz besondere Aura. Durch ein neues Besucherzentrum etwas abseits kommt Stonehenge noch besser zur Geltung: Ganz für sich wachen die Blausteine aus Wales nun über den Altarstein. Lange bevor die Steine aufgestellt wurden, vielleicht vor 11 000 Jahren, war hier schon ein Platz zur Beobachtung der Gestirne und für kultische Rituale. Vor kurzem entdeckten Forscher in der Nähe eine warme Quelle und eine der größten Siedlungen der Jungsteinzeit.

Bath – Stylish seit Jahrhunderten

Heiße Quellen sprudeln aus der Tiefe und bringen 1,2 Millionen Liter Wasser an die Oberfläche, an jedem Tag, 46 °C heiß. Entdeckt wurden sie von den Schweinen des an Aussatz leidenden keltischen Königs Bladud – die Tiere wurden das Wahrzeichen der Stadt. Später bauten die Römer ein weit-

läufiges »Roman Bath«, das heute noch mit Thermalwasser gefüllt ist. Im 18. Jh. erlebten die Quellen eine Renaissance. Bath wurde modern, das hieß damals georgianisch. Heute glänzt der Stadtkern sandgestrahlt und nach wie vor ein wenig snobistisch, inzwischen sind die »Circuses« und »Crescents« UNESCO-Weltkulturerbe. Zur zeitgemäßen Erholung gibt es den Wellnesstempel »Thermae Bath Spa«.

Exmoor – Schafe, Ponys, Räuber

Dramatische Küstenlinien, liebliche Täler und einsame Hochmoorflächen kennzeichnen den Nationalpark Exmoor. Der South West Coast Path folgt 55 km lang der teils steilen Küsten mit ihrem grandiosen Blick auf den Bristol Channel. Kleine, hübsche Orte sind Porlock und die mit einer Standseilbahn verbundenen Lynton und Lynmouth. Auf Wanderungen begegnet man den Exmoor-Ponys, dem Exmoor-Hornschaf und manchmal auch Rotwild. Wie zu Zeiten der legendären Doone-Räuberbande (17. Jh.) ist das Exmoor immer noch ein Jagdgebiet.

Jurassic Coast – Spuren der Saurier

Hier wird ein geologisches Buch über die vergangenen 200 Millionen Jahre aufgeschlagen. Wanderer und Geologen werden im UNESCO-Weltnaturerbe zwischen den Old Harry Rocks und Exmouth in die Erdzeitalter Trias, Jura und Kreide zurückversetzt. Entlang des 150 km langen Küstenstreifens wechseln Steilküsten mit langen Stränden und versteckten Buchten. Für Fossilienjäger ist die Region eine wahre Fundgrube. Auf der Isle of Purbeck, der Isle of Portland, in Charmouth und in Lyme Regis hat die Zeit der Dinos Spuren hinterlassen. Von dort stammt der einmalige Scelidosaurus und nahe der Lulworth Cove breitet sich ein Fossilienwald aus, den Saurier vielleicht kannten.

Dartmoor – Geschichte und Legenden

Dartmoor ist ein Paradies für Wanderer und für archäologisch Interessierte. Querfeldein heißt das Motto, für die Vorsichtigeren gibt es ein 740 km langes Wegenetz. Der atlantische Regen und der sprichwörtliche Nebel lassen jeden Schritt im quietschenden Moor versinken, bis er auf dem 295 Millionen Jahre alten Granit im Untergrund Halt findet. Unterwegs ist die Vergangenheit allgegenwärtig, kaum anderswo in Europa sind prähistorische und historische Funde so dicht gedrängt. Mitten im Moor liegt das Gefängnis von Princetown und in der Ferne heult der Hund von Baskerville. Ganz friedlich grasen die Schafe. Halbwilde Ponys galoppieren davon.

Möwen und Krähen über Land's End

Der westlichste Punkt des englischen Festlands ist ein symbolischer Ort. Bis auf den Longship-Leuchtturm und die bei guter Sicht auszumachenden Scilly-Inseln sieht das Auge nur noch Meer. Die Granitsteilküste bietet attraktive Wanderwege. Nur ein paar Schritte entfernt liegt in einer tiefen Felsspalte das Wrack der »RMS Mülheim«, gestrandet 2003. Mit dem Fernglas können Möwen, Basstölpel, Eissturmvögel und mit Glück auch der seltene Wappenvogels Cornwalls, die cornische Alpenkrähe, beobachtet werden.

[1]

[1] Die grasbewachsenen Kreideklippen an der englischen Südküste. [2] Das weite Dartmoor ist zum Wandern besonders geeignet. [3] Inmitten der blühende Heide des Exmoors fühlen sich halbwilde Ponys wohl. [4] An den Felsen von Land's End ist zwar das Ende des englischen Festlands erreicht, doch warten weiter westlich noch die pittoresken Scilly-Inseln.

INFOBOX

Beste Reisezeit

Südenglands Klima ist vom Atlantik und vom Golfstrom beeinflusst. Ein mediterranes Mikroklima weist z. B. Cornwall auf. Verhältnismäßig trocken und warm ist es in den Sommermonaten. Im Westen regnet es deutlich mehr als im Osten. Sehr schön ist es im Mai, wenn alles blüht.

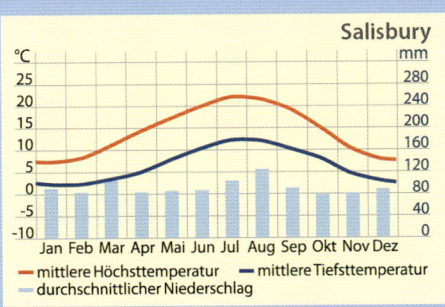

Salisbury

°C / mm

25, 20, 15, 10, 5, 0, -5, -10 / 280, 240, 200, 160, 120, 80, 40, 0

Jan Feb Mar Apr Mai Jun Jul Aug Sep Okt Nov Dez

— mittlere Höchsttemperatur
— mittlere Tiefsttemperatur
— durchschnittlicher Niederschlag

Wales / England

London

Bath

Lynton · Porlock

Stonehenge

Nationalpark Exmoor

Salisbury · Winchester

Canterbury

Charmouth

Dartmoor

Old Harry Rocks

Cornwall

Exmouth

Isle of Portland

Ärmelkanal

Land's End

FRANKREICH

(34) ENGLAND – EHRWÜRDIG, SPRITZIG, VERFÜHRERISCH

Alte Universitätsstädte, die sich wie charmant streitende Schwestern benehmen, alte Industriestädte, die wie Phönix aus der Asche gestiegen sind, und eine weite Landschaft mit sanften, grünen Hügeln erwartet den Reisenden in Mittel- und Nordengland.

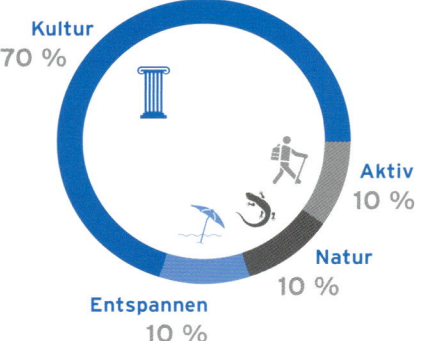

Kultur 70 %
Aktiv 10 %
Natur 10 %
Entspannen 10 %

[1] Der Blick über die Colleges von Oxford; die Radcliffe Camera, heute ein Lesesaal, im Vordergrund. [2] Eines der schönsten Museen Englands ist das Fitzwilliam-Museum (1816) in Cambridge. [3] Das Museum of Science and Industry ist ein Leuchtturm der Kulturmetropole Manchester. [4] Mit den Beatles (in Bronze) unterwegs in den Straßen ihrer Heimatstadt Liverpool.

[1]

Oxford – Studieren unter Türmen

Die »Stadt der träumenden Türme«, wie die alte Stadt an einer Ochsenfurt durch die Themse aufgrund ihrer besonderen Architektur auch genannt wird, ist das Synonym für Wissen, Lehre und Forschung. Die respekteinflößenden Bauten der seit 1249 entstandenen Colleges spiegeln die Traditionen einer ehrwürdigen Universitätsstadt. Nur nicht den Rasen im Innenhof betreten! Zu den schönsten Bauten gehören das Magdalen College und das Christ Church College sowie das Sheldonian Theatre und der Lesesaal in der Radcliffe Camera. Weniger bekannt ist Oxfords lange Geschichte als Industriestandort: Seit langem wird hier der »Mini« gebaut, allerdings heute in deutscher Regie.

Cambridge – Punts vor gotischer Kulisse

Es gibt 23 Brücken, inklusive der Seufzerbrücke des St. John's College, die fast alle über das Flüsschen Cam führen. Gondeln heißen hier Punts und werden gestakt, man kann sie mieten oder selber versuchen, sie vorwärtszubewegen. Cambridge hat 120 000 Einwohner, sein Herz bildet die Universität mit ihren 22 500 Studenten an 31 Colleges. Das berühmteste ist das King's College mit der gotischen Kapelle und dem musikalischen Chor. Die Universitätsbibliothek und das Trinity College stehen dem allerdings kaum nach. Nicht verpassen sollte man einen Besuch in der Kunst- und Antiquitätensammlung des Fitzwilliam-Museums. Den Zuckerhaushalt bringt ein leckeres Chelsea Bun der Traditionsbäckerei Fitzbillies ins Lot.

Birmingham – Dynamische Vielfalt

Die multiethnische Millionenmetropole ist von ihrem kolonialen Erbe und der industriellen Vergangenheit geprägt. Im 15. Jh. war die Stadt die Waffenschmiede Englands, später wuchsen dort Fabriken in großer Zahl und in atemberaubender Geschwindigkeit. Die Kanäle, einst für schmale Frachtkähne gebaut, sind eine Attraktion. Das historische Jewellery Quarter mit seinem Museum sowie der preisgekrönte Selfridge Store als Teil des Bullring-Einkaufszentrums spiegeln die Vielfalt der Stadt. Unbedingt probieren: Birmingham Balti, ein leckeres Currygericht!

Nottingham – Stelldichein mit Robin Hood

Die »Reise nach Jerusalem« führt nach Nottingham, denn so heißt der älteste Pub der Universitäts- und Industriestadt. Ursprünglich wurde Nottingham von Angelsachsen auf Sandsteinhöhlen

gebaut – heute kann man das alte Tunnelwerk besichtigen. Vom Castle Rock schweift der Blick über die Gassen, in denen sich eine lebendige Kunstszene eingenistet hat. Und mittendrin bewegt sich der Mann, dem Nottingham seine Bekanntheit und seine vielen Besucher verdankt. »Mein Nam' ist Robin Hood, dem du ein Pfand wohl nicht versagst.« Sein hartnäckiger Gegner, der Sheriff von Nottingham, ist allerdings nirgends zu sehen.

Niemals allein in Liverpool

Der Flughafen heißt »John Lennon«, das Motto ist »above us only sky«. (Nicht nur) bei schlechtem Wetter singen die Liverpudlians, wie die fast 500 000 Einwohner der Stadt heißen, »walk on through the rain (...) you'll never walk alone«. Fußball und Musik sind weltberühmte Facetten des UNESCO-Weltkulturerbes am Mersey River. In Anfield und im Goodison Park wird Fußball gespielt. In der Mathew Street, in der die Beatles groß wurden, spielt noch immer die Musik. »Drei Grazien« heißen die riesigen Gebäude bedeutender Reedereien am Pier Head; deren Dampfer befuhren einst die Weltmeere. Die Albert Docks nebenan wurden zu Restaurants und Museen umgebaut und die Tate Gallery zeigt Kunst der Moderne.

Lake District – Pfefferminz unter der Zunge

»The Lakes« wird der zum UNESCO-Welterbe gehörende Nationalpark genannt. Er weist in einer eindrucksvollen Berg- und Seenlandschaft die höchsten Erhebungen Englands auf, die sich wiederum in den mehr als 1000 Seen spiegeln. Als »die wildeste, kahlste und furchterregendste Landschaft« beschrieb Daniel Defoe sie, ideal zum Wandern, auf den 978 m hohen Scafell Pike und zu den alten Steinkreisen, oder für eine Bootsfahrt über Lake Windermere. Zur Stärkung hilft immer ein Kendal Mint – Edmund Hillary und Ernest Shackleton nahmen die Pfefferminzbonbons sogar mit auf ihre Expeditionen.

Metropole Manchester

Einst prägte die erfolgreiche Industriestadt den »Manchester-Kapitalismus«, dann kamen schwierige Zeiten in einem Moloch ohne ausreichend Arbeitsplätze. Heute hingegen bietet die boomende Großstadt eine der interessantesten Kulturszenen Europas. Im Hafenareal Salford Quay entstand das Kulturzentrum The Lowry. Futuristische Bauten und renovierte Backsteinfabriken säumen alte Industriekanäle. Mit dem Imperial War Museum hat Daniel Libeskind einen Komplex geschaffen, der architektonisch an »Scherben der Kriege« mahnt. Experimentelle Moderne trifft auf viktorianische Backsteinarchitektur.

York – Verführung aus Gotik und Schokolade

Die zweitgrößte gotische Kathedrale nördlich der Alpen, das »Minster« von York, ragt über die Snickelways, die engen Sträßchen der mittelalterlichen Altstadt und ihre Stadtmauer. Römer, Sachsen, Normannen, alle ließen sich hier nieder. Wer unter dem »Heart of Yorkshire«, dem monumentalen Westfenster der Kathedrale, seine große Liebe küsst, wird für immer mit ihr zusammenbleiben. Und dann könnte man in das größte Eisenbahnmuseum der Welt gehen. Dort steht ein Nachbau der ersten Lokomotive, »Rocket«. Oder man folgt dem süßen Pfad der Versuchung – York ist die britische Schokoladenstadt Nummer eins.

Unterschätzte Schönheit Yorkshire Dales

Vier Fernwanderwege durchziehen die oft felsige und karge, dann wieder liebliche, fruchtbare und hügelige Landschaft der Dales. Trockenmauern trennen die Felder, Schafe weiden auf den Hochflächen. Ist eines krank, könnte James Herriot aus »Der Doktor und das liebe Vieh«

vorbeikommen – die TV-Serie aus den 1970-ern hat hier gespielt. Verwunschene Wasserfälle und einsame Szenerien sind für Wanderer attraktiv. Die Kalksteinschluchten bei Malham gelten als die schwierigsten Kletterwände Englands. Nichts zum Klettern fand hingegen Maria Stuart, die in Bolton Castle gefangen gehalten wurde. Als Wanderproviant bietet sich Wensleydale-Käse an, der Lieblingskäse von Wallace & Gromit.

Der Zauber von Fountains Abbey

13 Mönche, die nach einem Streit ihre alte Heimat verließen, begannen 1132 mit dem Bau der Zisterzienserabtei. Mit Schafszucht wurden die Brüder wohlhabend, doch nach der Reformation verfiel die Anlage. Heute ist Fountains Abbey die besterhaltene Klosterruine Englands und gehört zum UNESCO-Welterbe. Die Reste des Mittelalters und der georgianische Studley Royal Water Garden aus dem 18. Jh. im idyllischen Flusstal des Skell verbreiten eine ganz besondere Stimmung. Einen Beitrag dazu leisten die Wasserspiele und der »Surprise View« über das Tal.

[1] Die malerischen Ruinen von Fountains Abbey im Landschaftspark Studley Royal. [2] Wegweiser durch York vor der stolzen gotischen Fassade des Münsters. [3] Wer diesen Blick über die sanften Hügel des Lake Districts genießen will, muss früh aufstehen.

INFOBOX

Beste Reisezeit

Nordenglands Klima ist von den nördlichen Breitengraden und vom milden Golfstrom beeinflusst. Die Jahrestemperaturen sind relativ ausgeglichen. Die meisten Besucher kommen in den trockeneren Sommermonaten. Im Westen regnet es deutlich mehr als im Osten. Im Herbst und Winter kann es neblig werden.

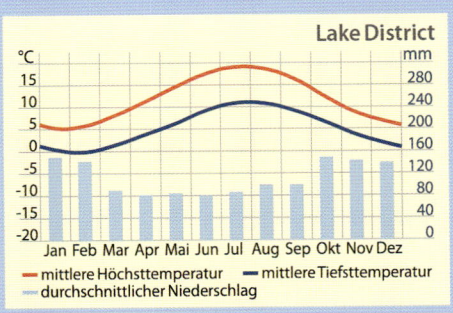

Lake District

°C / mm

mittlere Höchsttemperatur
mittlere Tiefsttemperatur
durchschnittlicher Niederschlag

Jan Feb Mar Apr Mai Jun Jul Aug Sep Okt Nov Dez

35 SCHOTTLAND – IM REICH DER HIGHLANDS

Ob Segeln, Angeln, Biken oder Wandern, Schottlands Norden bietet ein schier unerschöpfliches Reservoir an Aktivitäten. Prachtvolle Schlösser mit weiten Gartenanlagen begeistern genauso wie Aberdeen mit seinem Kulturangebot. Darauf einen Whisky: Slàinte mhath!

Aktiv 30 %

Unterwegs 10 %

Natur 30 %

Biken 10 %

Kultur 20 %

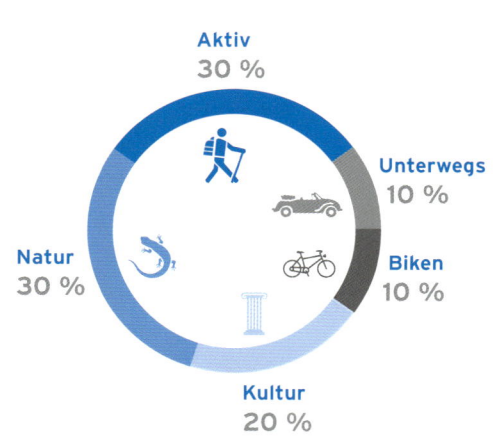

[1]

[2]

Shetland-Inseln – Weitab, doch nicht im Abseits

Ganz weit oben im Norden und damit Norwegen viel näher als Großbritannien – diese Nachbarschaft hat die Bewohner der Shetland-Inseln geprägt. Von den rund 100 Inseln sind nur 16 besiedelt. Schon seit Jahrtausenden haben sich hier Menschen niedergelassen, das belegen die archäologischen Funde des Jarlshof auf Mainland. Weitere prähistorische Orte wie der Old Scatness Broch oder Staneydale »Temple« liegen im Süden und Westen. Die Touristen kommen wegen der unberührten Natur, und wohl jeder kennt zwei Exportschlager: das Shetland-Pony und den Shetland-Pullover. Wen es im Januar hierhin verschlagen sollte, der sollte sich auf keinen Fall das Up-Helly-Aa-Fest in der Hauptstadt Lerwick entgehen lassen, bei dem nach altem Wikingerbrauch der Winter verabschiedet wird.

Duncansby Stacks – Immer Aussicht aufs Meer

Schottlands nördlichsten Ort auf dem Festland kann man auf einer geruhsamen Wanderung entlang der Küste erkunden. Der Weg zum kleinen Leuchtturm von Duncansby Head erlaubt immer wieder schöne Ausblicke auf die Nordsee und bei gutem Wetter auf die nahe gelegenen Orkney-Inseln. Die Landschaft ist überwiegend flach, Hochmoore und Heideflächen wechseln sich ab mit Viehweiden. Südlich liegen die Duncansby Stacks, faszinierend zerklüftete Felsformationen, die steil aus dem Wasser ragen. Mit etwas Glück kann man dort bunte Papageientaucher beobachten.

Uist – Abgelegenes Keltenland

Ganz im Nordwesten stemmen sich vor dem schottischen Festland die Äußeren Hebriden wie Bollwerke gegen die Wellen des Atlantiks. Die Inseln North und South Uist sind nur spärlich bewohnt und noch heute ein unberührtes Naturparadies, das seltenen Vogelarten Lebensraum bietet. Die Menschen haben ihre keltische Identität bewahren können, was wohl auch mit der abgelegenen Lage zu tun hat. Historisch Interessierte finden auf den Inseln Spuren aus der Bronze- und

der Wikingerzeit, aber auch den Geburtsort der schottischen Nationalheldin Flora MacDonald, die im 18. Jh. den Thronprätendenten Bonnie Prince Charlie rettete.

Dornoch/Dunrobin Castle – Der Schein trügt

Märchenhaft der Anblick des Dunrobin Castle, grausam dagegen die Geschichte, die sich dahinter verbirgt: Im Zuge der berüchtigten Clearances (Säuberungen), also der Vertreibung der schottischen Landbevölkerung durch englische Adlige, erwarb der Marquis of Stafford nicht nur den Herzogtitel von Sutherland, sondern auch riesige Ländereien, die ihn zu einem der größten Großgrundbesitzer Europas machen sollten. Das Schloss ist im edwardi-

[3]

anischen Stil eingerichtet, die von Versailles inspirierten Gartenanlagen erstrecken sich zum Meer. Ornithologen ist der 35 km entfernte Dornoch Firth ein Begriff: Dort nisten Abertausende Vögel, darunter Fischadler, Graugänse und Krickenten.

Loch Maree – Durch Wald und Wiesen

Am grandiosen Loch Maree gibt es gleich zwei schöne Wanderrouten. Der anspruchsvolle Mountain Trail führt über vier bis fünf Stunden durch dichte Wälder und kahle Hochebenen, der weniger anstrengende Woodland Trail verläuft

[4]

im Bereich der kaledonischen Kiefernwälder und ist auch für ungeübte Wanderer geeignet. Der Loch Maree mündet in den Loch Ewe und dieser wiederum in The Minch. Hier steht am nordöstlichen Ufer von Wester Ross einer der eindrucksvollsten Leuchttürme Schottlands, der Rua Reidh, wo man in den einstigen Personalunterkünften auch übernachten kann.

Panoramafahrt durch Torridon – Ausblicke überall

 Wer sich von der A896 aus Richtung Kinlochewe nähert, dem bietet sich

eine atemberaubende Aussicht auf das bis zu 1000 m hohe Torridon-Massiv. Geradezu winzig nehmen sich die Häuser des Örtchens Torridon am Fuß des Gebirges aus, das durch seine faszinierende Bergwelt und den tiefblauen Loch Torridon begeistert. Eine Fahrt durch dieses Mekka der Bergwanderer erlaubt immer wieder Blicke auf einige der schönsten Gipfel Großbritanniens, darunter Liathach, Bein Eighe oder Beinn Alligin. Vorsicht beim Fahren ist allerdings geboten: Viele Straßen sind nur schmale Single Track Roads, auf denen dem Gegenverkehr ausgewichen werden muss.

[5]

[1] Drollig und Liebling der Touristen: Papageientaucher auf Shetland. [2] Bizarr ragen die Duncansby Stacks aus dem Meer. [3] Mit 189 Zimmern das größte Wohngebäude der nördlichen Highlands: Dunrobin Castle. [4] Am Loch Maree lässt es sich gut wandern. [5] Majestätischer Anblick: der Liathach im Torridon-Massiv.

Isle of Skye – Die schöne Nebelinsel

Die größte Insel der Inneren Hebriden ist durch eine Brücke mit dem schottischen Festland verbunden. Ihre atemberaubende Landschaft zieht vor allem viele Wanderer an, die im nördlichen Quiraing-Massiv oder in den Black Cullins die eindrucksvollen Felsformationen bewundern können. Im Nordosten, rund 13 km nördlich der Inselhauptstadt Portree, steht auf der Trotternish-Halbinsel der 49 m hohe Basaltmonolith Old Man of Storr. Etwas weiter nördlich stürzen die 40 m hohen Mealt Falls über den Klippenrand direkt ins Meer. Der nahe Basaltfelsen Kilt Rock hat seinen Namen aufgrund seiner Ähnlichkeit mit dem Schottenrock. Blockbuster-Filme und Musikvideos haben Skye als Filmkulisse populär gemacht.

Strathglass und Loch Ness – Genuss mit Ungeheuer

In der Nähe von Inverness locken gleich drei Täler: Glen Strathfarrar, Glen Cannich und Glen Affric. Besonders die beiden letzten verzaubern Besucher durch ihre Kombination aus Bergen, Wäldern, Flüssen und Wasserfällen. Überwältigt einen im abgelegenen Glen Cannich das Gefühl der Einsamkeit, so genießt man bei einer Wanderung um den Loch Affric die Aussicht auf den See und die Berge ringsum. Hier führt auch der Affric Kintail Way vorbei, ein Fernwanderweg von Drumnadrochit am Loch Ness bis nach Morvich in der Region Kintail. Natürlich kommt man auch an Schottlands berühmtestem Monster nicht vorbei: Nessie treibt sich seit Langem in Loch Ness herum, bereits im Jahr 563 soll der heilige Columban dem Seeungeheuer begegnet sein. Aber erst ein Zeitungsartikel verhalf diesem 1933 zu Weltruhm.

Aberdeen – Fotogenes Mittelalter

Schottlands drittgrößte Stadt mit 217 000 Einwohnern gilt als die britische Ölhauptstadt, doch sie hat mehr zu bieten: Im Norden liegt das mittelalterliche Old Aberdeen an der Don-Mündung mit Universität, Kathedrale und kopfsteingepflasterter Altstadt. Im Süden prägen im moderneren Teil an der Dee-Mündung Museen wie das Maritime Museum oder die Aberdeen Art Gallery das Stadtbild um den Hafen. Südlich der Stadt liegt Stonehaven, einst ein Fischerort, heute ein netter Jachthafen. Ganz in der Nähe sitzt auf einem mächtigen Felsen eine der meistfotografierten Burgruinen Schottlands, Dunnottar Castle. Naturfreunde lockt die Lunan-Bucht mit 3 km langem feinsandigem Strand.

Grampian Mountains – Aktivurlauber unter sich

Die Grampians sind ein ideales Revier für Outdoor-Fans, egal, ob sie wandern, Ski fahren, angeln oder Mountainbike fahren. Auf der A9 gelangt man von Süden her gut in die Berge und zum Cairngorm National Park mit der Hochgebirgsregion östlich von Aviemore. Eine hypermoderne Schienenseilbahn, die Cairngorm Railway, bringt die Besucher zum höchstgelegenen Café Großbritanniens unterhalb des 1245 m hohen Cairn Gorm. Wer es sportlicher möchte, versucht sich an der klassischen Mountanbike-Route, die in Blair Atholl beginnt. In der Nähe befinden sich einige reizende Lochs, darunter Loch Morlich mit einem der schönsten Strände Schottlands. Loch an Eilein lockt die Besucher wegen seiner kleinen Burgruine auf einer Insel mitten im See.

[1]

[2]

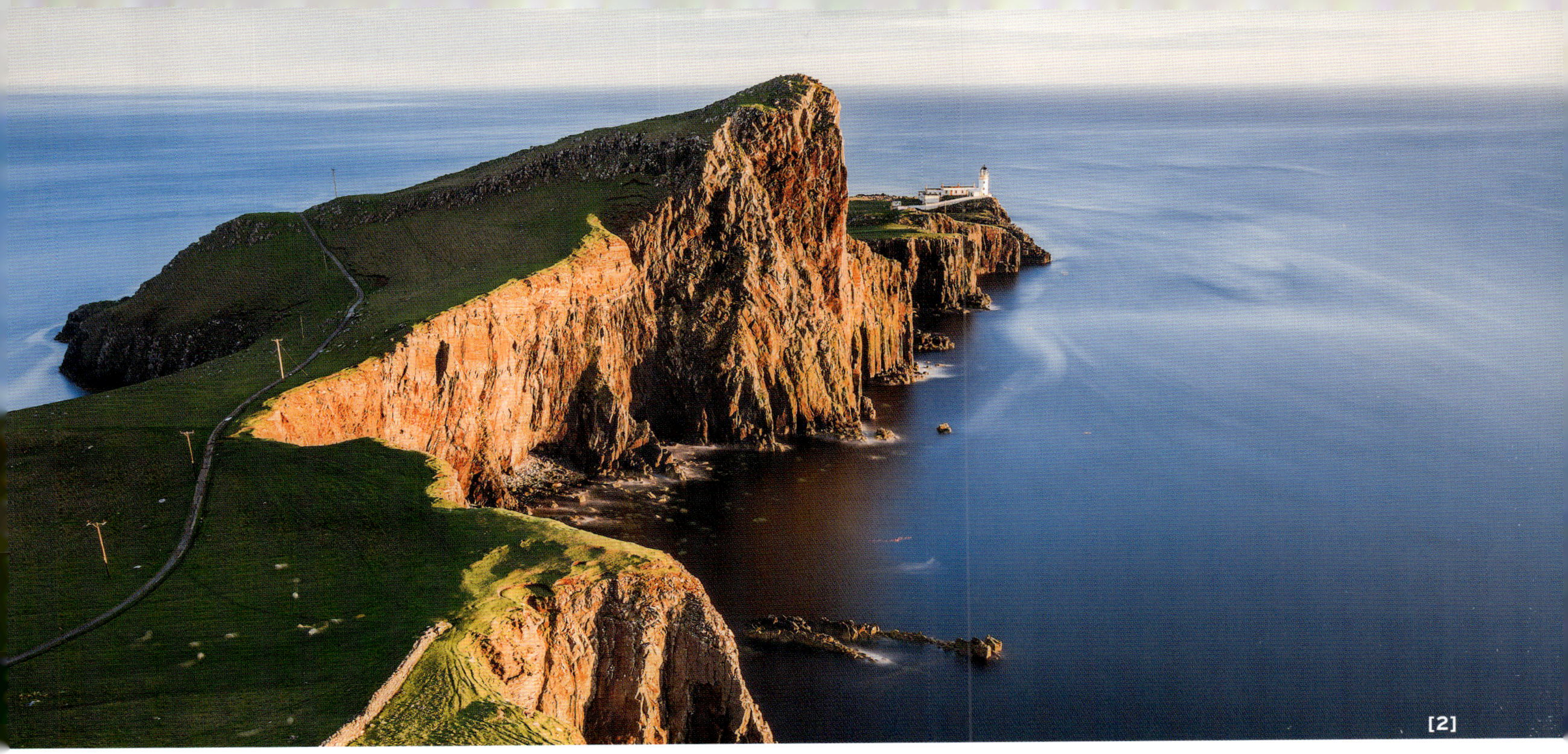

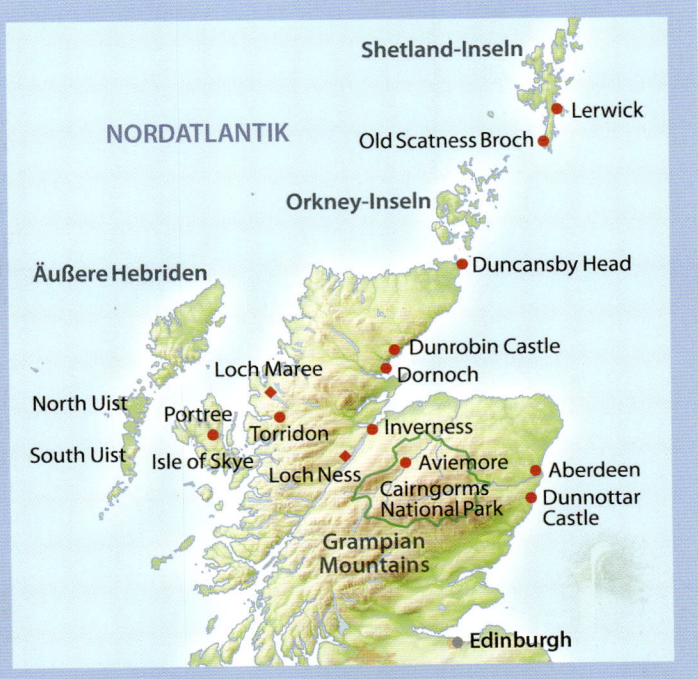

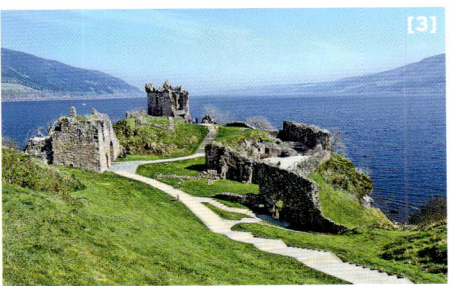

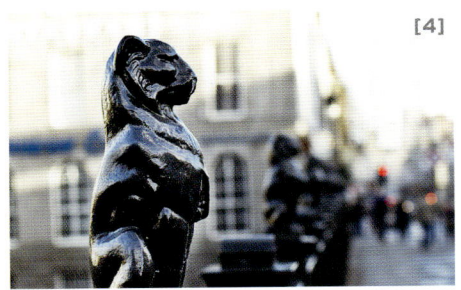

[1] Der Wasserfall Buachaille Etive Mor in den Grampians. [2] Licht am Ende des Weges: der Leuchtturm am Neist Point auf der Isle of Skye. [3] Filmkulisse: Ruinen des Urquhart Castle am Loch Ness. [4] Stets wachsam: Kelly's Cat auf der Union Bridge in Aberdeen.

[3]

[4]

INFOBOX

Beste Reisezeit

Das schottische Wetter ist bekanntlich wechselhaft, in den westlichen Highlands kann man alle vier Jahreszeiten an einem Tag erleben. Dank des Golfstroms herrscht ein eher gemäßigtes ozeanisches Klima, generell muss aber immer mit Regen gerechnet werden. Die wärmsten Monate sind Juli und August, die sonnigsten Mai und Juni.

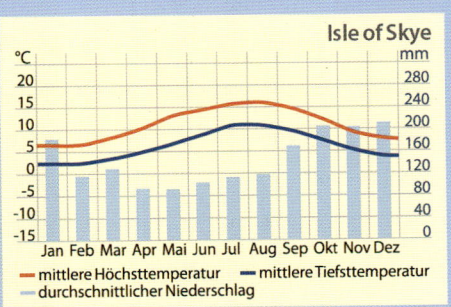

Isle of Skye
°C
20
15
10
5
0
-5
-10
-15
mm
280
240
200
160
120
80
40
0
Jan Feb Mar Apr Mai Jun Jul Aug Sep Okt Nov Dez
mittlere Höchsttemperatur
mittlere Tiefsttemperatur
durchschnittlicher Niederschlag

Shetland-Inseln
Lerwick
NORDATLANTIK
Old Scatness Broch
Orkney-Inseln
Duncansby Head
Äußere Hebriden
Dunrobin Castle
Loch Maree
Dornoch
North Uist
Portree
Torridon
Inverness
South Uist
Isle of Skye
Aviemore
Aberdeen
Loch Ness
Cairngorms National Park
Dunnottar Castle
Grampian Mountains
Edinburgh

SCHOTTLAND – GENUSS DER LOWLANDS

Wer bei Schottland nur an die Highlands denkt, dem entgeht einiges: Überall im Süden begegnet dem Besucher eine große kulturelle Vielfalt. Sei es das altehrwürdige Edinburgh, das moderne Glasgow oder das geschichtsträchtige Stirling.

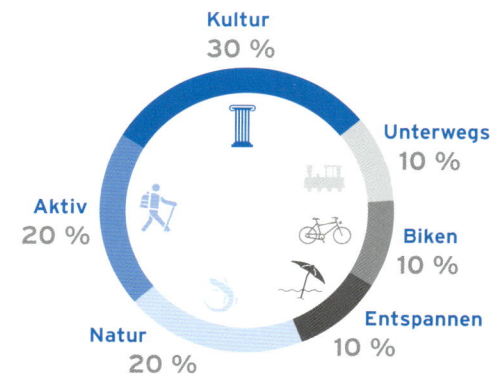

Kultur 30 %
Unterwegs 10 %
Aktiv 20 %
Biken 10 %
Natur 20 %
Entspannen 10 %

[1] Wie Rom auf sieben Hügeln erbaut: Edinburgh. [2] Prächtige Farbenspiele auf Arran am Firth of Clyde. [3] Die Solway Coast lässt sich gut mit dem Rad »erfahren«. [4] Kunstinstallation in der Kelvingrove Art Gallery in Glasgow.

[1]

Solway Coast - Liebliche Lowlands

🚲 Die Solway Coast ist eine beliebte Ferienregion. Die rund 100 km lange Strecke zwischen Southerness Point bei Dumfries und Isle of Whithorn an einem der südlichsten Punkte Schottlands eignet sich gut für eine Radtour. Hier erlebt man die schottischen Lowlands von ihrer lieblichen Seite, es geht vorbei an kleinen Ortschaften, Wiesen, Weideflächen und Trockenmauern. Besonders hübsch ist das Städtchen Kirkcudbright mit seinen denkmalgeschützten georgianischen Gebäuden. Weiter geht es nach Wigtown, Schottlands erster offizieller Buchstadt mit mehr als 20 Buchläden. Ein Stück weiter westlich verläuft zwischen Port Carlisle und Newcastle upon Tyne der römische Hadrianswall, die einstige Grenze zwischen England und Schottland.

Firth of Clyde - Schottland im Kleinformat

✈ Am Firth of Clyde liegen mit Arran, Kintyre und Islay drei zu Recht beliebte Reiseziele Schottlands. Arrans enorme landschaftliche Vielfalt reicht von hohen Bergen, prachtvollen Rhododendronwäldern, weiten Glens und Lowlands bis hin zu weißen Sandstränden. Auf dem Taste of Arran Trail kann man die kulinarischen Leckereien der Insel probieren – Arran-Käse, das zarte Fleisch der Angus-Rinder und der Blackface-Schafe oder ein kühles Bier aus der Arran Brewery, nicht zu vergessen den Whisky der Arran Distillery. Der Single Malt Whisky von Islay dagegen besticht durch seinen außergewöhnlich torfigen Geschmack.

Junge Powerstadt Glasgow

🏛 Aus dem einstigen Aschenputtel ist eine stolze Schönheit geworden: Glasgow hat sich zu einer Kultur- und Designmetropole mit einer aufregenden Nightlife-Szene entwickelt. Kunst wird großgeschrieben – das zeigen Glasgow Art Gallery and Museum, die Hunterian Art Gallery, Burrell Collection und Glasgow School of Art. Am Clyde River sind mit dem Scottish Exhibition and Conference Centre (SECC) postmoderne Gebäude von namhaften Architekten entstanden. Besucher zieht es aber auch in die Buchanan Street, längste Einkaufsstraße des Königreiches jenseits von London, und in die hervorragenden Restaurants, Pubs und Clubs.

Kultur- und Festivalmekka Edinburgh

🏛 Mitten im Zentrum von Schottlands Hauptstadt thront auf einem Felsen die meistbesuchte Attraktion des Landes: Edinburgh Castle markiert den Höhepunkt der Royal Mile, die zum Palace of Holyroodhouse führt. Dort befindet sich auch das moderne Parlamentsgebäude. Wer sich einen Überblick verschaffen will, geht zum Arthur's Seat oder zum Carlton Hill. Von dort schweift der Blick über die altehrwürdigen Gemäuer der Old Town und die georgianisch geprägte New Town mit ihrer eleganten Mischung aus Boulevards, Squares und Stadtvillen. Nicht weit ist es zu den Kunsttempeln Scottish National Gallery, Scottish Gallery of Modern Art und Scottish National Portrait Gallery. Edinburgh ist auch weltberühmt für seine Festivals wie das International Festival und das Fringe Festival.

Stirling Castle - Glanz vergangener Tage

🏛 In Schottlands alter Königsstadt wurden im Umkreis der Burg Schlachten im Kampf für die Unabhängigkeit geschlagen. Gleich zwei Nationalhelden besiegten hier die Engländer: William Wallace 1297 und Robert the Bruce 1314. Die »Sterlings« – Silbermünzen, die der schottische König Alexander I. im 12. Jh. prägen ließ – standen Pate für das Pfund Sterling, die britische Währung. Auf dem Weg zum Stirling Castle aus dem 15. Jh. erklimmt man idyllische Gassen, von oben genießt man die wunderbare Aussicht ins Umland.

Loch Lomond - Tor zu den Highlands

🥾 Schottlands größter See nördlich von Glasgow, nach Sir Walter Scott die »Königin der Seen«, ist Teil des Loch Lomond and The Trossachs National Park. Wie ein Keil ragt das Gewässer von den Lowlands in die Highlands hinein; hier lässt sich der abrupte Übergang von den lieblichen Landschaften im Süden zur unwirtlichen Gebirgswelt des Nordens erkennen. In dem bewaldeten Glen der Trossachs wurde der Hollywoodfilm »Rob Roy« an Originalschauplätzen gedreht. Am Ostufer des Loch Lomond führt der beliebteste Wanderweg des Landes vorbei: Der West Highland Way verläuft auf über 152 km von Balmaha über Rowardennan nach Inversnaid.

Loch Tay - Im Bann des Wassers

Loch Tay ist eines der größten Wassersportzentren Schottlands. Der 24 km lange und bis zu 2,5 km breite See, an dessen Nordufer sich der mächtige Ben Lawers erhebt, wird vom Fluss Dochart gespeist, der sich am Westende bei Killin über die Falls of Dochart in den See ergießt. Es gibt nur wenige Zugänge zum See, mehrere Wanderwege und ein Naturlehrpfad starten im Gebirge am Besucherzentrum der Ben Lawers National Nature Reserve. Südlich von Kenmore wurde ein Rundbau aus der Jungsteinzeit, ein sogenannter »crannóg«, nachgebaut.

Glen Coe - Tal der Tränen

Ob Highlander, Braveheart, Rob Roy, James Bond oder Harry Potter – sie alle verbindet ein Schauplatz: Glen Coe, eines der eindrucksvollsten Täler der schottischen Highlands. Die atemberaubende Schönheit der Berglandschaft, zur Rechten flankiert von den drei Gipfeln des Bidean nam Bian, zur Linken von den Three Sisters, faszinierte schon Königin Victoria. Im historischen Bewusstsein der Schotten spielt das »Tal der Tränen« aber auch noch eine andere Rolle. Dort wurden Ende des 17. Jh. auf Befehl der englischen Krone die Mitglieder des McDonald-Clans grausam von Regierungssoldaten ermordet, nachdem diese zehn Tage lang deren Gäste gewesen waren.

Glen Shiel - Schottland aus dem Bilderbuch

Mehr Schottland geht nicht: Glen Shiel ist nicht nur der historische Schauplatz einer Schlacht gegen die Spanier aus dem 18. Jh., es erfüllt mit seinen teils bewaldeten Hängen und majestätischen Gipfeln auch sämtliche Klischees eines schottischen Tals. Dort versteckte sich der Thronprätendent Charles Edward Stuart, ein großer Felsbrocken namens »Prince Charlie's Stone« am südwestlichen Hang des Sgúrr na Ciste Duibhe erinnert daran. Wanderer zieht es zu den Five Sisters of Kintail, nirgendwo sonst kann man in den Highlands so viele Gipfel an einem Tag besteigen.

Im Zauberzug durch die Highlands

Für Eisenbahnfans ist die Strecke »Road to the Isles« eine der schönsten der Welt. Die historische Dampfeisenbahn »The Jacobite« verkehrt zwischen Fort William und Mallaig auf einem Teilabschnitt der West Highland Line und passiert dabei das Glenfinnan-Viadukt – weltberühmt geworden durch die »Harry Potter«-Filme. Wie der Hogwarts-Express überquert man die bis zu 30 m hohen Bögen und genießt eine herrliche Aussicht auf den Loch Shiel und die Berge. Doch auch auf dem Rest der Strecke von Glasgow nach Oban bieten sich dem Bahnreisenden unvergessliche Eindrücke.

[1]

[1] Abendstimmung am Loch Tay. [2] Die Five Sisters of Kintail im Glen Shiel sind ein Bergsteigerparadies. [3] Einsame Wanderfreuden im Loch Lomond and The Trossachs National Park. [4] Schon Harry Potter fuhr über das atemberaubende Glenfinnan-Viadukt.

INFOBOX

Beste Reisezeit

Schottlands Westküste weist mehr Niederschlag auf als die Ostküste, Dauerregen ist allerdings eher selten. Der Einfluss des Golfstroms ist hier deutlicher zu spüren, was sich in den Temperaturen niederschlägt. Die großen Städte sind im Juli/August am meisten besucht, hier locken die vielen Kulturevents und Festivals Gäste aus aller Welt.

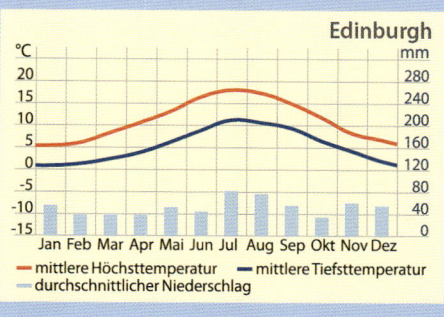

Edinburgh

mittlere Höchsttemperatur
mittlere Tiefsttemperatur
durchschnittlicher Niederschlag

IRLAND – SPEKTAKULÄR, ROMANTISCH, MODERN

(37)

Steile Klippen wechseln sich an der Küste mit weißen Sandstränden ab, dazwischen seenreiche Moorgebiete und karges Bergland. Der Nordwesten Irlands trägt ein vielfältiges Landschaftsbild. Einmalige Küstenlandschaften weist auch Nordirland auf, dessen Hauptstadt Belfast neuen Optimismus ausstrahlt.

Natur
30 %

Biken
10 %

Unterwegs
10 %

Kultur
30 %

Aktiv
20 %

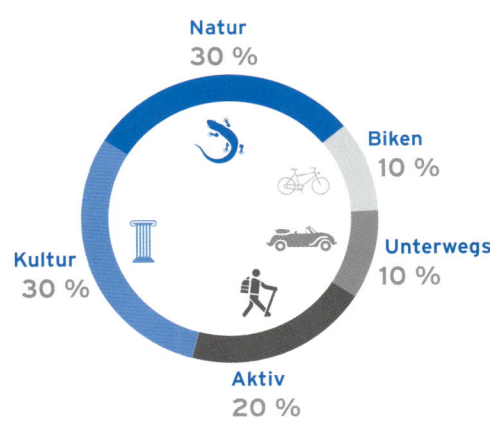

Cliffs of Moher – Am Rande des Abgrunds

Die mehr als 200 m in die Tiefe abfallenden Steilklippen gehören zweifellos zu den Hauptattraktionen an der Westküste Irlands. Entsprechend groß ist der Andrang. Vom neuen Besucherzentrum aus führen gut ausgebaute und gesicherte Wege bis fast an den Rand der aus vielen Schichten aufgebauten, fossilienreichen Klippen. Ungestörter Wandern kann man auf den beiden letzten Etappen des Fernwanderwegs Burren Way, der vom Fischerort Doolin, einer Hochburg der traditionellen irischen Musik, auf dem Coastal Path über die Cliffs of Moher bis zum Surfermekka Lahinch führt. Spektakuläre Aussichten bieten sich vom O'Brien's Tower und von Hag's Head.

Steinsteppe Burren

Karg und abweisend wirkt die kahle Steinsteppe, die sich im Hinterland der Cliffs of Moher erstreckt. Der Burren ist eine einzigartige Karstlandschaft mit einer spärlichen, aber artenreichen Vegetation. Das im Regenwasser gelöste Calciumcarbonat hat das Kalksteinplateau in einzelne Rechtecke, Karren, gegliedert – eine schwer zugängliche Landschaft. Im Untergrund haben Flüsse ein weit verzweigtes Höhlensystem geschaffen. Einige Steinplatten wurden in der Jungsteinzeit zum Bau von Steinsetzungen genutzt, darunter der fotogene Dolmen von Poulnabrone. Nach so vielen Steinen verführt eine kleine Schokoladenfabrik am Nordrand die Besucher zum Naschen.

Galway – Romantisch und tragisch

Die Hafen- und Universitätsstadt Galway ist das wirtschaftliche und kulturelle Zentrum des Westens. Ein romantischer Spaziergang am Corrib führt den Besucher in die lebhafte Stadtmitte mit schmalen Gassen und mächtigen Bauwerken. Lynch's Castle erinnert an den ehemaligen Bürgermeister James Lynch, der den eigenen Sohn zum Tode verurteilte und das Urteil auch selbst vollstreckte. Der Corrib entströmt

dem zweitgrößten See Irlands, dem Lough Corrib im Norden von Galway. Eine schmale Landzunge trennt ihn vom Lough Mask. Am Nordufer steht das mächtige Ashford Castle, heute ein Luxushotel, unweit davon liegen die Ruinen der Cong Abbey (12. Jh.).

Aran-Inseln – Grün mit Steinrand

Geologisch gesehen sind die drei kargen Kalksteininseln in der Galway-Bucht eine Fortsetzung des Burren. Alte Steinforts, dramatisch am Klippenrand erbaut, beweisen, dass Inishmore, Inish-

maan und Inisheer bereits in der Eisenzeit besiedelt waren. Die ersten christlichen Klosteranlagen gehen ins 5. Jh. zurück. Kleinparzellige, von Steinmauern umgebene Felder prägen die Landschaft. Von Galway und Doolin aus steuern Fähren die Inseln an. Inishmore, die größte Insel, lässt sich mit Bus, Pferdekutsche, Mountainbike oder zu Fuß erkunden. Eine Kooperative auf Inishmaan fertigt die berühmten Aran-Pullover mit dem klassischen Zopfmuster.

Connemara – Irland im Kleinen

 Connemara, für viele Besucher der Inbegriff der irischen Landschaft

[1] Der Dolmen Poulnabrone wurde vor mehr als 5000 Jahren im Burren errichtet.
[2] Auch auf den Aran-Inseln sind Esel neugierig auf Besucher. [3] Über mehr als 8 km erstrecken sich die Cliffs of Moher im County Clare. [4] Herzliche Einladung ins Latin Quarter von Galway, der Kulturhauptstadt Europas 2020 [5] Das Schiff ist in rauer See vor der Aran-Insel Inisheer gestrandet.

mit weiten Mooren, einsamen Seen und kahlen Bergen, umfasst den südwestlichen Teil der historischen Provinz Connacht. Auch im Nationalpark wird noch der traditionelle Brennstoff Torf gestochen und ein rauchiger Whiskey gebrannt. Halbwilde Connemara-Ponys durchstreifen die Deckenmoore. Im hübschen Clifden findet im August der Ponymarkt statt. Killarney Harbour, Irlands einziger Fjord, bildet die nördliche Grenze von Connemara. Noch weiter im Norden erhebt sich der Croagh Patrick, Irlands heiliger Berg. Besonders gläubige Pilger – oder Büßer – erklimmen den 765 m hohen Berg am letzten Sonntag im Juli barfuß.

Atlantic Drive auf Achill Island

Achill, mit 146 km² die zweitgrößte Insel Irlands, ist über eine Drehbrücke mit dem irischen Festland verbunden. Heinrich Böll hatte in den 1950er- und 1960-er Jahren ein Cottage auf der Insel, das nun Kunststipendiaten zur Verfügung steht. Heute kommen die Besucher zum Baden und Surfen an die abgeschiedene Keem Bay oder den langen Keel Beach. Eine Hauptattraktion ist der 40 km lange Atlantic Drive. Die atemberaubende Küstenstraße ist eine Herausforderung

für Rad- und Autofahrer. Aussichtspunkte, wie der 466 m hohe Gipfel von Minaun Heights, gewähren einen grandiosen Blick über die weitgehend mit Mooren und Heide bedeckte Insel.

Donegal – Zwischen Gräbern und Klippen

Ganz in der Nähe von Sligo, der größten Stadt im Nordwesten, liegt zwischen dem markanten Benbulben und dem Meer der kleine Ort Drumcliff. Er ist bekannt für sein berühmtes Hochkreuz und das Grab des Dichters William Butler Yeats. Weit über 80 Gräber, allerdings aus der Steinzeit, gruppieren sich im Gräberfeld von Carrowmore. Ein guter Startpunkt für Ausflüge in die Umgebung ist Donegal, dessen hübsche Häuser sich um den Diamond gruppieren. Bei Magee kann man handgewebten Donegal-Tweed erwerben. Eine Panoramastraße führt über den Fischereihafen Killybegs zu den Klippen von Slieve League. Mehr als 600 m fallen sie steil hinab ins Meer, ein atemberaubender Anblick. Weiter im Westen finden sich bei Glencolumbkille frühchristliche Steinsäulen mit piktischen Symbolen und ein Freilichtmuseum.

Seerunde im Glenveagh-Nationalpark

Dichte Eichen- und Birkenwälder, ausgedehnte Moorgebiete und kahle Berggipfel, dazwischen Seen – Kennzeichnen des Glenveagh-Nationalparks. Inmitten unberührter Landschaft wurde im 19. Jh. am Lough Veagh das romantische Glenveagh Castle mit viktorianischem Park errichtet. Das nahe Besucherzentrum ist Ausgangspunkt für eine fünfstündige Wanderung um den See entlang dichter Rhododendronhecken bis zum Wald von Mullangore. Ein steiler Pfad führt zu kahlen Bergrücken, auf denen man über den See bis zur Küste blickt.

Naturwunder Giant's Causeway

Die »Damm des Riesen« genannte Ansammlung von bis zu 15 m hohen sechseckigen Basaltsäulen an der Nordküste von Nordirland gehört zu den spektakulärsten Naturwundern der Insel. Vor 60 Millionen Jahren hat sich hier eine mächtige Basaltlavaschicht über eine Kalkformation ergossen. Beim Abkühlen bildeten sich Schrumpfungsrisse und durch Verwitterung die ebenmäßigen Basaltsäulen, um die sich viele Sagen ranken. Malerische Küstenabschnitte führen zum gewagt am Klippenrand errichteten Dunluce Castle – der Küchentrakt ist schon im Meer versunken – und nach Bushmills. Dort wird ein unter Kennern geschätzter Whiskey gebrannt.

Belfast im Aufbruch

Nach dem Ende der »Troubles« genannten bürgerkriegsähnlichen Zustände hat sich die Hauptstadt Nordirlands zu einer lebendigen Metropole entwickelt. Eine individuelle und informative Art, die Sehenswürdigkeiten kennenzulernen, sind die Black-Taxi-Touren. Die Fahrer stoppen nicht nur an der mächtigen City Hall oder der anglikanischen Kathedrale mit der 54 m hohen Edelstahlspitze »Spire of Hope«, sondern auch an der Falls Road und der Shankill Road, ehemaligen Brennpunkten des Bürgerkriegs, die durch die »Friedenslinie« getrennt sind. Ein neues Highlight ist die in einem kühnen Museumsneubau untergebrachte »Titanic Experience«. Der »Crown Liquor Saloon« ist der vielleicht schönste Pub ganz Irlands.

[1]

[2]

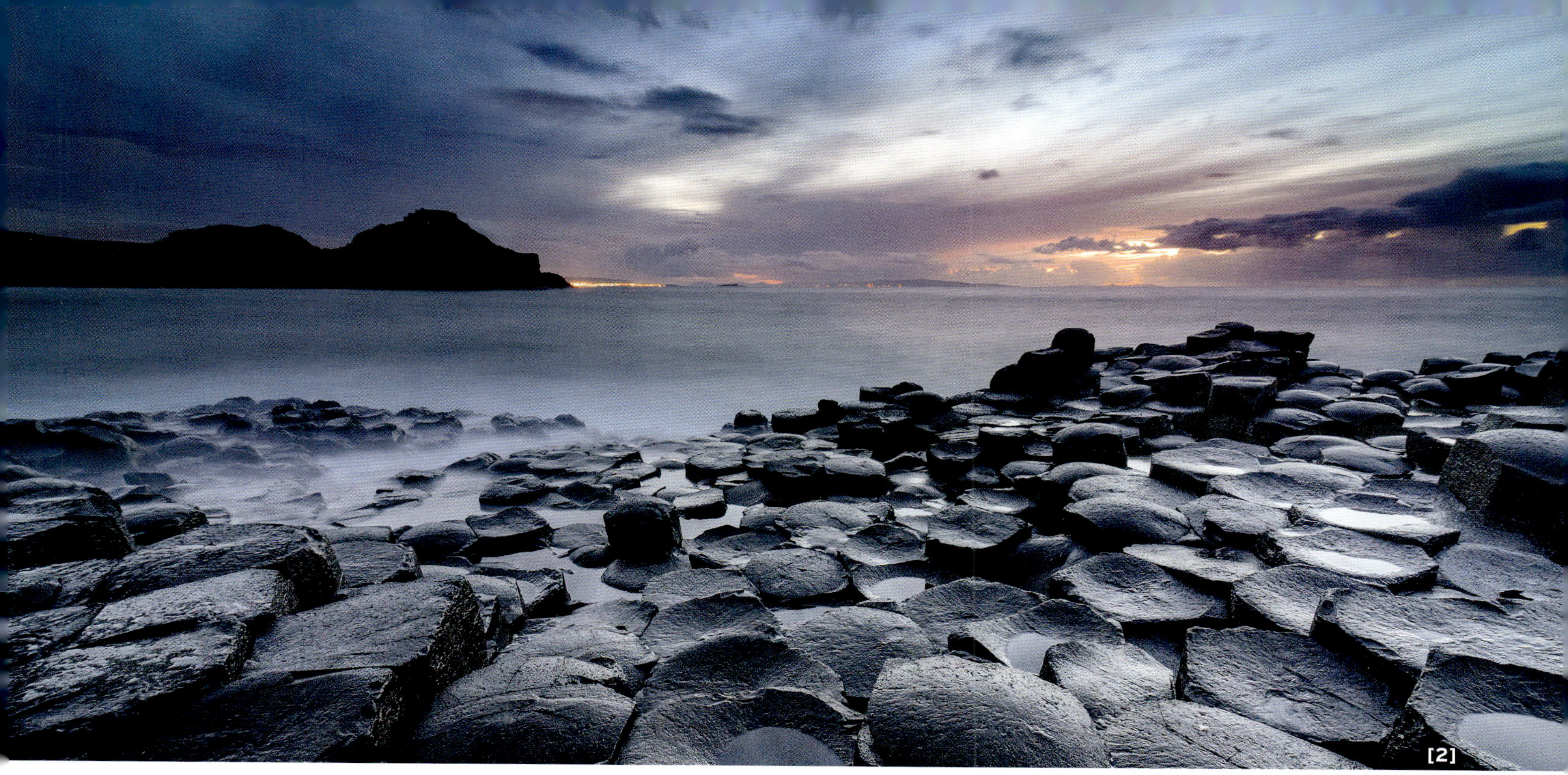

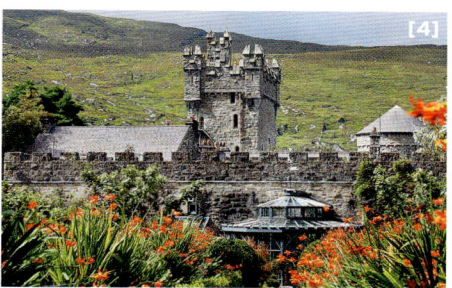

[1] Vom höchsten Punkt der Slieve-League-Halbinsel geht der Blick Richtung Bunglas. [2] So einsam erlebt man den Giant's Causeway nur bei Sonnenuntergang. [3] Das imposante Titanic-Museum steht auf dem Gelände der Werft Harland and Wolf in Belfast. [4] Montbretien wachsen überall in Irland, auch im Garten von Glenveagh Castle.

[3]
TITANIC

[4]

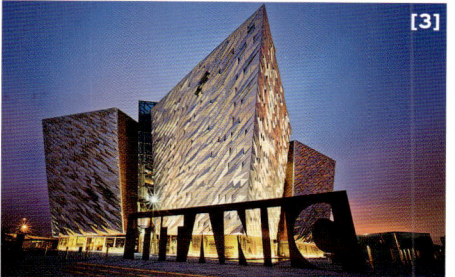

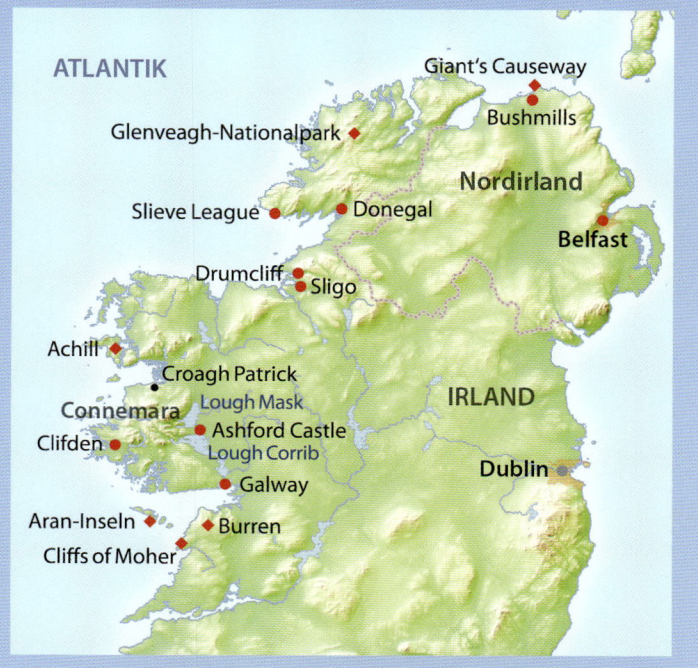

INFOBOX

Beste Reisezeit

Der Golfstrom sorgt für ein maritimes, ganzjährig feuchtes und mildes Klima. Die Niederschläge nehmen von Westen nach Osten leicht ab. Mai und Juni sind die sonnigsten Monate, Hochsaison ist von Juni bis Ende August. Regenkleidung gehört immer ins Gepäck.

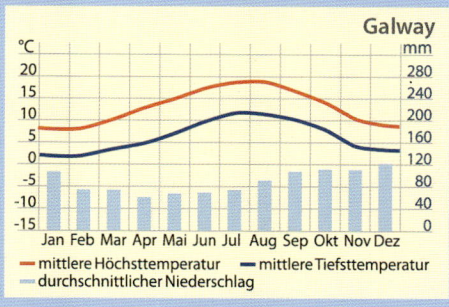

Galway
°C
mm
20 15 10 5 0 -5 -10 -15
280 240 200 160 120 80 40 0
Jan Feb Mar Apr Mai Jun Jul Aug Sep Okt Nov Dez
mittlere Höchsttemperatur
mittlere Tiefsttemperatur
durchschnittlicher Niederschlag

ATLANTIK
Giant's Causeway
Bushmills
Glenveagh-Nationalpark
Nordirland
Slieve League
Donegal
Belfast
Drumcliff
Sligo
Achill
Croagh Patrick
IRLAND
Lough Mask
Connemara
Ashford Castle
Clifden
Lough Corrib
Dublin
Galway
Aran-Inseln
Burren
Cliffs of Moher

38 IRLAND – ALT UND NEU, SANFT UND ZACKIG

Von Dublin, der lebhaften Hauptstadt der Republik Irland, spannt sich der Bogen zu dramatischen Küstenlandschaften und sanften Hügelländern im Südwesten. Dazwischen überraschen Zeugnisse aus der Steinzeit, frühchristliche Monumente und mittelalterliche Städtchen.

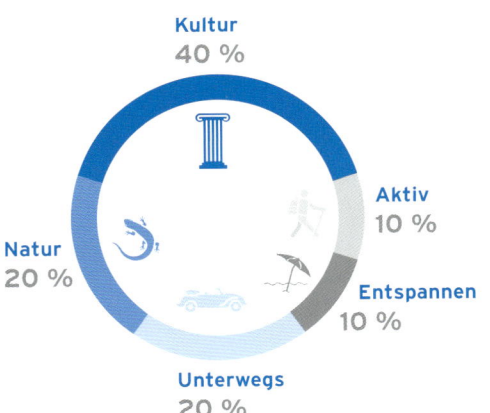

Kultur
40 %

Aktiv
10 %

Entspannen
10 %

Unterwegs
20 %

Natur
20 %

[1] Das Knowth Woodhenge wurde unter Verwendung von 33 prähistorischen Pfostenlöchern rekonstruiert. [2] Der Rock of Cashel ist die Akropolis Irlands. [3] In Dublins Viertel Temple Bar wird in traditionellen Pubs gern ausgiebig gefeiert. [4] Nicht nur in der Adventszeit verführt der English Market in Cork.

[1]

Quirliges Dublin

Irlands lebendige Metropole lockt mit einer Fülle von Sehenswürdigkeiten zu beiden Seiten des von vielen Brücken überspannten Liffey. Im Trinity College kann man Handschriftenpreziosen, allen voran das »Book of Kells«, und den Long Room der alten Bibliothek bewundern. St. Patrick's und Christ Church sind die beiden mittelalterlichen Kathedralen der Stadt. Bei einem Spaziergang um den Merrion Square stechen die bunten Dublin Doors in Auge. William Butler Yeats und Oscar Wilde haben dort gewohnt. Im Norden von Dublin liefert das James Joyce Centre Wissenswertes über den berühmtesten Schriftsteller der Stadt. Den Abend in einem Singing Pub im Szeneviertel Temple Bar ausklingen lassen oder in einem Restaurant im stylishen Dockland-Quartier – die Wahl fällt schwer.

Steinzeit in Brú na Bóinne

Nördlich von Dublin stehen im Tal des Boyne gewaltige Grabanlagen. Die jungsteinzeitlichen Kultstätten sind im Rahmen von Führungen für Besucher geöffnet. Das von einem künstlichen Grashügel bedeckte Ganggrab von Newgrange zählt zu den bedeutendsten Megalithbauwerken der Welt. Das etwa 1 km entfernte Knowth besteht aus einem Haupthügel und 20 kleineren Satellitenanlagen. Reich verzierte Randsteine umgeben die Grabhügel. Die älteste Anlage des Brú-na-Bóinne-Komplexes ist das Ganggrab von Dowth. Weitere geschichtsträchtige Highlights im Tal des Boyne sind der uralte Königshügel von Tara, Trim Castle, eine normannische Burgruine (12. Jh.) und die Klosterruine Monasterboice (11. Jh.).

Wicklow Mountains - Klosterruine und alter Bergbau

Die Wicklow Mountains südlich von Dublin sind eine einsame Gebirgslandschaft mit waldreichen Tälern und kleinen Seen. Ausgangspunkte für Wanderungen sind das Besucherzentrum des Wicklow-Mountains-Nationalparks und die alte Klostersiedlung Glendalough im »Tal der zwei Seen«. Die Klosterruine aus dem 11. Jh. mit dem 33 m hohen Rundturm und der kleinen Kapelle erinnert als Wallfahrtsort an den heiligen Kevin. Ältester Fernwanderweg Irlands ist der 132 km lange Wicklow Trail. Abraumhalden und verlassene Stollen sind letzte Spuren des bis ins 20. Jh. betriebenen Bergbaus auf Blei, Eisen und Zink.

Mittelalterliches Kilkenny, legendärer Rock of Cashel

Die von Normannen gegründete Stadt Kilkenny im Inselinneren hat ihr mittelalterliches Stadtbild bewahrt. Über den verwinkelten Gassen, den ge-

[2]

drungenen Steinhäusern und der beeindruckenden St. Canice's Cathedral thront das wuchtige Kilkenny Castle. In dessen ehemaligen Stallungen wird irisches Kunsthandwerk hergestellt und angeboten. Kilkenny ist ein Zentrum des irischen Nationalsports Hurling. Ein Nationalheiligtum ist der legendäre Rock of Cashel. Seit dem 4. Jh. ist der monolithische Felsen bewohnt. Imposante Bauwerke sind der Rundturm, die romanische Cormac's Chapel sowie die Ruinen der gotischen Kathedrale und der Bischofsburg.

Cork - Jazz, Lachs und Informationstechnik

Das Zentrum der zweitgrößten Stadt der Republik Irland liegt auf einer Insel im Fluss Lee nahe seiner Mündung in die Keltische See. Die lebhafte Universitäts- und Hafenstadt ist bekannt für ihre internationalen Kulturveranstaltungen wie das Cork Jazz Festival und für ein reges Nachtleben. Feinschmecker zieht es in den English Market. In der historischen Markthalle kann man den angeblich besten Räucherlachs der Insel probieren. Cork war im frühen 20. Jh.

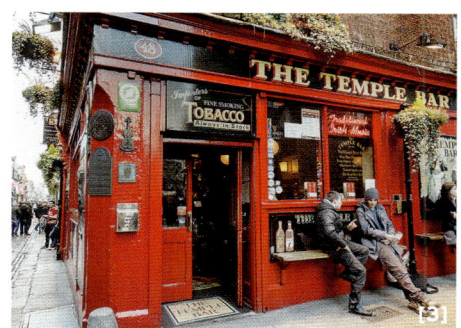

[3]

[4]

eine Hochburg des irischen Nationalismus. Heute findet die internationale IT-Branche gute Bedingungen vor – Apple hat in Cork sein Hauptquartier für Europa.

Blumeninsel Garinish

Im Südwesten von Irland ragt die Beara-Halbinsel in den Atlantischen Ozean. Prähistorische Monumente, malerische Dörfer, grüne Täler und karge Berglandschaften machen sie zu einem beliebten Wandergebiet. Wie in einer anderen Welt fühlt man sich auf Garinish Island in der Bantry Bay. Kleine Boote bringen die Besucher von Glengarriff an Robbenbänken vorbei auf die Insel, die die Familie Bryce Anfang des 20. Jh. vom Landschaftsarchitekten Harold Peto in eine zauberhafte Gartenanlage mit exotischen Pflanzen verwandeln ließ. Ergänzt wird die Anlage durch den alten Martelloturm und zahlreiche architektonische Kleinode.

Seeidylle im Killarney-Nationalpark

Das Touristenzentrum Killarney mit vielen Hotels und noch mehr Pubs ist der ideale Ausgangspunkt zur Erkundung des gleichnamigen Nationalparks. Dort beginnt auch der Fernwanderweg Kerry Way, dessen erste Etappe vorbei am feudalen Muckross House – inmitten eines herrlichen Parks gelegen – in den Nationalpark führt. Herzstück des Parks sind die drei idyllisch gelegenen Seen Lough Leane, Muckross Lake und Upper Lake. Alte Eichenwälder, von Schluchten durchzogene Berglandschaften, Moore und karge Hei-

delandschaften bestimmen die abwechslungsreiche Landschaft. Faszinierende Ausblicke auf den verzweigten Upper Lake gewähren Moll's Gap und Ladies View.

Kurvenreicher Ring of Kerry

Ein Filetstück des Wild Atlantic Way, der 2014 eingerichteten, mehr als 2500 km langen Küstenstraße im Westen, ist die Panoramastraße Ring of Kerry. Die Strecke führt in vielen Kurven und Kehren um die gebirgige Iveragh-Halbinsel. Immer wieder bieten sich herrliche Ausblicke auf die zerklüftete Küste und die höchsten Berge Irlands. Keltische Ringforts und noch ältere Steinsetzungen sind Zeugen der Vergangenheit. Übernachtungsmöglichkeiten für Radfahrer bieten u. a. die pittoresken Dörfer Sneem, Cahersiveen oder Glenbeigh.

Einsame Skellig Islands

Schon die Überfahrt mit kleinen Booten – nur bei ruhiger See möglich – von Portmagee oder Ballinskelligs zum Skellig Michael ist ein Abenteuer. Mit

einem Sprung auf den Anlegesteg betritt man die steil aufragende Felseninsel. Über rund 650 Treppenstufen geht es hinauf zur ehemaligen Mönchssiedlung aus dem 7. Jh. Von oben eröffnet sich eine schöne Aussicht über die aus Bienenkorbhütten, Oratorien und einer verfallenen Kapelle bestehende Klosteranlage. Nicht betreten darf man die benachbarte Insel Little Skellig mit ihrer großen Basstölpelkolonie. Sie wird bei der Rückfahrt umfahren.

Malerische Dingle-Halbinsel

Dingle ist die nördlichste der weit ins Meer ragenden Halbinseln im Südwesten Irlands. Steile Küstenabschnitte wechseln sich mit Sandstränden ab. Auf einer schmalen Landzunge zieht der über 6 km lange Inch Beach die Surfer an. Ganz im Westen bietet der buchtenreiche Slea Head einen schönen Blick auf die Blaskets, eine seit den 1980er-Jahren nicht mehr bewohnte Inselgruppe. Der westlichste Punkt des festländischen Irland ist das malerische Dunmore Head. Bei einer Umrundung der Halbinsel werden das Hafenstädtchen Dingle, die rund 400 Bienenkorbhütten bei Dunbeg und das frühchristliche Gallarus-Oratorium passiert.

[1]

[2]

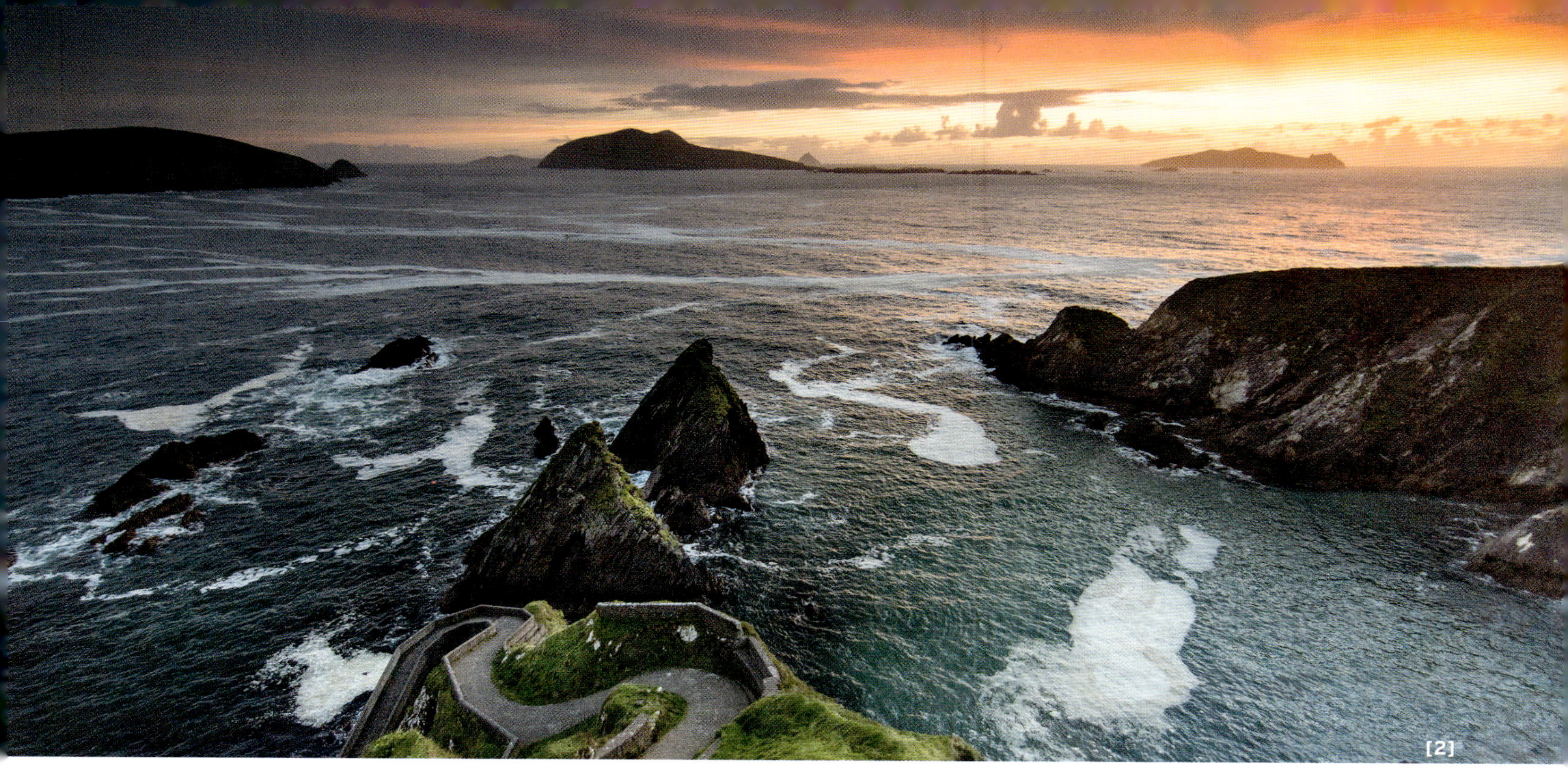

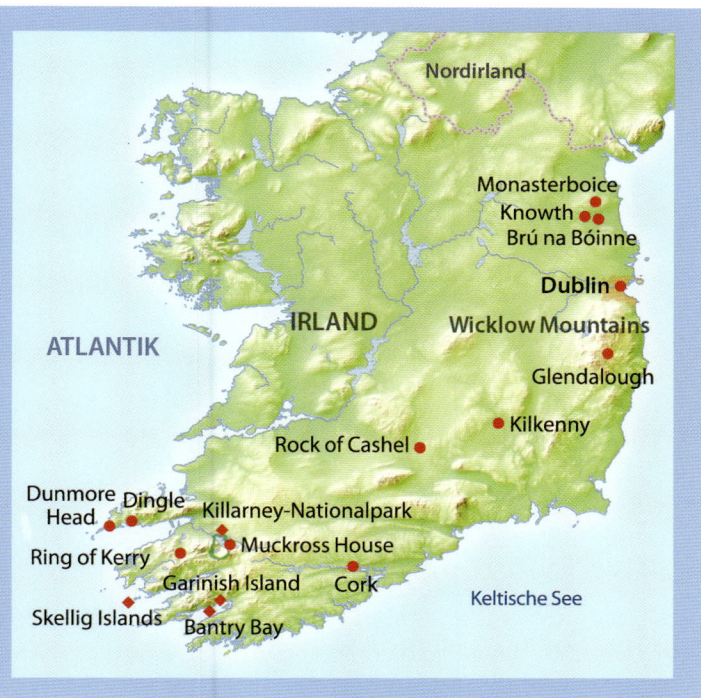

[1] Ross Castle am Lough Leane im Killarney-Nationalpark wurde im 15. Jh. erbaut. [2] Die Klippen von Dunquin sind der Endpunkt des Slea Head Drive auf der Dingle-Halbinsel. [3] Bei der Fahrt zur Blumeninsel Garinish gehören dösende Seehunde zum lebenden Inventar. [4] Auf der grünen Insel gibt es mehr Schafe als Menschen.

[3]

[4]

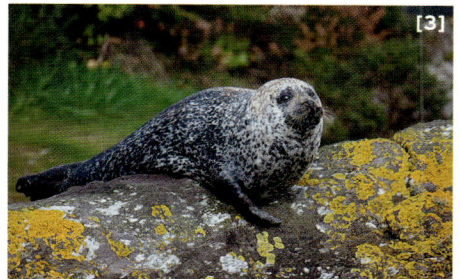

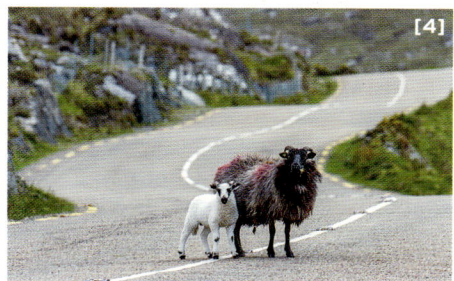

INFOBOX

Beste Reisezeit

Der südliche Teil Irlands hat ein gemäßigtes atlantisches Klima, das vom warmen Golfstrom beeinflusst wird. Regenfälle gibt es zu allen Jahreszeiten, sie dauern aber meist nicht allzu lange. Die beste Reisezeit sind die Monate Mai bis September, im Juli und August ist Hauptsaison. Dublin lohnt auch im Winter einen Besuch.

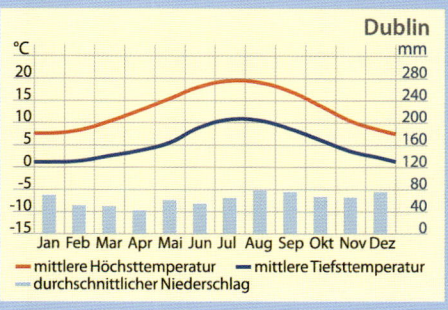

Dublin
°C
mm
20
15
10
5
0
-5
-10
-15
280
240
200
160
120
80
40
0
Jan Feb Mar Apr Mai Jun Jul Aug Sep Okt Nov Dez
mittlere Höchsttemperatur
mittlere Tiefsttemperatur
durchschnittlicher Niederschlag

Nordirland
Monasterboice
Knowth
Brú na Bóinne
Dublin
IRLAND
ATLANTIK
Wicklow Mountains
Glendalough
Kilkenny
Rock of Cashel
Dunmore Head
Dingle
Killarney-Nationalpark
Muckross House
Ring of Kerry
Garinish Island
Cork
Skellig Islands
Bantry Bay
Keltische See

ISLAND - WASSERFÄLLE, LAVA UND SCHLAMMTÖPFE

39

Auf Island liegen die Naturelemente miteinander im Wettstreit. Die geografische Nähe zum Polarmeer schuf eine der spektakulärsten Landschaften in Europa: großartige Gletscherlandschaften, aktive Vulkane, tosende Wasserfälle und tiefe Fjorde.

Natur
50 %

Entspannen
10 %

Aktiv
30 %

Kultur
10 %

Reykjavík - Jung und dynamisch

An warmen Sommertagen weist die nördlichste Hauptstadt der Welt ein erstaunlich südliches Flair auf: In den vielen windgeschützten Straßencafés tanken Sonnenhungrige neue Energie und in der Einkaufsmeile Laugavegur herrscht reges Treiben. Das historische Zentrum mit Reykjavíks Wahrzeichen, der Hallgrímskirkja, lädt mit seinen bunten Häuschen und interessanten Museen zu einem Bummel ein. Einen schönen Rundblick auf die Stadt hat man vom futuristischen Wasserspeicher Perlan. Obwohl noch eine sehr junge Hauptstadt, entwickelte sich Reykjavik im 20. Jh. rasant zum hippen Zentrum des Landes mit Oper, Nationaltheater und Universität. Daran hat auch die inzwischen überstandene Wirtschaftskrise nichts geändert.

Halbinsel Reykjanes – Nicht nur Blaue Lagune

Südlich der Hauptstadt erstreckt sich die vulkanisch aktive Halbinsel Reykjanes, in deren Mitte der bei Anglern beliebte Kleifarvatn liegt. In dem 10 km² großen, schwarzen See soll ein Ungeheuer von der Größe eines Wals leben. Im Südwesten befindet sich nahe der Ortschaft Krýsuvík ein Geothermalgebiet mit blubbernden Schlammtöpfen, Maaren und Fumarolen. Bekannteste Sehenswürdigkeit auf Reykjanes ist jedoch die Blaue Lagune, die Anfang der 1980er-Jahre als »Abfallprodukt« eines Kraftwerks entstand. Heute stellt ein Wellnesstag in dem milchig blauen, bis zu 38 °C heißen, mineralreichen Wasser einen Höhepunkt einer Islandreise dar.

Unruhestifter Eyjafjallajökull

Der Vulkan mit dem unaussprechlichen Namen war bis 2010 so gut wie unbekannt. Dann brach er aus und sorgte in halb Europa für Behinderungen im Flugverkehr. Die Vulkanasche wurde bis zu 10 km hoch geschleudert und drohte die Triebwerke der Flugzeuge zu beschädigen. Inzwischen hat sich alles wieder beruhigt und der »Inselberge-Gletscher«, so die Übersetzung, kann auf Wanderungen erkundet werden. Erfahrene Bergführer weisen den 23 km langen Weg entlang der Eruptionsstätte des Fimmvörðuháls von Skógar nach Þórsmörk. Zwei Tage ist man unterwegs und bewältigt einen Höhenunterschied von 1100 m.

Skógafoss - Somewhere under the rainbow

Island ist reich an Wasserfällen, einer der schönsten und zugleich höchsten ist der Skógafoss, der südlich des Eyjafjallajökull 62 m in die Tiefe stürzt. An sonnigen Tagen leuchtet vor den Wassermassen

[3]

strahlend ein Regenbogen. Mindestens ebenso interessant ist Skógars Heimat- und Freilichtmuseum Skógafasn, 1949 gegründet und liebevoll ausgestattet. In Skógar beginnt auch die Wanderung über den Fimmvörðuháls, auf der man immer wieder auf grandiose Wasserfälle stößt.

Am schwarzen Strand von Myrdalur

Einst war die isländische Südküste bei den Seeleuten gefürchtet, Unzählige verloren aufgrund der schweren Stürme und Sandbänke ihr Leben. Inzwischen zählt der schwarze Lavastrand in

[1] Kultur zum Anfassen in der Fußgängerzone von Reykjavík. [2] Mächtig ragt der Basaltfelsen Reynisdrangar bei Vík í Myrdal aus dem Wasser. [3] Südsee-Feeling in der Blauen Lagune. [4] Die putzigen Papageientaucher sind an vielen Stellen in Island zu finden. [5] Am Skógafoss soll der erste Siedler eine Kiste Gold versteckt haben.

Vík í Mýrdal, der »Bucht im Sumpftal«, zu einem der schönsten Strände weltweit. Auf der einen Seite der tosende Atlantik, auf der anderen die steilen Berge – so trotzt das kleine Vík den Naturgewalten. Während der Sommermonate kommen dort die Vogelfreunde zusammen, um sich für die Papageientaucher und Küstenseeschwalben zu begeistern.

Ingólfshödi – Allein unter Vögeln

 Wer die Papageientaucher auf Ingólfshödi bewundern will, lässt sich

im Heuwagen einer isländischen Bauernfamilie eine halbe Stunde Richtung Vogelfelsen kutschieren, danach bewältigt man zu Fuß den steilen Anstieg auf den 76 m hohen Vogelfelsen. Ein Gedenkstein für Islands ersten Siedler Ingólfur Arnarson, eine Schutzhütte und ein Leuchtturm – mehr Bauwerke gibt es nicht. Dafür umso mehr Papageientaucher! Ab Ende April

lassen sich die drolligen Vögel auf dem Eiland zum Brüten nieder, Gesellschaft leisten ihnen die mächtigen Skúas, aber auch Trottellummen, Tordalke und Möwen.

Skaftafell - Oase in der Gletscherwelt

Skaftafell bildet zusammen mit dem Naturschutzgebiet Vatnajökull Europas größten Nationalpark. Mit seiner üppigen Vegetation und einem angenehmen Mikroklima wirkt er wie eine Oase in der von Gletschern und Schotterebenen geprägten Landschaft. Große bewaldete Flächen an den Hängen des Skaftafellsheiði laden zum Wandern ein. Ein sehr gut ausgebautes Wegenetz führt zum hübschen Wasserfall Svartifoss oder zum Aussichtspunkt Sjónauki. Wer sich mehr zutraut, sollte sich eine geführte Gletscherwanderung zum Vatnajökull nicht entgehen lassen. Die teils anspruchsvolle Tour entführt in die prächtige, blau leuchtende Eiswelt von Europas größtem Gletscher. Bei einer Tagestour nach Bæjarstaðarskógar trifft man auf die einzigen, bis zu 80 °C heißen Quellen im Nationalpark, eine weitere Wanderung führt zum Morsárjökull, dessen Gletscherzunge in einen See kalbt.

Jökulsárlón - Eisberge zum Anfassen

Direkt an der Ringstraße bietet die Gletscherlagune dem Reisenden einen unvergesslichen Anblick. Eisberge in den prächtigsten Farben treiben in großer Ruhe auf dem See, der aufgrund der Gletscherschmelze des Breiðamerkurjökull mittlerweile das tiefste Binnengewässer Islands ist. Die unterschiedlichen Farben der Eisberge rühren von ihrer Zusammensetzung her: Vulkanasche färbt das Eis schwarz oder grau, schwach zusammengepresster Schnee sorgt für diverse Weißtöne. Grün- und Blaufärbungen zeugen von besonders sauerstoffarmem und reinem Gletschereis.

Die Ruhe der Ostfjorde

Deutlich ruhiger als im Süden Islands geht es in der Region der Ostfjorde zwischen Höfn und der Bucht Héraðsflói zu. Geologisch gleicht die Gegend den Westfjorden, die Gesteine sind bis zu 13 Millionen Jahre alt. Das rötliche Rhyolithgestein lässt die Landschaft allerdings farbenfroher wirken. Abseits der Ringstraße kann man entlang der tief ins Land ragenden Fjorde kleine Fischerdörfer, schmale Buchten und schöne Naturhäfen entdecken. Für Ornithologen lohnt sich ein Ausflug auf die Insel Papey bei Djúpivogur, mit einem großen Brutgebiet für Seevögel aller Art.

Borgarfjörður Eystri - Wo die Elfenkönigin lebt

Ganz weit im Osten Islands befindet sich nördlich des Lagarfljót ein ganz spezieller Ort: In Borgarfjörður Eystri soll sich der verborgene Hauptsitz der Elfenkönigin befinden. Die Stadt der Elfen, Álfaborg, ist ein 30 m hoher Basalthügel, der unter Naturschutz steht. Naturfreunde erfreuen sich aber auch an den umliegenden unbewohnten Fjorden und der geologisch interessanten Berglandschaft. In dem kleinen Ort wuchs Islands bekannter Maler Jóhannes Sveinsson Kjarval auf, ihm zu Ehren hat man im Gemeindehaus Fjarðarborg eine Ausstellung eingerichtet.

[1]

[1] Wer glaubt beim Anblick der Nordlichter nicht an die nordische Götterwelt!
[2] Einfach überwältigend: Eishöhle am Vatnajökull-Gletscher. [3] Robust und an das raue Klima angepasst: Islandpferde.
[4] Am Eyafjallajökull sind die Wander-bedingungen ideal.

INFOBOX

Beste Reisezeit

Trotz der nördlichen Lage herrschen selten Extremtemperaturen: Aus dem Süden treffen Ausläufer des warmen Golfstroms auf die kalten Luftmassen der Polarregion. Das führt zu wechselhaftem Wetter mit hoher Luftfeuchtigkeit. Im Winter kann es zu heftigen Schneestürmen kommen.

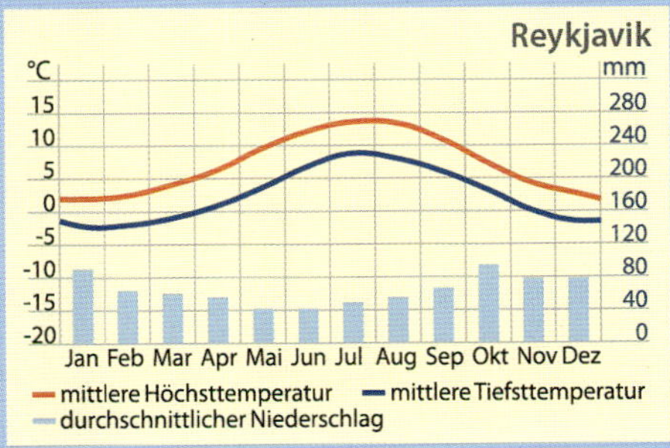

Reykjavik

°C / mm

Werte: 15, 10, 5, 0, -5, -10, -15, -20 (°C) / 280, 240, 200, 160, 120, 80, 40, 0 (mm)

Jan Feb Mar Apr Mai Jun Jul Aug Sep Okt Nov Dez

— mittlere Höchsttemperatur — mittlere Tiefsttemperatur
— durchschnittlicher Niederschlag

ISLAND

Héraðsflói
Borgarfjörður
Ostfjorde
Askja
Hofsjökull
Langjökull
Vatnajökull-Nationalpark
Höfn
Reykjavík
Skaftafell-Nationalpark
Jökulsárlón
Reykjanes
Vogelkolonie Ingólfshödi
Blaue Lagune
Þórsmörk
Eyjafjallajökull
Myrdaljökull
Skógafoss
Vík í Myrdal

NORDATLANTIK

40 ISLAND – WILDNIS SEHEN UND FÜHLEN

Wer an Islands Tiere denkt, dem fallen sofort die berühmten Ponys ein. Doch es gibt noch mehr zu entdecken: Wale, Robben, Polarfüchse und die unzähligen Vögel, allen voran die mächtigen Skuas und die putzigen Papageientaucher, die in den steilen Klippen ihre Brutplätze haben.

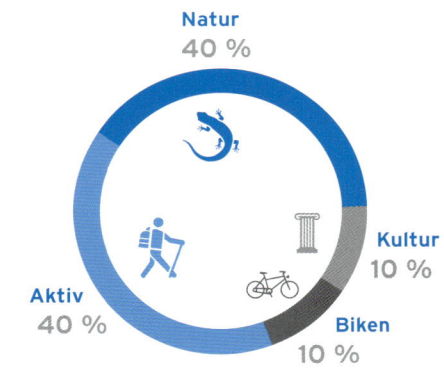

Natur 40 %

Kultur 10 %

Biken 10 %

Aktiv 40 %

[1] An den geothermischen Lavafeldern am Myvatn ist die Erdkruste hauchdünn. [2] Bei Húsavik kann man einen Blick auf große Wale erhaschen. [3] Der Goðafoss hat die Form eines Hufeisens. [4] Südliches Flair kurz vorm Polarkreis: Akureyi.

[1]

Jökulsárgljúfur – Islands Grand Canyon

Der Jökulsárgljúfur-Nationalpark erstreckt sich im Norden Islands von der hufeisenförmigen Schlucht Ásbyrgi bis zum Dettifoss, dem mächtigsten Wasserfall Europas. Schon von Weitem hört man das Rauschen der Wassermassen, die auf einer Breite von 100 m in die Tiefe stürzen. Der Gletscherfluss Jökulsá á Fjöllum hat hier einen spektakulären Canyon geschaffen. Wanderer können auf einer Tour entlang der Schlucht weitere Wasserfälle wie den Selfoss oder den Hafragilsfoss entdecken. Weiter nördlich regen Vulkanformationen wie der »Echofelsen« Hljóðaklettar, die Kraterreihe von Rauðhólar oder die Felsen Karl og Kerling, »Mann und Weib«, die Fantasie an.

Myvatn – Vogelparadies und Lavafelder

Keine Sorge, die stechen nicht – jedenfalls die allermeisten. Nur ganz viele sind es: Die Tierchen, die dem Myvatn (Mückensee) seinen Namen gaben und die in den Sommermonaten zu Milliarden umherschwirren, sind zum Großteil Zuckmücken. Das Gewässer vulkanischen Ursprungs entstand vor 3500 Jahren und ist die Heimat zahlloser Zugvogelarten, fast alle in Island lebenden Entenarten kommen hier vor. Rund um den See erstreckt sich eine mondgleiche Landschaft. Asphaltierte Wege sollen verhindern, dass allzu neugierige Touristen auf und über die filigranen Lavaskulpturen klettern. Auch besteht die Möglichkeit, die 36 km um den See mit dem Fahrrad zu erkunden.

Skjálfandafljót – Wo die Götter verschwanden

Am viertlängsten Fluss Islands liegen einige wunderschöne Wasserfälle, darunter der »Wasserfall der Götter«, Goðafoss. Der Legende nach warf der Gode (Priester) Þorgeir Þorkelsson um das Jahr 1000 seine Götterstatuen in den Wasserfall und bekräftigte damit sein Be-

kenntnis zum Christentum. Der nur 15 m hohe, aber bis zu 100 m breite Wasserfall ist schon von der Ringstraße aus zu erkennen und ein beliebtes Ausflugsziel. Weiter südlich stürzt der Skjálfandafljót mit dem Aldeyjarfoss in einen Kessel aus farbigen Basaltsäulen.

Whalewatching in Húsavik

In Húsavik dreht sich alles um die sanften Riesen des Meeres. Dort starteten 1995 die ersten Walbeobachtungsfahrten. Mittlerweile lassen sich zahlreiche Touristen in umgebauten Fischkut-

[2]

[3]

[4]

tern aufs Meer hinausfahren, um dort einen Blick auf die Meeressäuger zu erhaschen – meist mit Erfolg: Zwergwale, Delfine und Buckelwale sind fast immer zu sehen, seltener kommen Schweins- und Finnwale oder sogar Blauwale hierher. Im Walmuseum (Hvalasafnið) in einem ehemaligen Schlachthaus kann man alles über die Tiere erfahren. Andere Details erfährt man im weltweit einzigartigen Phallusmuseum: Dort stehen über 200 Penisse vom Wal bis zum Hamster, mittlerweile ist auch einer von Homo sapiens zu bewundern.

Akureyri – Charmant und quirlig

Die Hauptstadt des Nordens liegt nur rund 100 km vom Polarkreis entfernt, dennoch sorgen ein mildes Klima und genügend Sonne für eine reiche Vegetation und gute landwirtschaftliche Bedingungen – »Akureyri« bedeutet Acker oder Feld. Die auf einem Berg liegende Stadt wird von bunten Häusern, gepflegten Gärten und schönen Parkanlagen geprägt. Im Zentrum locken Museen, nette Cafés, Galerien und Souvenirläden. Die gemütliche Atmosphäre wird angenehm belebt durch die Studenten der Universität. Markant

auf einem Hügel steht die Akureyarkirkja. Das historische Nonnahús ist dem Schriftsteller Jón Sveinsson gewidmet. Etwas außerhalb bietet das Jólahús unzählige Weihnachtsartikel.

Die Robben von Vatnsnes

Wer Tiere beobachten möchte, sollte die 87 km lange Rundfahrt um die Halbinsel Vatnsnes nicht scheuen, an vielen Punkten lassen sich allerlei Seevögel und Robben sehen. Zwar wurde die Bucht Hindisvík mittlerweile für Besucher gesperrt, da der Bestand der dortigen Robbenkolonie aufgrund der vielen, teilweise aufdringlichen Touristen zurückgegangen war. Aber bei Ánastaðastapi und Svalbarð können Robben, Eiderenten und Küstenseeschwalben noch in Ruhe beobachtet werden. Im Robbenzentrum Selasetur von Hvammstangi erfährt man außerdem viele Details über das Leben der Meeressäuger.

In der Einsamkeit von Hornstrandir

Wandern in unberührter Natur, abgeschieden von der Zivilisation – auf der Halbinsel Hornstrandir geht ein solcher Trekkingtraum in Erfüllung. Obwohl sich die Gegend nahe dem Polarkreis in den letzten Jahren vom Geheimtipp zum beliebten Wanderziel entwickelt hat, bietet sie noch genügend Möglichkeiten, die Natur in ihrer Ursprünglichkeit zu erleben. Flora und Fauna verdanken ihre Vielfalt der fehlenden Beweidung und dem strengen Naturschutz: Auf engstem Raum finden sich Rosenwurz und Wald-Storchschnabel, Polarfüchse streifen die Fjorde entlang. Ohne sorgfältige Planung sollte sich jedoch kein Wanderer auf den Weg machen.

Dynjandisá - »Vater« von sechs Wasserfällen

An Wasserfällen mangelt es Island wahrlich nicht – auf ein paar besonders schöne stößt man im äußersten Nordwesten der Insel in den südlichen Westfjorden. Dort speist der Fluss Dynjandisá auf 200 Höhenmetern gleich sechs Wasserfälle. Der bekannteste ist der Dynjandi, der »Donnernde«. In einem schimmernden Fächer rauscht er elegant den Hügel hinab. Auf einer Wanderung entlang des Flusses stößt man auch auf die anderen Wasserfälle.

Die lustigen Vögel von Látrabjarg

Europa endet genau hier, an den Klippen von Látrabjarg, mit fast 14 Millionen Jahren die ältesten Felsformationen Islands. In ihren steilen Vorsprüngen nistet die größte Seevogelkolonie der nördlichen Hemisphäre. In der Nähe des Parkplatzes am Leuchtturm bietet sich eine gute Möglichkeit, die Papageientaucher und Tordalken zu beobachten. Wanderer können von hier aus Touren unternehmen, etwa nach Heiðnakinn, Keflavíkurbjarg oder Keflavík. Allerdings sollten sie sich nicht zu nah an den Klippenrand wagen. Dieser ist von den Bruthöhlen der Vögel regelrecht durchlöchert und kann jederzeit ins Meer abbrechen.

Nordlicht über dem Kirkjufell

Das Fischerdörfchen Grundarfjördur auf der Halbinsel Snæfellsnes hat sich aufgrund der abgeschiedenen Lage viel von seinem ursprünglichen Charme erhalten können. Im Schatten des steilen Bergs Kirkjufell säumen nette Häuschen mit gepflegten Vorgärten den Hafen und ein kleiner Wasserfall, der Kirkjufellsfoss, rauscht ganz in der Nähe. Wer ein besonderes Fotomotiv sucht, sollte im Winter kommen und auf die sagenhaften Polarlichter warten. Aurora borealis lässt sich nicht immer am Himmel erblicken, aber wenn man Glück hat, erwartet einen ein atemberaubendes Erlebnis. Obwohl das Ganze vom Sonnenwind verursacht wird, denkt man unwillkürlich an die nordischen Geschichten von Göttern und Geistern.

[1]

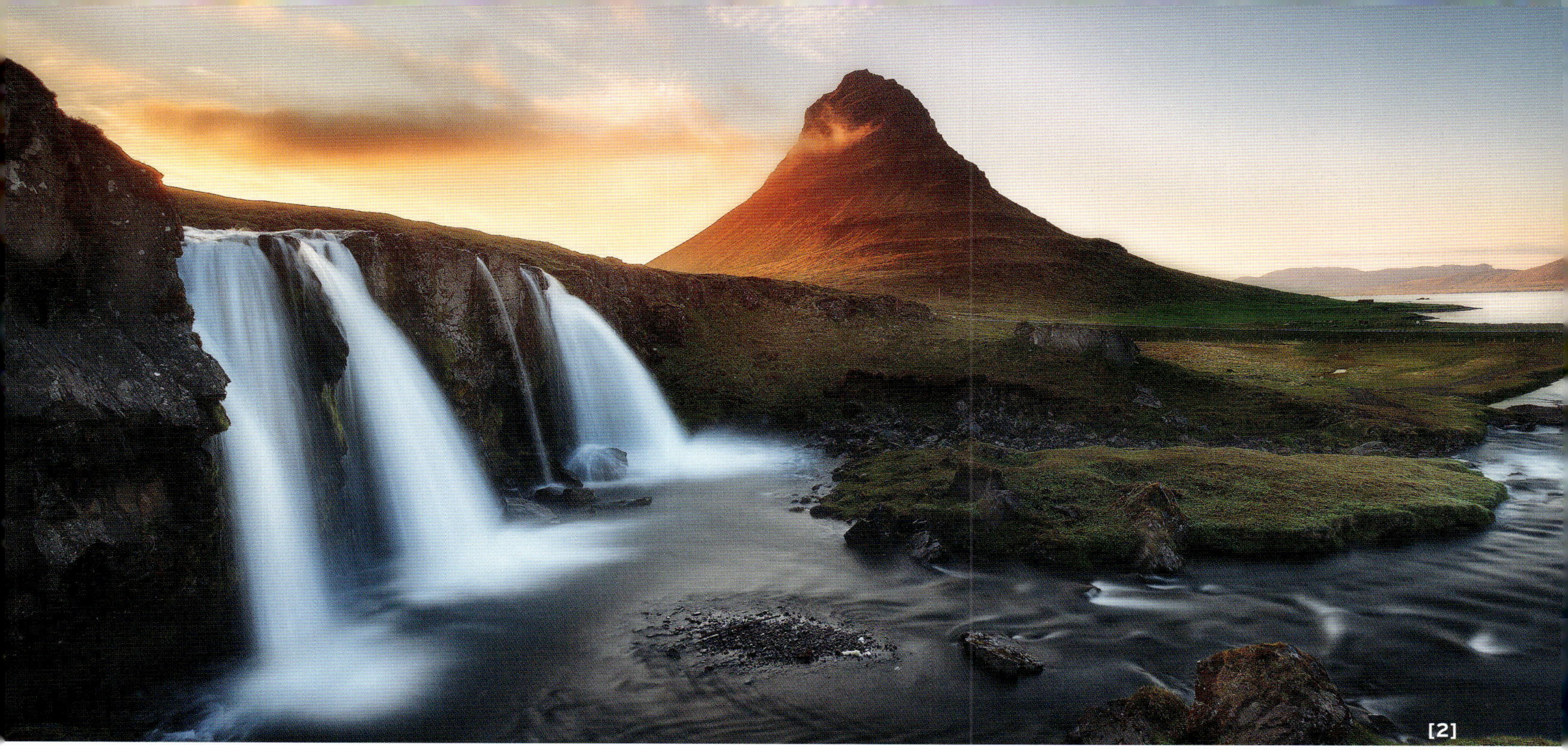

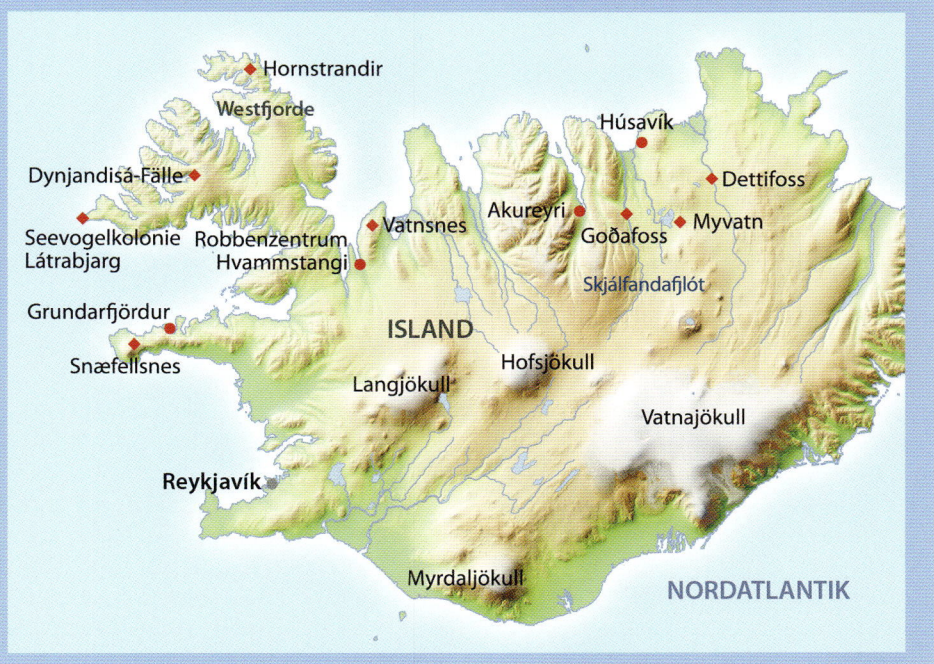

[2]

[1] Entlang des Dynjandisá-Flusses stößt man immer wieder auf Wasserfälle. [2] Die Dänen tauften den 463 m hohen Kirkjufell auf der Halbinsel Snæfellsnes »Zuckerhut«. [3] Hornstrandir bietet noch viel unberührte Wildnis. [4] Der Basaltfelsen Hvitserkur auf der Halbinsel Vatnsnes soll ein erstarrter Troll sein.

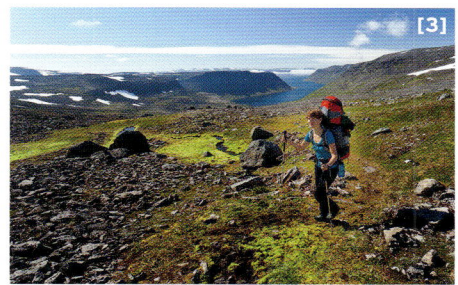

[3]

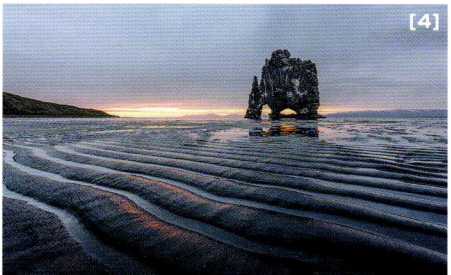

[4]

INFOBOX

Beste Reisezeit

Die beste Reisezeit liegt in den Monaten Juni bis August. Bei Touren ins Landesinnere ist ein Auto mit Allradantrieb erforderlich. Im Winter kann man über der verschneiten Landschaft am besten das Polarlicht beobachten.

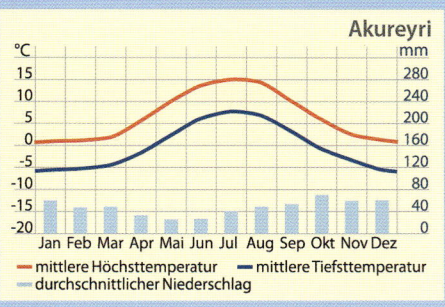

Akureyri
°C
mm
15
10
5
0
-5
-10
-15
-20
280
240
200
160
120
80
40
0
Jan Feb Mar Apr Mai Jun Jul Aug Sep Okt Nov Dez
mittlere Höchsttemperatur
mittlere Tiefsttemperatur
durchschnittlicher Niederschlag

Hornstrandir
Westfjorde
Húsavík
Dettifoss
Dynjandisá-Fälle
Akureyri
Myvatn
Vatnsnes
Goðafoss
Seevogelkolonie Látrabjarg
Robbenzentrum Hvammstangi
Skjálfandafljót
Grundarfjördur
ISLAND
Snæfellsnes
Hofsjökull
Langjökull
Vatnajökull
Reykjavík
Myrdaljökull
NORDATLANTIK

DÄNEMARK - VOM MEER UMSPÜLT

41

In Dänemark ist es zum Meer nie weit. Und zwischen Watt, Dünen, Wiesen, Heiden und Wäldchen liegt so manches kulturelle Kleinod versteckt, historische ebenso wie supermoderne. Die dänische Gelassenheit und Toleranz gibt es gratis dazu.

Kultur
40 %

Natur
20 %

Biken
20 %

Entspannen
20 %

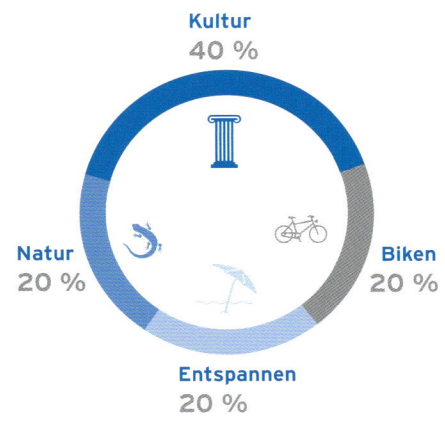
[1]

Bornholm - Mittelmeer in der Ostsee

Die »Sonneninsel« Dänemarks ist vom Klima begünstigt, es gedeihen sogar Feigen und Mandeln. Im Süden um Dueodde breiten sich Strände und Dünen aus, im Norden schmiegen sich Badebuchten zwischen die Felsen der Küste. Wälder und Heide überziehen das Inselinnere – eine Landschaft wie gemacht zum Entschleunigen. Die Strandorte strahlen ein lässiges, mediterranes Flair aus; hier sind Bummeln und Genießen Programm. Eine gute kulinarische Grundlage liefert der geräucherte Hering »Bornholmer«. Danach lässt sich ein wenig Energie für die vier Rundkirchen (12. Jh.) und die Werke der zahlreichen Kunstschaffenden aufwenden.

Lebens- und liebenswertes Kopenhagen

Die dänische Hauptstadt wurde zur lebenswertesten Stadt weltweit gekürt. Das liegt u. a. an der aufsehenerregenden modernen Architektur (z. B. Oper und neues Schauspielhaus), die zum historischen Zentrum mit dem Nyhavn und den Schlössern Amalienborg und Rosenborg einen reizvollen Kontrast bildet. Und es liegt an der gelassenen Lebensfreude, die Viertel wie Vesterbro und Nørrebro ausstrahlen. Es liegt aber auch an der variantenreichen Gastronomieszene und an den schönen Parks, dem Freiluftbad in Islands Brygge am Hafen und der Mutter aller Vergnügungsparks, dem Tivoli. Und nicht zuletzt ist Kopenhagen eine Fahrradstadt.

Seeland - Im Herzen des Königreichs

Die größte Insel Dänemarks lässt sich hervorragend mit dem Rad erkunden. Eine Route führt von Kopenhagen über Køge, Næstved, Tølløse und Roskilde wieder in die Hauptstadt zurück. Hat man die futuristischen Fassaden der Kopenhagener Hafenbauten hinter sich gelassen durchfährt man eine typisch dänische Landschaft mit Wiesen, Feldern, Dörfern, Badeorten und vielen Brücken. Tief ins Mittelalter entführen die Städte Køge und Næstved. Schloss Gavnø bezaubert mit einem blütenreichen Garten. Trelleborg beeindruckt mit einer Wikingerfestung. Im mächtigen gotischen Dom zu Roskilde (1280) haben die dänischen Monarchen ihre letzte Ruhe gefunden. Die 1000 Jahre alten Wikingerschiffe im Museum der Stadt runden die zahlreichen Eindrücke ab, bevor es zurück nach Kopenhagen geht.

Jammerbucht - Strand mit Gut

Nein, der Name kommt nicht von »jammern«, sondern bedeutet »Strandgut«, weil an der 100 km langen Nordseeküste vieles angespült wurde, was ins Meer geraten war. Auf dem Weg zu den Traumstränden der Jammerbucht passiert man Århus mit dem Kleinstadt-Freilichtmuseum Gamle By und Ålborg mit seinen alten Kirchen und Wikingergräbern. Børglum-Kloster (11. Jh.) lohnt einen Besuch ebenso wie der Ort Hjørring, über den 140 moderne Skulpturen verteilt sind. In Skagen ist der nördlichste Punkt Jütlands bzw. des dänischen Festlands erreicht. Dort fließen Nord- und Ostsee zusammen. Die Atmosphäre am »Ende der Welt« und das ganz besondere Licht haben zahlreiche Künstler zu großen Werken inspiriert.

Vadehavet - Wimmelndes Leben im Watt

Von der deutsch-dänischen Grenze im Süden bis hinauf nach Blåvandshuk und Ho Bugt erstreckt sich der Nationalpark Vadehavet, seit 2014 Teil des länderübergreifenden UNESCO-Weltnaturerbes Wattenmeer. Auf jedem Quadratmeter Schlick finden Myriaden von Lebewesen ein Auskommen, im Wasser und auf den Sandbänken tummeln sich Robben, in den Dünen brüten Millionen von Stand- und Zugvögeln. Einzigartig ist das Phänomen der »schwarzen Sonne«, wenn Hunderttausende von Staren abends im Formationsflug die untergehende Sonne verdecken. Zahlreiche Pflanzen kommen weltweit nur hier vor. Auf geführten Touren ist die Wunderwelt Watt am besten zu entdecken.

[2]

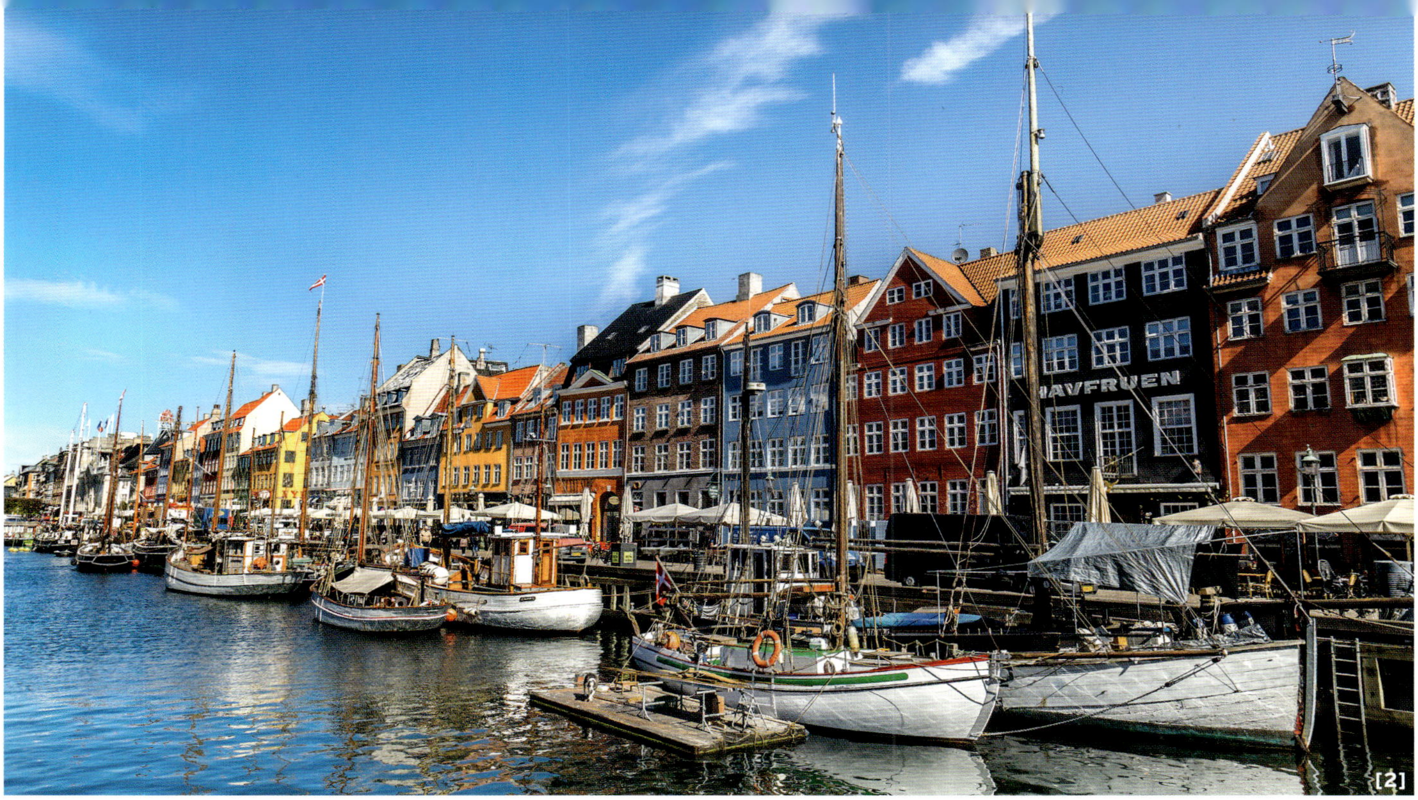

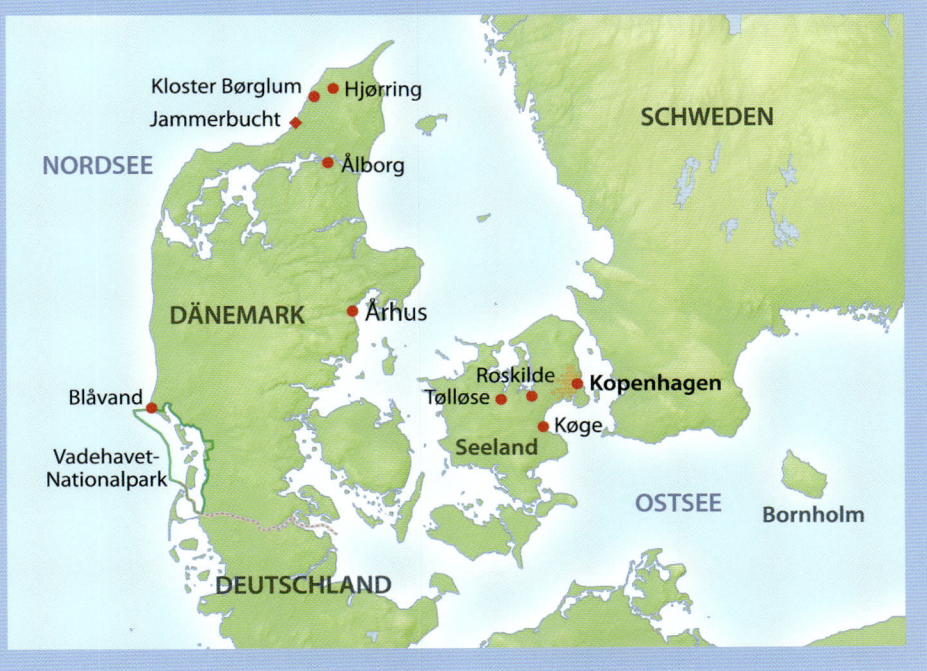

[1] Leuchtturm an der bis zu 70 m hohen Wanderdüne Rubjerk Knude in der Jammerbucht. **[2]** Die bunten Giebelhäuser im Kopenhagener Nyhavn (18./19. Jh.) sind heute Kulisse des beliebten Ausgehviertels. **[3]** Die größte der Bornholmer Rundkirchen in Østerlars. **[4]** Zugvögel sammeln sich im Herbst: Starenschwärme über Vadehavet.

[3]

[4]

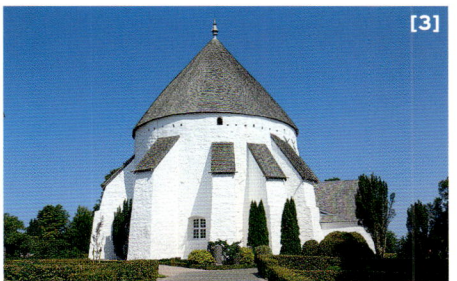

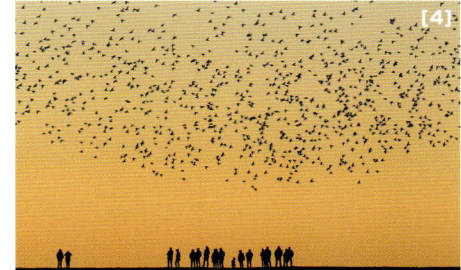

INFOBOX

Beste Reisezeit

Dänemark wird von einem kühl-gemäßigten Klima mit milden Sommern und kühlen Wintern beherrscht. Am wärmsten ist es in den Monaten Juni, Juli und August, dann liegen die Temperaturen im Mittel bei 19 bis 23 °C. Insgesamt ist die Zeit von Mai bis Oktober die beste Reisezeit.

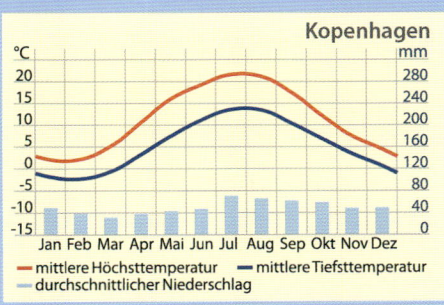

Kopenhagen
°C
mm
20
15
10
5
0
-5
-10
-15
280
240
200
160
120
80
40
0
Jan Feb Mar Apr Mai Jun Jul Aug Sep Okt Nov Dez
mittlere Höchsttemperatur
mittlere Tiefsttemperatur
durchschnittlicher Niederschlag

Kloster Børglum
Hjørring
Jammerbucht
NORDSEE
Ålborg
SCHWEDEN
DÄNEMARK
Århus
Roskilde
Kopenhagen
Blåvand
Tølløse
Køge
Vadehavet-
Nationalpark
Seeland
OSTSEE
Bornholm
DEUTSCHLAND

42

NORWEGEN – SCHWEIZ MIT MEER

»Die Landschaft ist so schön, dass es einen innerlich schmerzt«, schwärmte die Schauspielerin Liv Ullmann über ihr Heimatland. Wer die majestätischen Fjorde und die mächtigen Gletscher, die uralten Stabkirchen und die historischen Städte besucht hat, kann dem nur zustimmen.

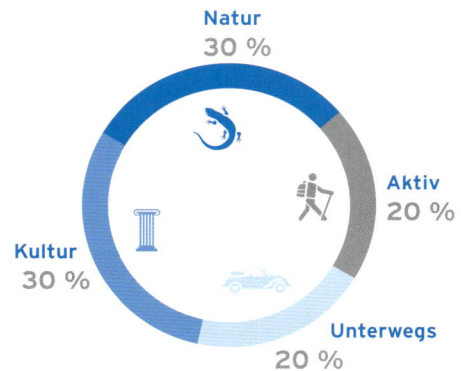

Natur
30 %

Aktiv
20 %

Unterwegs
20 %

Kultur
30 %

[1] Der 204 km lange Sognefjord ist der längste Fjord der Welt. [2] Traumhafte Lage: Ålesund erstreckt sich über drei Inseln. [3] Ein Tiger begrüßt die Besucher der norwegischen Hauptstadt Oslo am Hauptbahnhof. [4] Kreuzfahrtromantik auf einem Schiff der Hurtigruten im hohen Norden bei Kirkenes.

[1]

»Tigerstadt« Oslo

Die norwegische Hauptstadt hat sich zu einer lebendigen Metropole mit moderner Architektur und einer aufregenden Kulturszene entwickelt: Hier finden Nachtschwärmer die größte Kneipendichte in ganz Skandinavien, die Musik- und Festivalszene ist eine der innovativsten des ganzen Nordens. Die Festung Akershus, der Königspalast, das Rathaus, das Opernhaus, Gamle Oslo (Altstadt) oder die schicken Hafenviertel Aker Brygge und Tjuvholmen – die Stadt hat eine wechselvolle 1000-jährige Geschichte hinter sich. Dazu kommen Museen wie das Edvard-Munch-Museum oder das Fram- und Kon-Tiki-Museum, ausgedehnte Parks wie die Vigeland-Anlage und natürlich weltberühmte Sportstätten wie der Holmenkollen, das Mekka des nordischen Skisports.

Fjorde, Gletscher und ein Predigtstuhl

Wer an Norwegen denkt, dem fallen die Fjorde ein – von Eiszeitgletschern geformte und vom Meerwasser geflutete Trogtäler. Mit 1308 m ist der Sognefjord der tiefste Fjord der Welt. Einer seiner Nebenarme, der Fjærlandsfjord, ist Ausgangspunkt für Gletscherwanderungen auf den Jostedalsbreen; hier befindet sich auch das Gletschermuseum Norsk Bremuseum. Weltbekannt ist die Felskanzel des Preikestolen am Lysefjord; der Blick fällt über 600 m senkrecht in die Tiefe. Der für seine Schönheit bekannte Geirangerfjord gehört zum UNESCO-Weltnaturerbe, der Nærøyfjord gilt als der schmalste Fjord der Erde. Der Lustrafjord führt zum mächtigen Wasserfall Feigumfossen oder zur Stabkirche Urnes.

Bergen – Schönheit des Westens

Umgeben von sieben Bergen und in einem Naturhafen am Ende des Puddefjorden gelegen – schon seine einzigartige Lage macht Bergen zur wohl schönsten Stadt Norwegens. Dazu kommt eine sehr sympathische Atmosphäre aus Tradition und Moderne, Geschäftigkeit und Gelassenheit. Im Mittelalter zählte Bergen zu den wichtigsten Handelszentren Skandinaviens, deutsche Hansekaufleute gründeten ein Handelskontor, das heute noch zu bestaunen ist: Tyske Bryggen liegt direkt im Hafengebiet. Gleich daneben kann man an einer der vielen kleinen Imbissbuden des berühmten Fischmarkts Torgen den fangfrischen Fisch direkt verspeisen. Einen herrlichen Blick auf Stadt und Umland hat man vom Fløyen; die Fløibanen, eine Standseilbahn mit Panoramawagen, fährt nahe des Fischmarkts auf den Berg hinauf. Lebenden Fisch gibt es im größten Aquarium Norwegens zu sehen.

Per Postschiff von Bergen nach Kirkenes

Wer heute als zahlender Tourist mit einem Schiff der berühmten Hurtigruten Norwegens Küste entlangschippert, muss auf Komfort nicht verzichten. Ganz anders sah die Reise früher aus: Von den Anfängen im 17. Jh. bis zu einem regelmäßigen Postverkehr Ende des 19. Jh. versorgten Fischkutter und schließlich Frachtschiffe den weit abgelegenen Norden des Landes, der im Winter über Land nicht zu erreichen war. Heute fahren moderne Kreuzfahrtschiffe die berühmten Fjorde ab, passieren Bergen oder Trondheim – die alte Königsstadt mit dem Nidarosdom, Skandinaviens größtem Sakralbau – und erreichen über Tromsø und das Nordkap schließlich Kirkenes an der Grenze zu Russland.

Jugendstil in Ålesund

Ålesund ist ein Schmuckstück – seine unvergleichliche Lage auf drei Inseln am Eingang zum Storfjord lässt sich am besten vom Aksla, dem

[2]

[3]

[4]

»Hausberg«, bewundern. Ausgerechnet ein Großbrand verhalf der Stadt zu ihrem unverwechselbarem Panorama: Als 1904 eine Feuersbrunst fast den gesamten Stadtkern zerstörte, wurde dieser vor allem mit Geld aus dem Deutschen Reich im Jugendstil wieder aufgebaut – der Norwegen-Enthusiast Kaiser Wilhelm II. hatte den Befehl dazu erteilt. Das Museum Jugendstilsenteret vermittelt einen Einblick in die Stadtgeschichte. Ålesund ist auch Ausgangspunkt für Ausflüge zur Vogelinsel Runde.

Hardangervidda – Rentieren auf der Spur

Mehr als 9000 km² umfasst Europas größte Hochebene, über ein Drittel davon gehört zum Hardanger-Nationalpark. Von der weiten Seefläche des Totakvatn bis zu den mächtigen Gebirgszügen des Hallingskarvet erstreckt sich eine großartige Landschaft. Dort lebt die größte wild lebende Rentierpopulation Norwegens, aber auch Luchs, Polarfuchs, Vielfraß und Berglemming finden dort einen idealen Lebensraum. Ein dichtes Wandernetz verbindet über 1200 km markierte Wege miteinander.

Jotunheimen – Heimat der Riesen

Im Hollywood-Blockbuster »Thor« ist Jotunheim eine der Neun Welten im Universum, in Wirklichkeit liegt die »Heimat der Riesen« mitten im südlichen Norwegen. Mehr als 60 Gletscher, rund 250 Berge und 20 Gipfel über 2300 m machen das Gebiet und den Nationalpark zu einem Eldorado für Bergsteiger und Wanderer. Luchse und Polarfüchse durchstreifen die Bergtundra, die im Sommer von Purpur-Enzian und Küchenschelle bedeckt ist. Mit etwas Glück erspäht man am Himmel neben Raubfußbussarden auch die majestätischen Steinadler, bevor es, am besten zu Fuß, zum Vettisfossen, Norwegens höchstem Wasserfall, geht. Wandern hat Tradition – die älteste Hütte des norwegischen Bergwandervereins DNT stammt aus dem Jahr 1871. Quer durch die fantastische Landschaft führt auch die gut ausgebaute Sognefjell-Hochstraße.

Große und kleine Tiere im Rondane-Nationalpark

Rondane ist der erste norwegische Nationalpark, ihm sollten 28 weitere folgen. Direkt an das Schutzgebiet grenzt der Dovrefjell-Nationalpark. Aufgrund ihrer abgeschiedenen Lage bietet die Region wild lebenden Rentieren einen Lebensraum, auch Vielfraße, Polarfüchse und sogar Braunbären leben dort. Hohe Berge schirmen die beiden Parks gegen die Tiefdruckgebiete aus dem Westen ab. Ornithologen finden eine vielfältige Vogelwelt vor und Botaniker können rund 420 Pflanzenarten, darunter einige endemische Exemplare, bestaunen.

Trollstigen – Nur für Furchtlose

Elf Haarnadelkurven führen mit rund 12 % Steigung auf eine Höhe von 850 m, den höchsten Punkt der Route. Ein halsbrecherischer Weg mit dem Auto, da die Straße an manchen Stellen nur wenige Meter breit ist. Beim Stopp am Wasserfall Stigfossen oder auf der Passhöhe (Utsikten) kann man die Aufmerksamkeit der grandiosen Natur zuwenden. Nicht weit entfernt befindet sich Europas höchste frei stehende Felswand, die Trollwand im Romsdal.

Urwald im Gutulia-Nationalpark

Kaum 20 km² groß, beherbergt der Nationalpark an der Grenze zu Schweden den letzten Urwald Norwegens. Manche Kiefern und Fichten sind fast 500 Jahre alt. Die Natur bleibt sich selbst überlassen. Wanderer können das Gebiet über einen rund 3 km langen Weg entlang der Westseite des Sees Gutulisjøen erkunden. Ziel ist das Almgebiet Gutulisetra. Wer Glück hat, sichtet Rehe, Biber, Rotfüchse, Fischotter oder sogar Elche.

[1]

[2]

[1] Trollstigen – was für eine Aussicht!
[2] Die Hochfjellregion Rondane ist durch die
letzte Eiszeit geprägt. [3] Endlose Weiten
und grandiose Natur erleben Wanderer auf
der Hardangervidda. [4] Auch die Rentiere
finden in Jotunheimen eine Heimat.

[3]

[4]

INFOBOX

Beste Reisezeit

Trotz seiner nördlichen Lage ist es in Norwegen dank des Golfstroms nicht so kalt wie z. B. in Grönland oder Alaska, die auf
der gleichen geografischen Breite liegen. Im Süden ist das Klima
deutlich milder als im Norden, an der Westküste regnet es öfter als
im Inland und im Osten, wo kontinentaler Einfluss vorherrscht.
Auch im Sommer sollte man wetter- und regenfeste Kleidung mit
sich führen.

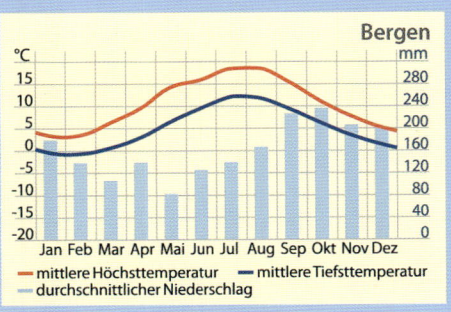

Bergen

°C		mm
15		280
10		240
5		200
0		160
-5		120
-10		80
-15		40
-20		0

Jan Feb Mar Apr Mai Jun Jul Aug Sep Okt Nov Dez

— mittlere Höchsttemperatur   — mittlere Tiefsttemperatur
— durchschnittlicher Niederschlag

NORDATLANTIK

Trondheim

Ålesund

Trollstigen
Geirangerfjord

Gutulia-
Nationalpark

Rondane-
Nationalpark

Lustrafjord

Jotunheimen-
Nationalpark

Sognefjord

Bergen
Hardangerfjord

Hardangervidda

NORWEGEN

Oslo

Lysefjord   Preikestolen

43

NORWEGEN – IM LAND DER ARKTISCHEN MORGENRÖTE

Die fantastischen Lichtspiele der Aurora borealis, der »Morgenröte des Nordens«, sind nur ein Grund dafür, nach Nordnorwegen zu kommen. Weitere sind: großartige Landschaften wie die Lofoten mit den ältesten Gesteinsformationen der Welt, wahrhaft uralte Zeugnisse der Menschheit wie bei Alta oder einfach das Ende Europas.

Natur
70 %

Kultur
30 %

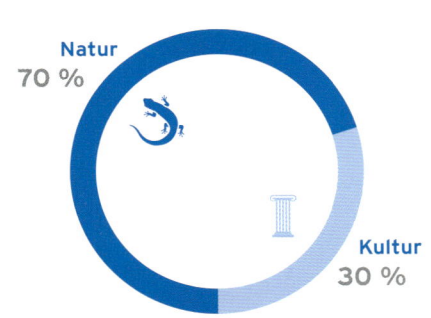

Svartisen und Saltffjellet – Gletscher und Höhlen

Die Landschaft des Saltfjellet-Svartisen-Nationalparks fasziniert mit tiefen Fjorden, fruchtbaren Hochtälern und Kalksteinhöhlen, von denen die Grønlinggrotte die bekannteste ist. Über allem breitet sich der mächtige Svartisen aus, der zweitgrößte Gletscher Norwegens, mit mehr als 60 Gletscherzungen, die in die Täler des Saltfjellet ragen. In den Moorbirkenwäldern wachsen Eisenhut und Weideröschen, auf den Tundraflächen die Lappland-Alpenrose. Elche, Luchse, Vielfraße und Alpenschneehuhn sind noch häufig.

Lofoten – Im Reich des Dorsches

Die Wikinger nannten sie die »Insel der Götter« – ein Name, den man versteht, wenn man sich auf dem Seeweg

dem Archipel nähert, das wie ein 200 km langer Schutzwall im Vestfjord vor der Küste Norwegens aufragt. Die gewaltige Lofotenwand gehört zu den ältesten Gesteinen der Erde; vor über 3,5 Milliarden Jahren stiegen die ersten Berge empor. Obwohl die Inselgruppe nördlich des Polarkreises liegt, sorgen Ausläufer des Golfstroms für relativ milde Temperaturen, weswegen so weit im Norden schon vor 4000 Jahren Landwirtschaft möglich war. Wichtigster Erwerbszweig war jedoch seit jeher die Fischerei. Der berühmte Stockfisch (Dorsch) wird bis heute bis in den Mittelmeerraum geliefert. Die reichen Fischgründe locken zahlreiche Seevögel und Schwertwale an. Auch Riesentintenfische und Pottwale haben hier ihr Revier.

Bildschöner Nusfjord

Der Nusfjord auf der Westseite der Lofoten-Insel Flakstadøy bietet alles, was man sich unter Norwegen vorstellt. Eine schmale Bucht wird umrahmt von 900 m hohen Steilklippen, die an landschaftlicher Schönheit kaum zu übertreffen sind. Dazu ein winziger Naturhafen am Ende des Fjords mit einem Bilderbuchdorf: bunte, liebevoll restaurierte Rorbu-Hütten, in denen einst die Fischer wohnten und die heute die Besucher entzücken. Diese können mit dem »Nusfjord-Pass« sämtliche Einrichtungen wie

die Bäckerei, die Schmiede, das Sägewerk u. a. besichtigen.

Walalarm vor den Vesterålen

Den Lofoten schließen sich nach Norden die Vesterålen an. Beide Inselgruppen liegen zusammen mit der Insel Senja an der »Walroute«. An keinem Ort der Erde ist die Wahrscheinlichkeit, Wale zu sichten, so groß. Im Sommer zeigen sich die Pottwale, in den Wintermonaten ziehen Schwert- und Buckelwale vorbei. Die Landschaft der Vesterålen bietet so-

wohl ruhige Sandstrände und tiefe Fjorde als auch alpine Höhenzüge. Entlang der Dronningruta, der Königsstrecke, gehen Wanderer auf einer 15 km langen Rundtour zwischen den Fischerdörfern Stø und Nyksund auf Naturentdeckungsreise.

Insel Senja - Norwegen en miniature

Von den Lofoten führt eine über 380 km lange Küstenstraße über die Vesterålen bis zur Insel Senja – an diesem Küstenabschnitt tummeln sich aufgrund des nährstoffreichen Wassers die Wale, und zwar ganzjährig! Senja selbst ist die

[4]

zweitgrößte Insel Norwegens und bietet eine große Vielfalt: tiefe Waldschluchten und dichte Birken- und Kiefernwälder im Ånderdalen-Nationalpark sowie zerklüftete Fjorde und weite Hochebenen. In den zahlreichen Flüssen fühlen sich Forellen und Saiblinge wohl. Rentiere und Elche durchstreifen die Hochflächen.

Tromsø - Pforte zum Eismeer

Die nördlichste Brauerei, die nördlichste Universität, die nördlichste Kathedrale der Welt – das verhältnismä-

ßig kleine Tromsø bietet Superlative auf. Schon von Weitem grüßt das Wahrzeichen der Stadt: die Eismeerkathedrale aus dem Jahr 1965; ihre Form erinnert nicht zufällig an verkeilte Packeisplatten. In Tromsø brachen Fridtjof Nansen und Roald Amundsen zu ihren Nordpolarexpeditionen auf. Im Sommer sorgt die Lage auf dem 70. Breitengrad für quirlige Mitsommernächte, doch auch im Winter kommt keine Langeweile auf: Naturphänomene wie die Polarlichter oder Kulturevents wie ein internationales Filmfestival machen die ewige Dunkelheit erträglicher.

[5]

[1] Der Svartisen ist der zweitgrößte Gletscher Norwegens. [2] Wer Ruhe sucht, findet sie auf der Insel Senja. [3] Mächtige Berge, bunte Rorbu-Hütten: Mehr Norwegen-Feeling als auf den Lofoten geht nicht! [4] Am 17. Mai wird der norwegische Nationalfeiertag begangen. [5] Stockfisch ist einer der Exportschlager Norwegens.

Alta – Grüße aus der Steinzeit

Mancher spricht von der »Wiege der Menschheit«, aber auch, wenn man dem nicht zustimmen will, die von der UNESCO ausgezeichneten Felszeichnungen von Alta suchen ihresgleichen. Über 6000 Figuren, teilweise bis zu 7000 Jahre alt, wurden hier in den Stein gemeißelt. In Hjemmeluft westlich des Stadtzentrums erstreckt sich das größte Areal mit mehr als 3000 Bildern, die auf 85 einzelne Felder verteilt sind. Ein rund 3 km langer Bohlensteg führt die Besucher vorbei an Darstellungen von Tieren und Menschen und auch heute noch rätselhaften geometrischen Figuren. Im Alta-Museum erfährt man alles über die Kunst aus längst vergangenen Zeiten.

Finnmark – Heimat der Sami

Die größte Provinz des Landes galt den Norwegern früherer Zeiten als das nördliche Ende der gesamten Welt, angesichts der ungeheuren Weite und Abgeschiedenheit der Landschaft durchaus nachvollziehbar. Die Finnmark ist die Heimat der Sami, die auch heute noch von der Rentierzucht leben. Jahrhundertelang als »Lappen« diskriminiert, erfolgte erst Ende des 20 Jh. seitens des norwegischen Königs eine offizielle Bitte um Entschuldigung. Obwohl weitab gelegen, ist die Moderne auch an den Ureinwohnern nicht vorbeigegangen: Die großen Rentierherden werden mit dem Geländewagen und Motorrad bzw. Schneemobil zusammengetrieben. Dennoch pflegen die Sami ihre Traditionen liebevoll.

Die Einsamkeit der Nordfjorde

Im Unterschied zu den Fjorden im Süden Norwegens sind die im hohen Norden wenig bekannt. Wer den weiten Weg dennoch nicht scheut, wird faszinierende Landschaften und vor allem Ruhe finden. Langfjord, Altafjord, Laksefjord, Tanafjord oder Porsangerfjord – sie alle sind reizvoll und bieten Stoff für Legenden. So sollen die Dolomitformationen im Porsangerfjord in Wahrheit versteinerte Trolle sein, die von den Strahlen der Sonne getroffen wurden. Angler können in den benachbarten Flüssen wahre Prachtexemplare von Lachsen fangen. Wanderer finden im Stabbursdalen-Nationalpark am südöstlichen Ende der Porsanger-Halbinsel einsame Taiga- und Tundralandschaften mit dem weltweit nördlichsten Kiefernwald vor.

Nordkap, das Ende Europas?

Einmal ans nördliche Ende Europas – auf zum Nordkap! Dabei befindet sich der nördlichste Punkt etwas weiter bei Knivskjellodden, gleichfalls auf der Insel Magerøya, bzw. auf dem Festland bei Kinnarodden auf der Halbinsel Nordkyn. Doch der kleine Irrtum, der auf einen englischen Seefahrer zurückgeht, wurde nicht korrigiert, da vom Nordkap aus die Klippen besonders malerisch zum Meer abfallen und sich das Ende Europas richtig spektakulär präsentiert. War die Anreise früher mühsam, ist das Nordkap durch den Nordkaptunnel und über eine ausgebaute Straße von Honningsvåg heute schneller und leichter erreichbar. Den Besucher erwartet die moderne Nordkaphalle mit Infozentrum, Restaurant und Souvenirshop. Eine gläserne Aussichtsplattform bietet einen atemberaubenden Blick auf Klippen und Meer – wenn beide nicht im Nebel verschwinden.

[1]

[1] Am Porsangerfjord spürt man die Nähe zur Arktis. [2] Am Nordkap endet Europa. [3] Graffiti aus der Steinzeit: prähistorische Felszeichnungen in Alta. [4] Mittlerweile werden die Traditionen der Sami wieder liebevoll gepflegt.

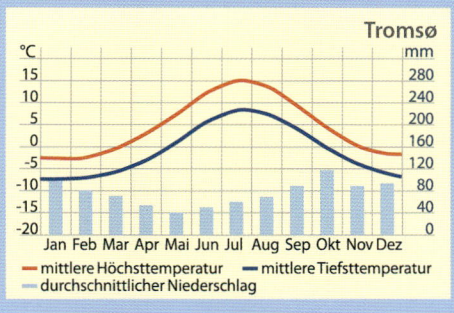

INFOBOX

Beste Reisezeit

Der klimatische Unterschied zwischen Nord und Süd ist nicht so ausgeprägt wie der zwischen West und Ost. Trotzdem ist man winters im hohen Norden der Polarnacht und den Nordlichtern näher als im Süden. Der Frühling fängt später an, der Herbst beginnt früher.

mittlere Höchsttemperatur
mittlere Tiefsttemperatur
durchschnittlicher Niederschlag

44

SCHWEDEN – ASTRID-LINDGREN-LAND

Schweden weckt Erinnerungen an die Kindheit: Ob Pippi, Michel oder die Kinder aus Bullerbü – schon bei den Namen denkt man an weite Waldlandschaften, rote Holzhäuser und blaue Seen. Südschweden bietet all das im Übermaß, und dazu noch großartige Städte und wunderschöne Schärenküsten.

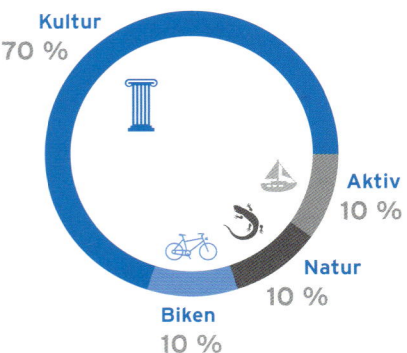

Kultur 70 %

Aktiv 10 %

Natur 10 %

Biken 10 %

[1] Traum jedes Schwedenurlaubers: die Schärenküste bei Tjörn. [2] Fast wie in Venedig: Stockholms schöne Schwester Göteborg an der Westküste. [3] Zauberhaft: Schloss Vadstena in Östergötland. [4] Historische Bockwindmühle bei Vickleby auf der Insel Öland.

[1]

Vergnügliche Hafen- und Wissensstadt Göteborg

Göteborg an der Westküste kann es durchaus mit dem Flair mitteleuropäischer Metropolen aufnehmen: schöne Einkaufsstraßen mit Cafés, attraktive Museen, Oper und Theater und dazu noch der Vergnügungspark Liseberg mitten in der Stadt. Die Prachtstraße Kungsportavenyn, kurz Avenyn, ist gesäumt von netten Bars und Restaurants. Sie gilt als einziger »richtiger« Boulevard des Nordens. 1621 durch Gustav II. Adolf gegründet, war Göteborg viele Jahrhunderte einer der wichtigsten Handelsplätze Nordeuropas. Als solcher wurde er durch deutsche, englische und holländische Einwanderer geprägt. Heute setzt Göteborg auf Kultur und Wissenschaft, was man vor allem im naturkundlichen Erlebnismuseum Universeum spürt.

Sommerfrische auf Tjörn und Örust

Nach Tjörn und Örust gelangt man über die Landstraße RV 160, die zu den schönsten Straßen in ganz Schweden zählt. Die Inseln an der Westküste sind ein wahres Paradies für Wassersportler: Segler, Surfer und Kajakfahrer sind gleichermaßen begeistert von der malerischen Schärenwelt, aber auch Angler finden hier reiche Fischgründe. In den Sommermonaten verbringen viele Schweden ihren Urlaub am Wasser. Mittlerweile zieht es auch immer mehr – vor allem deutsche – Touristen auf die unzähligen kleinen Eilande mit ihrer einzigartigen Landschaft aus nacktem Fels, Tümpeln, Mooren und Heideflächen.

Tanum - Kunst der Bronzezeit

Was Hjemmeluft für Norwegen, ist Tanumshede für Schweden. In dem Ort nördlich des Städtchens Fjällbacka – Lindgren-Fans vertraut durch den Film »Ronja Räubertochter« – haben unbekannte Künstler aus der Bronzezeit ihre Spuren hinterlassen: Über 10 000 Gravuren und Zeichnungen sind dort in den Fels geritzt. Zentrum des von der UNESCO zum Welt-

kulturerbe erklärten Gebiets ist Vitlycke mit einem Museum. Die Gemeinde Tanum hat noch mehr zu bieten, etwa den Kosterhavet-Nationalpark, Schwedens ersten marinen Nationalpark, oder die Salzinsel Saltö mit ihren kleinen sandigen Badebuchten.

Götakanal - Am Blauen Band entlang

Schwedisches Bauwerk des Jahrtausends – diesen Namen muss man sich erst einmal verdienen. Die rund 190 km lange Wasserstraße von Mem an der Ostsee bis Sjörtorp am Vänersee ist eine der populärsten Sehenswürdigkeiten des Lan-

des. An Bord einer der drei historischen Dampfschiffe »Juno«, »Diana« oder »Wilhelm Tham« können die Gäste die Landschaft in aller Ruhe an sich vorbeiziehen lassen und dabei 58 Schleusen passieren. Entlang des alten Treidelpfades lässt es sich wunderbar radeln. Zusammen mit dem Trollhätte-Kanal verbindet die Wasserstraße seit 1832 die Nordsee mit der Ostsee. Es besteht auch die Möglichkeit, eine verlängerte, 390 km lange Strecke von Stockholm nach Göteborg zu fahren.

Östergötland - Puppenstube und Industriekultur

Linköping und Norrköping bieten Architekturfans ganz unterschiedliche Stadtansichten. In Gamla Linköping, rund 2 km von der eigentlichen Stadt entfernt, wurde in den 1950er-Jahren ein Freilichtmuseum errichtet. Alte Häuser, die aufgrund der Stadtsanierung neuen Gebäuden weichen mussten, wurden Stück für Stück abgetragen und dort wieder aufgebaut. So entstand eine schwedische Stadtidylle aus dem späten 19. Jh. mit königlichem Postamt, einem Dorfladen, Schulhaus und einer Apotheke – fast wie bei Pippi Langstrumpf. Im Gegensatz

dazu begeistert Norrköping, einst »Schwedens Manchester« mit alter Industriearchitektur; viele der Gebäude werden heute von Künstlern genutzt.

Öland - Schwedens Sonneninsel

Öland ist anders – das merkt man schon, wenn man mit dem Auto über die 6 km lange Brücke auf die Insel östlich

von Kalmar fährt. Von den beiden Leucht-
türmen, dem Langen Erik im Norden bis
zum Langen Jan im Süden, erstreckt sich
eine für Schweden einmalige, fast südlich
wirkende Heidelandschaft. Die Insel ist seit
Jahrtausenden bewohnt, noch heute findet
man Grabhügel und Siedlungsspuren aus
Bronze- und Eisenzeit wie etwa Blå Rör bei
Borgholm. Auch die 400 Bockwindmüh-
len prägen die Landschaft, früher sollen es
mehr als 2000 gewesen sein. Die gesamte
Insel besteht aus Kalkstein, besonders beeindruckend sind die 120 Felssäulen der
Byrum Raukar. Die schwedische Königsfa-
milie verbringt ihren Sommerurlaub regel-
mäßig auf Schloss Solliden.

Gotland – Raukar, Rosen und Ruinen

Auf der größten Insel der Ostsee
sind Siedlungsspuren schon vor
8000 Jahren nachweisbar. Im Mittelalter
war Visby ein wichtiges Handelszentrum;
die Hanse machte die Stadt reich. Das
weckte Begehrlichkeiten, gegen die man
sich mit einer 3,6 km langen Stadtmauer
zu erwehren wusste. Zusammen mit vielen
historischen Bauten der Innenstadt zählt
Visby heute zum UNESCO-Weltkulturerbe. In den Sommermonaten lässt es sich
durch die engen kopfsteingepflasterten
Gassen schlendern und an den unzähligen Rosensträuchern schnuppern, die an
den Fassaden der kleinen Häuser ranken.
Allein in Visby stehen elf mittelalterliche Kirchenruinen, auf der ganzen Insel
gibt es mehr als 90 Landkirchen aus dem
12. bis 14. Jh. Neben makellos weißen
Sandstränden gibt es skurrile Kalksteinsäu-
len, Raukar genannt, die wie bizarre Zau-
berwesen auf das Meer blicken.

Trosa – Romantische Filmkulisse

Inga-Lindström-Fans dürften Trosa
und das benachbarte Naturreservat
Stendörren bekannt sein, denn dort befinden sich viele Drehorte der deutschen
Fernsehreihe. Die Bilderbuchlandschaft
mit ihrer traumhaften Schärenküste und
den prächtigen Schlössern bietet die passende Kulisse für romantische Filme. Im
Städtchen Trosa lässt es sich wunderbar
am Fluss Trosaån bummeln: Kleine Häuser
mit hübschen Vorgärten und verschnör-
kelten Sitzbänken verstärken den idyllischen Eindruck. Kurt-Tucholsky-Fans
können sich ebenfalls freuen: Rund 30 km

nordöstlich erhebt sich Schloss Gripsholm
auf einer Insel im Mälarsee.

Schwimmende Metropole Stockholm

Es gibt viele Städte mit dem Beinamen »Venedig des Nordens«, aber
verdient hat diesen Titel eigentlich nur
Stockholm. »Schwimmende Stadt« hat
Selma Lagerlöf sie genannt. Die schwedische Hauptstadt erstreckt sich auf 14 Inseln
und besitzt 52 Brücken; ein Drittel
der Stadtfläche besteht aus Wasser. Dominiert wird das Bild vom eindrucksvollen
Panorama der Altstadt (Gamla Stan) mit
dem Stadtschloss und der Großen Kirche
(Storkyrkan). Dazu kommen die deutsche
Kirche (Tyska kirkan) und die Häuserzei-
le des Stortorget mit dem Nobelmuse-
um. Neben seiner traumhaften Lage mit
Stadtstränden, Gärten und einem eigenen
Nationalpark wartet Stockholm mit bedeutenden und originellen Museen auf:
dem Skansen, ältestes Freilichtmuseum
der Welt, dem Vasamuseet mit dem gleichnamigen, 1628 gesunkenen Kriegsschiff,
dem Strindbergsmuseet in der ehemaligen
Wohnung des Schriftstellers und nicht zuletzt mit dem ABBA-Museum.

Uppsala – Den Ahnherren Schwedens auf der Spur

Die altehrwürdige Residenzstadt
Uppsala kann mit der ältesten Universität der nördlichen Welt, der mit 118,7 m
höchsten Kathedrale Nordeuropas und einem imposanten Vasa-Schloss aufwarten.
Begonnen hat aber alles in Gamla Uppsala (Alt-Uppsala) rund 5 km südlich: Dort
befinden sich die drei Königshügel, deren wertvolle Grabbeigaben bis ins 6. Jh.
datiert werden können. Es wird vermu-
tet, dass die Könige der Svear aus dem
Geschlecht der Ynglingar hier bestattet
wurden. Unmittelbar daneben steht die
Gamla Uppsala kyrka, die 1164 sogar zur
Bischofskirche wurde – allerdings nur bis
zum 13. Jh., dann verlegte man den Sitz
ins »neue« Uppsala am Fluss Fyrisån.

[1] In unmittelbarer Nähe zur Gamla Uppsala kyrka steht der Glockenturm aus Holz.
[2] Wasserstadt Stockholm: Der Name bedeutet »Pfahl-Insel«. [3] Zeugin ruhmreicher Vergangenheit: Kirchenruine in Visby auf Gotland. [4] Nicht immer ist die Ostsee bei Öland so ruhig.

INFOBOX

Beste Reisezeit

In Südschweden herrscht ein eher gemäßigtes Klima vor. Die Sommer können sogar richtig warm werden; die Winter fallen milder aus als im Norden. Von West nach Ost nimmt die Niederschlagsmenge ab, was sich an den recht trockenen Inseln Öland und Gotland zeigt.

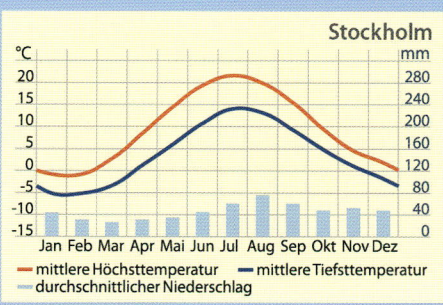

Stockholm

°C / mm

20 / 280
15 / 240
10 / 200
5 / 160
0 / 120
-5 / 80
-10 / 40
-15

Jan Feb Mar Apr Mai Jun Jul Aug Sep Okt Nov Dez
— mittlere Höchsttemperatur — mittlere Tiefsttemperatur
durchschnittlicher Niederschlag

Uppsala
Schloss Gripsholm
Stockholm
Vänernsee
Trosa
Tanum
Sjotörp
Götakanal
Norrköping
Mem
Vättersee
Linköping
Örust
Tjörn
Trollhätte-Kanal
Göteborg
SCHWEDEN
Visby
Gotland
Byrums Raukar
Borgholm
Öland
OSTSEE

SCHWEDEN – GRÜN, ROT, SILBER

(45)

Nils Holgersson reiste mit den Wildgänsen nach Lappland, die Touristen nehmen heute gut ausgebaute Straßen, um in den hohen Norden zu gelangen. Dort treffen sie neben der uralten Samenkultur auf unberührte Natur und einsame Landstriche nördlich des Polarkreises.

Natur
30 %

Kultur
30 %

Aktiv
20 %

Unterwegs
20 %

[2]

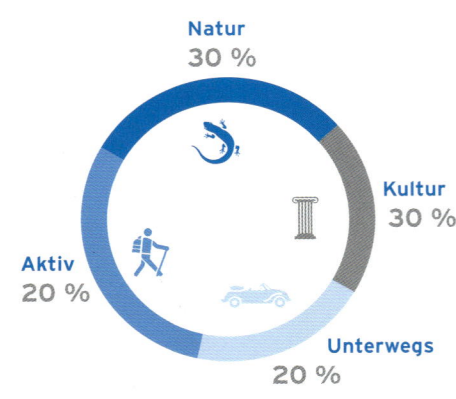

[1]

Dalarna – Schätze aus der Natur

Auf dem Kopparleden, dem Kupferweg, der die norwegische Stadt Røros mit Falun verbindet, trifft man auf die Spuren der industriellen Vergangenheit. Das typische Schwedenrot kommt nämlich aus Dalarna: Im Kupferbergwerk Falun förderte man neben zahlreichen Metallen auch die »falu rödfärg«, die für die Hausfassaden so charakteristische rostrote Eisenfarbe. Besucher erfahren im Världsarvshuset viel über die von der UNESCO ausgezeichnete Grube und ihren bis zu 600 m tiefen Krater. In der Nähe liegt Larssongården, das Anwesen des berühmten Jugendstil- und Porträtmalers Carl Larsson (1853–1919). Der Kupferweg führt am Siljansee vorbei zum artenreichen Tal des Dalälven, Schwedens längstem Fluss.

Grenzerfahrungen im Fulufjället-Nationalpark

An der Grenze zu Norwegen erstreckt sich mit dem Fulufjället eine Hochfläche, die zusammen mit dem umliegenden Tiefland einen Nationalpark mit Schwedens ältesten Bäumen bildet – es wurden über 9000 Jahre alte Fichten hier entdeckt. Den Wanderweg Kungsleden kreuzen zahlreiche Tiere wie Lemminge, Vielfraße und Rotfüchse. Eine große Zahl an Flechten bedeckt den Untergrund aus Sandstein, mehr als 1190 verschiedene Pflanzenarten entzücken jeden Botaniker. Am Njupeskär stürzen die Wassermassen 125 m, davon 90 m im freien Fall, von Schwedens höchstem Wasserfall.

Höga Kusten – Wo das Land aus dem Meer stieg

Und wieder eine UNESCO-Auszeichnung: Seit 2000 steht die Hohe Küste auf der Weltnaturerbe-Liste und das nicht ohne Grund. Denn an keinem anderen Ort der Erde stieg das Land schneller (aus dem Meer) empor: rund 1 cm pro Jahr; die tiefste Stelle der Ostsee (293 m u. N. N.) befindet sich ganz in der Nähe bei Ulvödjup. Vom 293 m hohen Skuleberget im Skuleskogens-Nationalpark hat man einen fantastischen Blick auf die von den geschmolzenen Eismassen hinterlassene

Fjordlandschaft mit ihren zahllosen kleinen Inseln. Nur wenige sind bewohnt wie etwa Ulvö, das sogar über eine Surströmmings-Akademie verfügt, die sich ganz der – gewöhnungsbedürftigen – schwedischen Fischspezialität verschrieben hat.

Gammelstaden – Unterkunft für die Gläubigen

Die »Alte Stadt« bei Luleå ist die größte und besterhaltene Kirchstadt Schwedens und UNESCO-Weltkulturerbe. Früher gab es zahlreiche solcher Kyrkstads, heute sind noch 16 erhalten. Rund

[3]

um die Kirche Nederluleå kyrka gruppieren sich 450 Häuser, in denen früher die Gläubigen, von weit her zum Gottesdienst angereist, übernachten konnten. Gammelstaden lag einst direkt an der Küste, die kontinuierliche Landerhebung sorgte für seine heutige Position 10 km weiter im Landesinneren. Etwas weiter südlich erstrecken sich bei Piteå herrliche flache Sandstrände, die sogar für einen Badeurlaub im hohen Norden taugen.

Flüsseland Norrland

 Flüsse und Wasserfälle bestimmen das Norrland. Früher dienten sie

[1] Blick in den Abgrund: Krater in der Bergbaustadt Falun. [2] Der Skuleskogen-Nationalpark ist fast wegelos. [3] Nordschweden ist ein Eldorado für Trekking-Touristen. [4] Einst fanden hier gläubige Christen eine Unterkunft: Gammelstaden. [5] Wieder stolz auf die uralte Kultur: Same in Jokkmokk.

[4]

den Flößern zum Holztransport, heute versorgen viele das Land mit Strom. Fast die Hälfte der schwedischen Elektrizität wird in Wasserkraftwerken erzeugt, und dies führt an den Flüssen zu vielen Staustufen. Einer der wasserreichsten Flüsse ist der Ångermanälven mit seinem Wasserfall Trappstegforsen. Auch der Piteälven weist einen großen Wasserfall auf, den Storforsen. Bei Kajakfahrern ist der Fluss beliebt wegen der Trollforsen, einer der größten Stromschnellen Europas. Am Luleälven stehen die größten Kraftwerke des Landes, der Kalixälven hingegen blieb unberührt und bietet als Anglerparadies reiche Fischgründe.

Jokkmokk – Leben am Polarkreis

Der kleine Ort Jokkmokk am nördlichen Polarkreis ist das Zentrum der samischen Kultur in Schweden, wo die traditionellen Handwerkstechniken der Ureinwohner gelehrt werden. Im Winter findet der »Samenmarkt« statt, eine Veranstaltung mit langer Tradition. 1605 wurde er zum ersten Mal ausgerichtet. Heute kommen rund 40 000 Besucher zu den Essens- und Handwerksständen. Wie in anderen Regionen hoch im Norden besteht auch hier die Chance, die faszinierenden Polarlichter zu beobachten. Die Samen verbanden den

[5]

»Tanz der Lichter« mit Musik, daher erkennt man auf ihren Schamanentrommeln Nordlichtsymbole.

Auf dem Silberweg durch die Pite Lappmark

 Lappmark ist ein älterer schwedischer Begriff für das Gebiet der Samen. In der Pite Lappmark verläuft der Silvervägen von Arjeplog bis aufs Fjäll. Der Name erinnert an den früher bedeutenden Silberbergbau in der Region. An den Namen der Seen, Naujaure, Uddjaure oder Aisjaure, merkt man hingegen, dass man sich im Samengebiet befindet. In der Nähe durchquert der Fernwanderweg Kungsleden den Nationalpark Pieljekaise am östlichen Ende des norwegisch-schwedischen Grenzgebiets. In den Birkenwäldern sind Bär, Polarfuchs und Königsadler zu Hause. Westlich vom Park gibt es im Yraftdelta eine reiche Vogelwelt zu entdecken.

Sarek-Nationalpark – Trekkingtouren für Profis

Sechs der höchsten Gipfel des Landes, rund 100 Gletscher und das Zuhause der großen Raubtiere Schwedens – kein Wunder, dass mancher von der »letzten Wildnis« Europas spricht. Das Attribut mag übertrieben sein, aber der Sarek-Nationalpark, auch UNESCO-Weltnaturerbe, begeistert Wanderer durch seine Abgeschiedenheit und Ursprünglichkeit. Bären, Elche und Luchse sind keine Seltenheit. Das Rapadalen ist wegen seiner vielen Kanäle und Lagunen besonders beliebt; gern genutzter Ausgangspunkt für Trekkingtouren ist der Parkplatz von Kvikkjokk. Zum Weltnaturerbe Laponia gehören auch die Parks Stora Sjöfallet und Padjelanta sowie das Naturreservat Sjaunja.

Kebnekaise – Schwedens wildester Berg ruft

Ob 2114 m, 2111 m oder 2105 m hoch – auf jeden Fall ist der Kebnekaise der höchste Berg Schwedens. Grund für die Schwankungen ist die Eisschmelze am Südgipfel, die Nordspitze weist eine konstante Höhe von 2097 m auf. Der Name stammt vom samischen Wort »Giebne-gási«, Kesselkamm, und trifft die Form des von mächtigen Gletschern geformten Gebirgsmassivs recht gut. Für Wanderer und Bergsteiger beginnt die Tour zum Gipfel meist an der Kebnekaise-Fjällstation. Fünf bis sieben Stunden dauert die leichtere Variante des Westwegs, den Ostweg hingegen sollten nur erfahrene und schwindelfreie Kletterer wagen. Weniger anspruchsvoll, aber genauso atemberaubend ist eine Tour zur Tarfalahütte, bei der man mit einem unvergesslichen Ausblick auf den See Tarfalajaure und die Berge Kaskasapakte und Kaskasatjakka samt den dazugehörigen Gletschern belohnt wird.

Eismeerweg am Torneälv

Im Unterschied zu vielen anderen Wasserläufen Schwedens ist der Torneälv nicht reguliert und nicht gebändigt, er ist damit einer der letzten wilden Flüsse in Europa und zugleich einer der saubersten. Im extrem dünn besiedelten Nordosten streifen noch Elche und Biber durch das mit Mooren durchsetzte Waldland. Am Torneälv und seinen Zuflüssen haben zahllose Vögel ein sicheres Rückzugsgebiet gefunden. Hier verläuft der Isahvsleden, der Eismeerweg, von Haparanda am Bottnischen Meerbusen bis hoch nach Karesuando. Schier unendlich erscheint die Weite der schwedischen Taiga.

[1]

[2]

[1] Auf den Kebnekaise führt keine Seilbahn, da ist Kondition gefragt. [2] Wild und wunderschön ist der Torneälv. [3] Die Aussicht vom Skuleberger auf die Fjordlandschaft ist atemberaubend. [4] Rentiere haben im Norrland Vorfahrt!

[3]

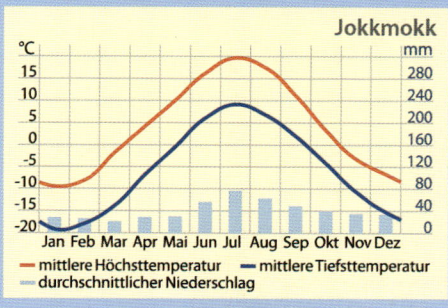
[4]

INFOBOX

Beste Reisezeit

Die Sommer sind im Norden kurz; in Lappland liegt oft noch Mitte Juni eine dünne Eisschicht auf den Seen, ab September setzen schon wieder die ersten Nachtfröste ein und der schwedische Indian Summer beginnt. Zwischen Dezember und März lassen sich die Polarlichter blicken. Outdoorkleidung ist unerlässlich, Wanderschuhe und Gummistiefel eingeschlossen.

Jokkmokk

°C / mm
15 / 280
10 / 240
5 / 200
0 / 160
-5 / 120
-10 / 80
-15 / 40
-20 / 0
Jan Feb Mar Apr Mai Jun Jul Aug Sep Okt Nov Dez
— mittlere Höchsttemperatur — mittlere Tiefsttemperatur
durchschnittlicher Niederschlag

Karesuando
Kebnekaise
Torneälv
Eismeerweg
Sarek-Nationalpark
Polarkreis
Kvikkjokk
Lappmark
Jokkmokk
Haparanda
Pieljekaise-Nationalpark
Storforsen
Luleå
Pitea
Trappstegsforsen
Ångermanälven
NORWEGEN
SCHWEDEN
FINNLAND
Skuleskogens-Nationalpark
Höga Kusten
Røros
Fulufjället-Nationalpark
Siljansee
Falun
Helsinki
Stockholm

46

FINNLAND – WILDE NATUR UND DIE LEICHTIGKEIT DES SEINS

Wie vielgestaltig Gewässer sein können, wie facettenreich die Landschaft aus Felsen, Grasland, Wäldern und Feldern, das zeigt Finnland eindrucksvoll. Es bietet außerdem viel Kultur, lebendige Städte, ein Faible für Design und lässige Weltoffenheit.

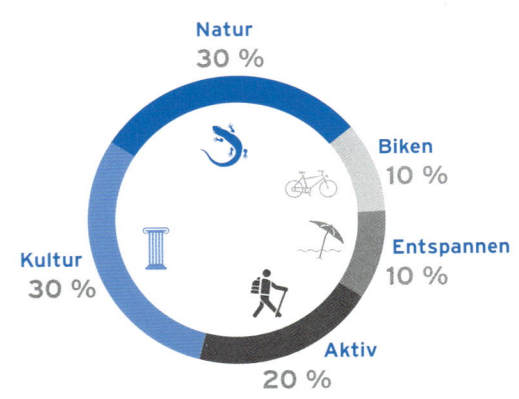

Natur 30 %
Biken 10 %
Entspannen 10 %
Aktiv 20 %
Kultur 30 %

[1] Der Blick vom Ukko Koli auf den Pielinensee gilt in Finnland als nationales Symbol. [2] Abendstimmung in der Landschaft Kainuu in Karelien, ganz im Osten Finnlands. [3] Schmucke Holzhäuser in der Altstadt von Rauma. [4] Im Nordhafen der Hauptstadt Helsinki liegen Privatjachten und die Eisbrecherflotte.

[1]

Helsinki - Festung mit Design

Die weltoffene finnische Hauptstadt ist von zahlreichen Jugendstilbauten geprägt. Der strahlend weiße Dom (1852) am Senatsplatz glänzt mit einem klassizistischen Ensemble. Die ebenfalls klassizistischen Tori-Viertel haben sich zum Szenequartier am Hafen entwickelt. Von dort ist es nicht weit bis zur Esplanade, einer Parkanlage, die abends zum allgemeinen Treffpunkt wird. Nicht verpassen sollte man die Festung Suomenlinna (18. Jh.), das »Gibraltar des Nordens« auf einer Insel vor Helsinki, und den Design-Distrikt mit den Werken von Alvar Aaltos Nacheiferern.

Finnische Seenplatte - Ein Wasserlabyrinth

Richtig durchgezählt hat sie niemand, die je nach Definition zwischen 42 000 und 60 000 Gewässer, welche die weit verzweigte Finnische Seenplatte im Südosten des Landes bilden. Häufig sind die Seensysteme über natürliche Kanäle miteinander verbunden. Mit dem Passagierschiff oder mit dem Kanu entdeckt man diese stille Welt aus malerischen Buchten und felsigen Steilküsten, aus Schilfgürteln und geheimnisvollen Mooren, Grasland und baumbestandenen Hügeln. Hier taucht ein Elch am Ufer auf, dort gleitet ein Biber durchs seichte Uferwasser. Und irgendwo am See feiert man mit einem Sommerfest die überwältigend schöne Natur und die Leichtigkeit des Seins.

Große Rundfahrt durchs Saimaa-Seengebiet

Durch die Natur des Saimaa-Seengebiets, einem Teil der Finnischen Seenplatte, führt die 614 km lange Große Seenrundfahrt. Sie hält fantastische Natureindrücke und viele Sehenswürdigkeiten bereit. Start ist Lappeenranta. Der Weg bis Puumala passiert Mikkeli mit dem berühmten Dom. Weiter geht es nach Savonlinna mit der Burg Olavinlinna (15. Jh.), die heute als Kulisse für Opernfestspiele genutzt wird. Beim Dorf Ovari begibt man

sich auf Expedition in die reichen Fischgründe des Linnansaari-Nationalparks. Auf dem Weg zurück streift die Route Kerimäki mit der 1848 erbauten, größten Holzkirche der Welt. Bei Imatra schießt der Vuoksi über den Imatrafall, aber nur, wenn das Stauwerk des nahen Wasserkraftwerks den Überlauf öffnet.

Karelien - Der Osten ist nah

Im östlichen Teil von Finnland, in Karelien rund um die Hauptstadt Joensuu, wird der russische Einfluss spürbar, etwa in den orthodoxen Kirchen. Die karelische Kultur bringt das Nordkarelische

Museum im »Carelicum« von Joensuu nahe. Das »Runendorf« Paarppeinvaara, ein Freilichtmuseum, bietet Einblicke in die traditionelle Handwerkskunst und die Musik mit der Kantele, einem Saiteninstrument. Neu-Valamo bei Heinävesi ist das einzige orthodoxe Mönchskloster Finnlands. Am Pielinensee kann man die Spezialitäten der Region genießen, vor allem die Karelischen Piroggen, mit Milchreis gefüllte Teigtaschen.

Koli-Nationalpark - Quelle der Inspiration

Wer auf dem 347 m hohen Ukko Koli das Panorama auf den Pielinensee im finnischen Teil von Karelien betrachtet, den überkommt Demut. Und er versteht sofort, warum dieser Anblick so viele finnische Künstler inspirierte. Aus dem blauen See ragen 2000 Inseln und Inselchen. Umrahmt wird er von feinen Sandstränden, blanken Felsblöcken, sattgrünen Wäldern, in denen Wasserläufe rauschen, und ausgedehnten Moor- und Heideflächen. 90 km Wanderwege führen durch den 30 km² großen, unberührten Nationalpark um den Berggipfel. Ihn zu erkunden ist unter der Mitsommersonne

ebenso attraktiv wie im Winter, wenn man auf Ski unterwegs ist.

Oulanka-Nationalpark - Auf der Spur des Bären

Die Region um Kuusamo ist von zahlreichen Wanderwegen durchzogen. Der bekannteste ist die »Bärenrunde« (80 km), die größtenteils im Gebiet des Oulanka-Nationalparks nördlich von Kuusamo verläuft. Spektakuläre Hängebrücken über Flüsse und Stromschnellen, tiefe Schluchten und steile Klippen, von denen Wasserfälle hinabstürzen, rundherum eine dschungelähnliche Taiga. Darin leben Bär, Wolf und Vielfraß, darüber kreist der Goldadler. Die Flora ist eine Mischung aus arktischen, sibirischen und südlichen Arten. Auf geführten Touren verpasst man keines dieser Highlights. Kuusamo ist auch eine beliebte Wintersportregion.

Lappland – Wilde und stille Weite

In Finnisch-Lappland ganz im Norden leben durchschnittlich zwei Menschen auf einem Quadratkilometer. Charakteristisch für die weite Landschaft sind breite Täler, Berge mit runden Kuppen, Bäche und Flüsse teils in tiefen Canyons sowie Moore und Seen. Im Sommer geht die Sonne drei Monate lang nicht unter. Wer den Klang der Stille hören will, ist hier genau richtig. Lappland, insbesondere die Nationalparks Lemmenjoki und Pallas-Yllästunturi, sind über ein Netz aus Wanderwegen erschlossen. Auf Menschen trifft man nur selten, eher auf Elche, Wölfe, Bären und Steinadler. In Lappland gibt es sie noch, die Wildnis.

Rauma – Holzarchitektur und Handwerk

Das Herz von Raumas Altstadt, seit 1991 UNESCO-Weltkulturerbe, ist der Marktplatz mit dem Alten Rathaus und der Heiligkreuzkirche. Wie Jahresringe sind die Häuser um diesen Kern herum angeordnet – ausnahmslos aus Holz. Gelbe, grüne und rote Häuschen, mal ein-, mal zweigeschossig und mit dekorativem Schnitzwerk säumen die kopfsteingepflasterten Straßen. Die Häuser stammen zwar überwiegend aus dem 19. Jh., die Stadtanlage ist jedoch mittelalterlichen Ursprungs. Etwa 800 Werkstätten präsentieren altes und neues Handwerk.

Turku und sein Garten im Meer

Die alte Hauptstadt Finnlands wurde nach einem Brand im 19. Jh. wieder aufgebaut. Turku ist also eine junge Stadt. Aus der Zeit davor stammen Dom (1300) und die Ruinen der Burg Turunlinna (13. Jh.). Vor Turkus Toren liegt ein kleines Paradies: der Schärengarten mit mehr als 20 000 teils felsig grauen, teils bewaldeten Inseln in der Ostsee, miteinander verbunden durch Brücken oder Fähren. Die artenreiche Flora und Fauna in der einzigartigen Umgebung begeistern ebenso wie kleine quirlige Orte für Sommerfrischler.

Åland-Inseln – Urlaub auf Schwedisch

Von den 6700 Eilanden der Åland-Inseln am Eingang zum Bottnischen Meerbusen sind 60 bewohnt. Hier spricht man Schwedisch. Die abwechslungsreiche Natur besteht aus roten Felsen, Wildblumenpracht und dichten Wäldern. Weitere Anlaufstationen sind Funde aus der Wikingerzeit sowie, im Hauptort Mariehamn, die Burg Kastelholm (14. Jh.) und das 100 Jahre alte Segelschiff »Pommern«. Das wahrscheinlich älteste Gebäude Finnlands ist die Feldsteinkirche von Jomala (13. Jh.). Ansonsten fällt auf Åland jede Alltagshektik wie von selbst ab. Das einheimische Bier sowie Säfte und Liköre aus Tjudö runden die Ferienstimmung geschmacklich ab.

[1] Die Bärenrunde liegt weitab jeglicher Zivilisation; kostenfreie Hütten bieten das Nötigste zum Übernachten. [2] Idyllische Lage: Haus auf den Åland-Inseln. [3] Die Burgruine Turunlinna in Turku versetzt ins düstere Mittelalter. [4] Nicht wenige kommen deswegen nach Lappland: Irisierend grün erhellen Nordlichter die Nacht.

INFOBOX

Beste Reisezeit

Trotz der nördlichen Lage hat Finnland vergleichsweise milde Sommer mit 20 °C Höchsttemperaturen im Süden und Südwesten, im Landesinneren sogar bis 30 °C. Im Winter herrscht auch im Süden Dauerfrost – dafür gibt's keine Mücken. Wer das Nordlicht sehen und Polarwinter erleben will, ist von Dezember bis April unterwegs.

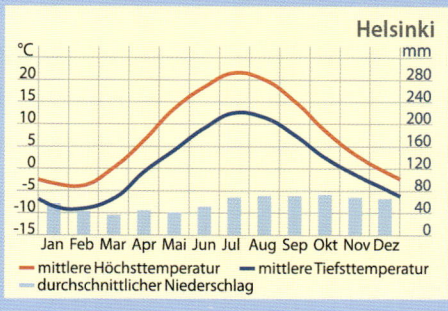

Helsinki

mittlere Höchsttemperatur
mittlere Tiefsttemperatur
durchschnittlicher Niederschlag

EUROPAS OSTEN UND SÜDOSTEN

BALTIKUM
RUSSLAND, WEISSRUSSLAND
KROATIEN
BALKANSTAATEN
GRIECHENLAND

47

BALTIKUM – MOOR UND MUSIK HINTER OSTSEEDÜNEN

Unendlich lange Sandstrände, einsame Naturlandschaften und Städte, die den Aufbruch ins 21. Jahrhundert wagen – eine Überraschung auf der Reise in die drei baltischen Staaten.

Kultur
60 %

Entspannen
10 %

Aktiv
10 %

Natur
20 %

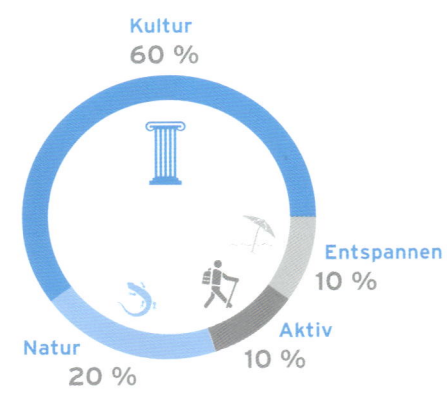

Vilnius – Perle Litauens

Die alte Hauptstadt Litauens hat viele Gesichter. Außerhalb der Stadtmauer scheint die Zeit vor 30 Jahren stehen geblieben zu sein, auch wenn am Horizont einige Wolkenkratzer wachsen. Innerhalb der Stadtmauer glänzt eine nahezu unzerstörte Perle mit Gebäuden aus verschiedenen Architekturepochen. Über 50 meist katholische Kirchen prägen das Stadtbild. Schmale Kopfsteinpflastergassen voller Cafés und stuckverzierte Häuser, teils im Jugendstil, verbreiten eine unaufgeregte Atmosphäre und ein charmantes Flair. Freiheit wie in Užupis, dem »Künstlerstaat« am Rande der Altstadt, günstiges Bier, wundervoll restaurierte Gebäude und eine gemütliche Atmosphäre – noch ist Vilnius ein echter Geheimtipp.

Klaipėda – Tor zur Welt

Eigentlich sind die Litauer keine Seefahrer, doch seit 1991 ist Klaipėda, das frühere preußische Memel, die wichtigste Hafenstadt des Landes. Nach einer zerstörerischen Geschichte im 20. Jh. erfindet sich die Stadt zwischen sowjetischer Vergangenheit und litauischer Moderne neu. Einige Fachwerkhäuser, sonst ganz untypisch für Litauen, haben die Zeiten ebenso überstanden wie die prächtige Jugendstilhalle der Post in der Neustadt. Auf dem Theaterplatz in der Altstadt steht wieder das Denkmal für das vom Barockdichter Simon Dach umschwärmte und besungene Ännchen von Tharau.

Italienische Aussicht auf der Kurischen Nehrung

Ein schmaler Landstreifen trennt das Kurische Haff von der Ostsee, fast 100 km ist er lang, an seiner schmalsten Stelle nur 380 m breit und geteilt zwischen Litauen und Russland (Exklave Kaliningrad). Auf der einen Seite erstrecken sich die bis zu 60 m hohen Dünen und die breiten Sandstrände der Ostsee, auf der anderen die Schilfgürtel des Haffs. Seit dem Jahr 2000 gehört die Nehrung zum UNESCO-Welterbe. Das touristische Zentrum ist das pittoreske Örtchen Nida, in dem einst Thomas Mann mit sei-

ner Familie Urlaub machte und »die italienische Aussicht« genoss. Bei schlechtem Wetter sind die Köpfe der Strandgänger auf der Suche nach Bernstein tief nach unten gebeugt.

Liepāja – Wind über dem Großen Bernstein

Liepāja, die »Stadt des Windes«, drittgrößte Stadt Lettlands und eine wichtige Hafenstadt, erstreckt sich auf den Dünen der Ostseeküste. Mittendrin steht, ein wenig windschief, der aus Beton gebaute »Große Bernstein«. Das

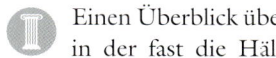

futuristische Gebäude ist die neue Konzerthalle des österreichischen Architekten Volker Giencke, Sitz des einzigen lettischen Symphonieorchesters, und optisch wie akustisch eine Reise wert. Die Musik spielt auch in der spätbarocken Dreifaltigkeitskathedrale auf einer der größten mechanischen Orgeln weltweit. Kunst und Festivals prägen die Stadt. Die Zeit vergeht wie im Flug – eine Sanduhr aus Bernstein zeigt sie am Hafen an.

Riga – Singende Jugendstilmetropole

Einen Überblick über die Hauptstadt, in der fast die Hälfte der Bevölke-

[1] Blick über Riga; im Vordergrund der Wetterhahn der Jakobikirche, rechts die Petrikirche. [2] Die Sanddünen von Nida auf der Kurischen Nehrung. [3] Verkaufsstände vor den Markthallen im Zentrum von Liepaja (Libau). [4] Gesang und Volkstänze in alten Trachten sind lebendiger Ausdruck des historischen Erbes. [5] Die Ostseeküste hat ihren ursprünglichen, wilden Charakter bewahrt.

[4]

rung Lettlands lebt, erhält man vom Turm der St. Petri-Kirche. Straßen und Viertel erzählen die Geschichte, vom Deutschen Orden und der großen Zeit der Hanse bis zu den zerreißenden Ereignissen des 20. Jh. mit den Resten des Rigaer Ghettos. Nahe des wieder aufgebauten Schwarzhäupterhauses, dem ehemaligen Sitz der Kaufmannsgilde, lässt sich die lange Promenade an der Daugava (Düna) für eine erholsame Pause nutzen. Nirgends auf der Welt gibt es mehr Jugendstilhäuser als in Riga, nirgends sonst findet der Zentralmarkt in alten Zeppelinhallen statt und wohl nirgendwo anders wird mehr gesungen und musiziert als in der Stadt der Chöre.

Jūrmala – Seebad unter Kieferhainen

Nur 20 Minuten dauert die Fahrt von Riga zum kilometerlangen »Hauptstadtstrand« im traditionsreichen Seebad Jūrmala. Feinster weißer, sauberer Quarzsand erstreckt sich über 30 km entlang des Rigaer Meerbusens, der »Lettischen Riviera«. Jūrmala besteht eigentlich aus 14 kleinen Orten, früher alle

[5]

Fischerdörfer. Heute prunkt die restaurierte Bäderarchitektur der Holzvillen in den Kiefernhainen. Das Seebad bietet viel Abwechslung: Es gibt hübsche Cafés in der Fußgängerzone, Galerien für moderne Kunst und das große Erlebnisbad Līvu Akvaparks.

Tallinn – Mittelalter trifft Moderne

Die estnische Hauptstadt Tallinn, früher Reval, ist mittelalterlich und supermodern zugleich. Die Straßen hinter den Wehrtürmen der Stadtmauer wurden nie erobert. Während des Zweiten Weltkriegs blieben die Altstadt mit dem Domberg, auf dem auch die russisch-orthodoxe Alexander-Newski-Kathedrale steht, und die hanseatische Unterstadt unzerstört. Heute mischt sich Alt und Neu auf faszinierende Art. Wie früher bei Kerzenschein mit Fingern essen – und Parkgebühren mit dem Handy bezahlen. Über den mittelalterlichen Rathausplatz flanieren – und in den Läden modernes Design betrachten. Das sind die beiden Seiten einer Stadt, deren Hafen im Sommer von vielen Kreuzfahrtschiffen angefahren wird.

Nationalpark Lahemaa – Auf Bohlen durchs Moor

Dichte Wälder, einsame Meeresbuchten mit teils steinigen, teils sandigen Stränden und Hochmoore laden in Lahemaa zu Wanderungen und Radtouren ein. Die Region wurde 1971 der erste Nationalpark der Sowjetunion. Einen geschützten Lebensraum finden dort Elche, Luchse, Fisch-, See- und Steinadler sowie die fast ausgestorbenen Flussperlmuscheln. Ein Bohlenweg führt durch das Hochmoor Viru. Die Halbinsel Käsmu gleicht mit ihren riesigen Findlingen einem großen Eiszeitpark. Restaurierte Gutshäuser werden als Hotels genutzt.

Tartu – Küssende Studenten und Suppengemüse

Auf dem Rathausplatz von Tartu (früher Dorpat) grüßt die bronzene Brunnenskulptur der sich »Küssenden Studenten«. Sie sind zum Wahrzeichen des kulturellen Zentrums Estlands geworden. 1632 gründete Gustav II. Adolf von Schweden die Universität, wo heute rund 15 000 Studenten aller Fachrichtungen büffeln. In der quirligen Altstadt stehen schöne klassizistische Gebäude und die wieder aufgebaute Johanniskirche mit ihren fast 1000 Terrakottafiguren; sie ist der Endpunkt der »Straße der Backsteingotik«. Weiter westlich strahlt die »Suppenstadt« (Supilinn) den Charme eines ehemaligen Viertels für »kleine Leute« aus – sämtliche der von Holzhäusern gesäumten Straßen sind nach Suppengemüse benannt.

Land unter im Soomaa-Nationalpark

Zwischen Winter und Frühling schiebt sich im Soomaa-Nationalpark eine fünfte Jahreszeit. Dann stehen alle Wälder im Riisa-Überflutungsgebiet im Wasser, vorwärts kommt man nur noch mit dem Kanu. Seit 1993 steht die Landschaft im Südwesten Estlands mit ihren Mooren, Sümpfen und Auen unter Schutz. Sie ist Zufluchtsort vieler seltener Tier- und Pflanzenarten. Zur Erkundung bietet sich der Riisa-Lernpfad an. Für Abenteuerlustige gibt es Moorschuhwanderungen über die Feuchtflächen, für Romantiker Kanufahrten in der Dämmerung. Vom Boot lauscht man den Geräuschen der Wildnis und beobachtet die Biber.

[1]

[1] Blick über die Altstadt von Tallinn mit ihren vier großen Kirchen. [2] Im Fluss Halliste bricht das Eis; im Hintergrund das Moor von Kuresoo. [3] Fiktive Gesprächsszene in Tartu (Dorpat): die Schriftsteller Oscar Wilde und Eduard Vilde (1865–1933). [4] Sichere Stege führen durch das Moor des Lahemaa-Nationalparks.

INFOBOX

Beste Reisezeit

Das Klima in den baltischen Staaten ist kühl-gemäßigt, mit höherer Feuchtigkeit in den Küstenregionen. Die meisten Besucher kommen in den mäßig warmen, manchmal auch heißen Sommermonaten. Die Winter bringt reichlich Schnee – auch dann lassen sich die großartigen Städte erkunden.

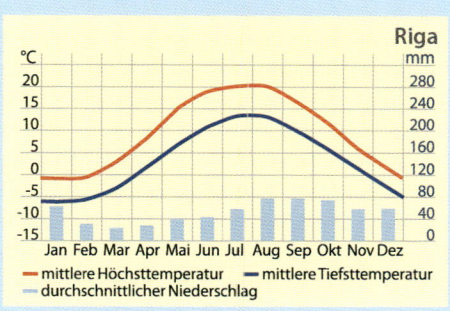

Riga

°C / mm

— mittlere Höchsttemperatur   — mittlere Tiefsttemperatur
— durchschnittlicher Niederschlag

RUSSLAND, WEISSRUSSLAND – EUROPA MIT ANDEREM AKZENT

In den Metropolen Osteuropas verschmelzen europäische und russische Kultur. Moskau und Minsk sind weit ins Land ausgreifende Hauptstädte. St. Petersburg bezaubert mit Palästen und Kathedralen am Wasser. Die Wolga bildet das größte Flussdelta Europas.

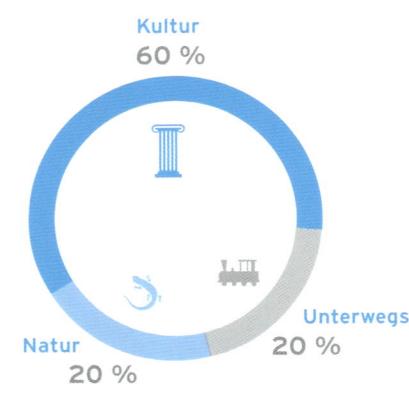

Kultur
60 %

Natur
20 %

Unterwegs
20 %

[1]

Minsk – Metropole der großen Linien

Minsk ist eine Millionenmetropole, der jede Gemütlichkeit abgeht. Dafür beeindruckt die im Zweiten Weltkrieg fast komplett zerstörte Hauptstadt Weißrusslands mit weiten Plätzen (Unabhängigkeits- und Siegesplatz), breiten Straßen (Unabhängigkeitsboulevard), Monumentalbauten (Palast der Republik), großzügigen Parks (Janka-Kupala-Park) und Sportstätten. Dennoch verbergen sich hinter manchen kalten Fassaden feine Kunst, Restaurants der Extraklasse und eine lebendige Kulturszene. Man muss nur genau hinsehen.

St. Petersburg – Fenster nach Europa

Für einen ersten Eindruck vom »Venedig des Nordens«, das Peter der Große ab 1703 dem Sumpf abgerungen hat, um Russland eine neue Hauptstadt zu geben (1712–1918), sorgt eine Schiffspartie auf Newa und Kanälen. Hinter zahllosen Brücken ziehen Kirchen und Kathedralen, Paläste und Palais vorüber, grandios die Front des Winterpalastes. So lässt sich Kraft tanken, um die Kunstsammlung der Eremitage zu entdecken oder über die Pracht- und Einkaufsstraße Newski-Prospekt zu bummeln. Die markante Mitte der »zweiten Hauptstadt« bildet seit jeher die Peter-Paul-Festung mit der Kathedrale (Glockenturm: 122,5 m). Der Abend klingt in den Kneipen und Jazzlokalen der Dumskaja-Straße aus.

Moskau – Herz Russlands

Moskau ist das politische, wirtschaftliche und kulturelle Zentrum Russlands. Sein Herz schlägt im Kreml – von dort wurde und wird das Land regiert. Im mauerumschlossenen Areal glänzen die goldenen Kuppeln der Kathedralen und der Glockenturm Iwan der Große (81 m) miteinander um die Wette. Die Paläste zeigen weltliches und geistliches Prunkbedürfnis (Patriarchenpalast mit Zwölf-Apostel-Kirche, Großer Kremlpalast). Preziosen aus der Zarenzeit beherbergt die Rüstkammer. Den Roten Platz nebenan fassen Basiliuskathedrale (1563), Kaufhaus GUM (1893), Historisches Museum (1883)

und das Lenin-Mausoleum (1930) ein. Das geschäftige Moskau zeigt sich in den Stationen der Metro aus der Stalin-Zeit, am Arbat und in schicken neuen Einkaufsmalls, unterirdisch z. B. am Manegenplatz (Ochotny Rjad). Abseits der vielspurigen Boulevards und Verkehrsadern gibt es große Erholungs- und Vergnügungsparks (z. B. Gorki-Park). Auf den Sperlingsbergen oder am Neujungfrauenkloster lässt sich im September ein goldener Herbst genießen.

Transsibirische Eisenbahn – Durch zwei Kontinente

Am Jaroslawler Bahnhof in Moskau startet die Transsibirische Eisenbahn ihre 9000 km lange Fahrt nach Wladiwostok am Pazifik. Am Fenster zieht die endlose Taiga vorbei. Abwechslung bringen 16 Flussüberquerungen sowie Städteexkursionen, etwa in Kasan, Jekaterinburg, Nowosibirsk und Irkutsk, oder ein Ausflug zum Baikalsee. Wer es rustikal liebt, fährt 2. Klasse im Liegewagen, wer Unterhaltung sucht, schaut Enkelfotos mit der Babuschka. Nostalgischen Luxus bietet der »Zarengold«-Sonderzug. Immer gibt es Tee im Samowar aus der Hand der streng-fürsorglichen Schaffnerin.

Fisch- und Vogelrefugium Wolgadelta

»Mutter« Wolga, mit 3500 km Europas längster Fluss, kann das Ende kaum erwarten. Bereits 500 km vor der Mündung ins Kaspische Meer beginnt das Delta des durch viele Stauseen in die Breite gegangenen Stroms. Hinter Astrachan verzweigt er sich in ein breites Geflecht aus Armen und Kanälen. Seit 1985 stehen große Teile des Mündungsgebiets als UNESCO-Biosphärenreservat unter Schutz. Auf Schilfinseln und in Auewäldern machen jedes Jahr Millionen Zugvögel Rast. Schwäne, Reiher und Adler nisten dort. Auch Flamingos und Pelikane finden genug Nahrung. Im Wasser gedeihen 230 Süßwasserfischarten, manche wachsen zu beachtlicher Größe heran. Aus der Steppe kommen Saiga-Antilopen zu Besuch.

[1] Brunnen mit den Wappen der Regionen Weißrusslands auf dem Unabhängigkeits-platz in Minsk. [2] Iwan der Schreckliche ließ die Basiliuskathedrale auf dem Roten Platz in Moskau zum Dank für den Sieg über die Tataren von Kasan errichten. [3] Das Wol-gadelta weist 800 Wasserarme auf. [4] Von Moskau bis Nowosibirsk braucht die Transsib zwei Tage.

INFOBOX

Beste Reisezeit

In Russland herrscht ein mitunter raues Kontinentalklima. Die Winter sind lang, Frühling und Herbst kurz. Im Sommer kön-nen die Temperaturen auf mehr als 30 °C steigen. Dafür lockt St. Petersburg zur Som-mersonnenwende mit den weißen Nächten. Im Wolgadelta ist es fast subtropisch.

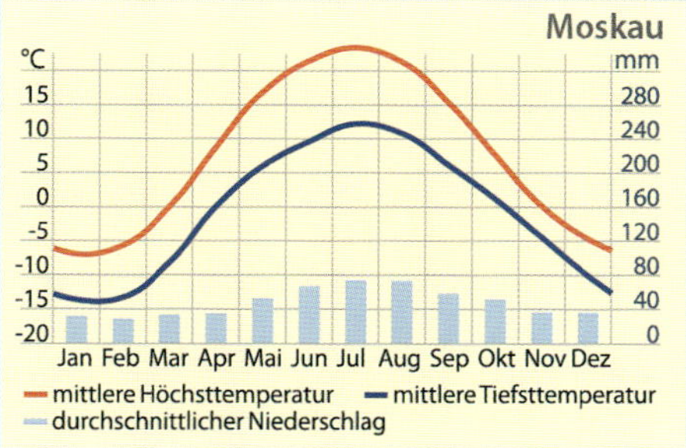

Moskau

°C — mm
15 — 280
10 — 240
5 — 200
0 — 160
-5 — 120
-10 — 80
-15 — 40
-20

Jan Feb Mar Apr Mai Jun Jul Aug Sep Okt Nov Dez
— mittlere Höchsttemperatur — mittlere Tiefsttemperatur
durchschnittlicher Niederschlag

49 KROATIEN – PERLE ZWISCHEN KARST UND MEER

Kroatien punktet mit bezaubernden historischen Städten, Traumstränden an der Adriaküste und einer atemberaubenden Natur – kein Wunder, dass es einst Kulisse der »Winnetou«-Filme war.

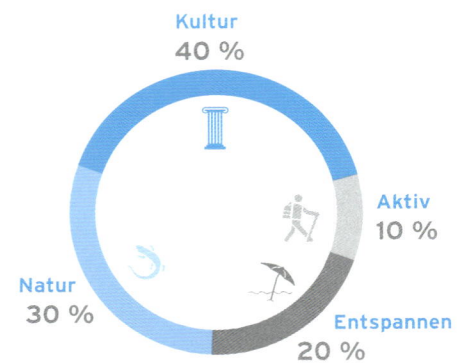

Kultur 40 %

Aktiv 10 %

Entspannen 20 %

Natur 30 %

[1] Die Unteren Seen im Nationalpark Plitvicer Seen. [2] Zagreb mit der Kathedrale (l. hinten), der größten Kirche Kroatiens. [3] Die dem Meer zugewandte, romantische Altstadt von Rovinj. [4] Arena zur Unterhaltung aus der Römerzeit: Amphitheater von Pula.

[1]

Zagreb - Metropole mit grünem Bauch

Die Hauptstadt Kroatiens wartet mit schönen Plätzen, Prachtbauten und Kirchen auf. Die katholische Kathedrale (11. Jh.) wurde im 19. Jh. neu errichtet und erhielt statt des Campanile zwei weiße Türme. 19 Theater und 24 Galerien offerieren ein breites kulturelles Angebot. Im Zentrum hat sich eine lebendige Szene aus jungen Kreativen etabliert. Auf dem Hauptplatz, Ban-Jelačić-Platz, steht ein moderner Wolkenkratzer, von dessen 16. Etage aus man einen wunderbaren Blick über die Stadt genießt. Nicht weit entfernt ist der »Bauch Zagrebs«, der Dolac-Markt (Grünmarkt). Die frischen Leckereien inmitten der geschäftigen Atmosphäre sind unwiderstehlich.

Urwüchsige Bergwelt im Naturpark Učka

200 km Wanderwege führen durch die wildromantische Bergwelt des Naturparks Učka (160 km²) im Osten von Istrien. Der Park umfasst das Učka-Gebirge und einen Teil der Ćićarija-Bergkette. Neben phänomenalen Panoramen – vom höchsten Berg Vojak (1401 m) sieht man über die Halbinsel bis nach Venedig – gibt es weitere Attraktionen wie die Schlucht Vela Draga, das mittelalterliche Kastell Kozljak sowie idyllische Dörfer, Wasserfälle und Quellen. Im vom Meer begünstigten Kima sind zahlreiche seltene Pflanzen und Tierarten zu Hause. Die urwüchsige Landschaft kann man auf besonderen Lehrpfaden intensiv kennenlernen.

Rovinj - Klein-Venedig in Istrien

Auf einer kleinen Halbinsel im Westen Istriens drängen sich die hohen und schmalen Häuser der Altstadt von Rovinj hügelaufwärts und bilden romantische Gassen und kleine Plätze. Der venezianische Einfluss ist unverkennbar. Die Altstadt wird gekrönt von der barocken Kirche Sveta Eufemija, die ein venezianischer Baumeister errichtete. Ihr Glockenturm ist dem Campanile in Venedig nachempfunden. Die Porta Balbi (1680), die den Eingang zur Altstadt bildet, ist ebenso von einem Relief des venezianischen Löwen geziert wie der Uhrturm. Die Altstadt lädt ein zum Sichtreibenlassen. Entspannen ist an den zahlreichen umliegenden Stränden angesagt.

Brijuni - Das etwas andere Naturparadies

Von römischen Kaisern bis zum kommunistischen Herrscher hatten viele Prominente die größte der 14 unter Naturschutz stehenden Brijuni-Inseln (Brionische Inseln) vor Istriens Küste zum Refugium erkoren. Aus Pula oder Fažana erreicht man sie per Boot. Von der eins-

tigen Pracht zeugen u. a. Überreste einer römischen Residenz und eines venezianischen Kastells. Darüber hinaus besticht Veli Brijun mit viel Natur: 680 Pflanzenarten, darunter ein 1600 Jahre alter Olivenbaum, sowie 250 Vogelarten, Hirsche, Mufflons, Pfaue und Eidechsen leben hier. Im Safaripark sind sogar Elefanten, Kamele, Lamas und Zebras aus nächster Nähe zu sehen.

Pula - Entspannen wie die Römer

An der Südspitze Istriens gelegen, ist Pula der perfekte Ort für Strandurlauber mit Interesse an Kultur. Pula wurde von Griechen, Römern, Venezianern und schließlich den österreichischen Habsburgern beherrscht. Sie alle hinterließen ein reiches Erbe. Am bekanntesten ist das römische Amphitheater, das die Kaiser Augustus und Vespasian bauten. Das 23 000 Menschen fassende Oval bildet eine atemberaubende Kulisse für diverse Veranstaltungen. Der Augustustempel mit seinen eleganten Säulen, von 2 v. Chr. bis 14 n. Chr. erbaut, wurde hervorragend restauriert. Rund um Pula erstrecken sich traumhafte Badebuchten und Strände zum

Sonnen, Faulenzen und Ausspannen. Der Blick schweift über türkisfarbenes, glasklares Wasser bis zum Horizont.

Nationalpark Plitvicer Seen

Über Jahrtausende hat die Natur im Nationalpark Plitvicer Seen ein einzigartiges Kunstwerk geschaffen: Auf 7 km

Länge sind 16 Seen kaskadenförmig angeordnet und durch dekorative Überläufe, tosende Wasserfälle und geheimnisvolle Höhlensysteme miteinander verbunden. Der Kalksinter-Untergrund verändert sich ständig, sodass das Wasser sich immer wieder neue Wege sucht. Dichte, unberührte Wälder umringen die kristallklaren türkisfarbenen Seen, in denen man Forellen und Fischotter sieht. Auch Bären, Wölfe und Wildschweine leben in dieser einzigartigen Landschaft, die zum UNESCO-Weltnaturerbe gehört. Wanderwege führen durch den Park und auf einigen Seen verkehren Elektroboote.

Nationalpark Krka – Einzigartiger Flusslauf

Die Krka fließt von Knin bis zur Mündung in Skradin durch einen 109 km² großen Nationalpark. Mal rauscht das smaragdgrüne Wasser durch tiefe Schluchten, mal eilt es entlang sanfter grüner Hügel, mal ruht es fast wie in einem See. Dann wieder hastet der Fluss über Stromschnellen oder stürzt sich in sieben Wasserfällen herunter. Der größte ist der Skradinski buk, bei dem das Wasser über 17 Stufen in ein Becken fließt, in dem man auch baden darf. Entlang des Flusses sind Sehenswürdigkeiten wie das Kloster (1445) auf der Insel Visovac zu bestaunen. Wanderwege und Lehrpfade bringen Besuchern die Natur näher.

Kaiserresidenz Split

Für sein eindrucksvolles Alter ist Split sehr lebendig. Das Herz der Altstadt auf der Halbinsel in Dalmatien wird von der einstigen Residenz des römischen Kaisers Diokletian (284–312) eingenommen. Die Kathedrale St. Domnius (Sveti Duje), ursprünglich sein Mausoleum, geht auf das 4. Jh. zurück. Von ihrem Glockenturm bietet sich eine weite Sicht über die historische Altstadt und die schönen Strände in der Umgebung. Unterhalb der Altstadt beginnt die Uferpromenade Riva; von Palmen und Cafés gesäumt, steht sie für das quirlige, moderne Split. Vielseitige Straßenkünstler unterhalten dort allabendlich die Flaneure.

Punta Rata – »Die Beine im Wasser ...

... den Bauch in der Sonne und den Kopf im Schatten«, besagt ein kroatisches Sprichwort zum Punta Rata. Der feine Kiesstrand auf einer Landzunge der Makarska Riviera, an den kristallklares, türkisfarbenes Wasser plätschert, geht in einen natürlichen Kiefernwald über, der für den kühlen Kopf und für das wunderschöne Panorama sorgt, das der Strand abgibt. Kein Wunder, dass die Zeitschrift »Forbes« ihn zu den Top-Ten-Stränden weltweit zählt. Wahrzeichen des unter Naturschutz stehenden Strandes ist der aus dem Wasser ragende und von Kiefern bewachsene Fels am Westende.

Dubrovnik – Perle der Adria

Die komplett von einer mittelalterlichen Stadtmauer umgebene Altstadt Dubrovniks bezaubert jeden. Von der begehbaren Mauer aus genießt man einen grandiosen Blick auf Kirchen, Klöster und Paläste in den Baustilen Gotik, Renaissance und Barock und üppig blühende Gärten. Zum Hafen führt der Stradun, die Flaniermeile der Stadt mit zahlreichen Cafés, Boutiquen und Souvenirshops. Am malerischen Hafen liegt auch der spätgotische Sponza-Palast mit seinen Renaissancearkaden. Das barocke Franziskanerkloster beherbergt die älteste Apotheke Europas. Sie verkauft seit 1391 Arzneimittel.

[1]

[1] Idyllische Lage: Kloster Visovac auf der gleichnamigen Insel im Fluss Krka. [2] Wehrhafte Festung: Lovrijenac (14.–16. Jh.) am Rande der Altstadt von Dubrovnik. [3] Berühmte Aussicht: Der aus dem Wasser ragende Fels am Strand Punta Rata. [4] Mediterranes Flair: Kolonnaden im Zentrum der Altstadt von Split.

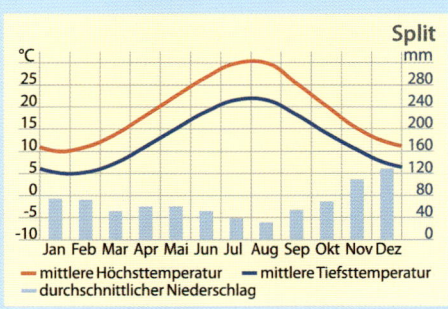

INFOBOX

Beste Reisezeit

Der Norden und der Osten Kroatiens weisen ein kontinentales Klima auf, die Küste ist mediterran beeinflusst. Für einen Badeurlaub sind die Monate Mai bis Oktober zu empfehlen, wobei es im Juli und August sehr heiß werden kann. Wintersport treibt man in Kroatien von Dezember bis Februar.

Split

— mittlere Höchsttemperatur — mittlere Tiefsttemperatur
durchschnittlicher Niederschlag

BALKANSTAATEN - NATUR UND KULTUR IN GROSSER VIELFALT

50

Die Balkanhalbinsel hat so viel mehr zu bieten als Čevapčići und Ražnjići: Ein faszinierendes Kaleidoskop an historischen Einflüssen in seiner Kultur, einzigartige Naturschönheiten und offene Menschen von großer Gastfreundlichkeit.

Kultur
70 %

Entspannen
10 %

Aktiv
10 %

Natur
10 %

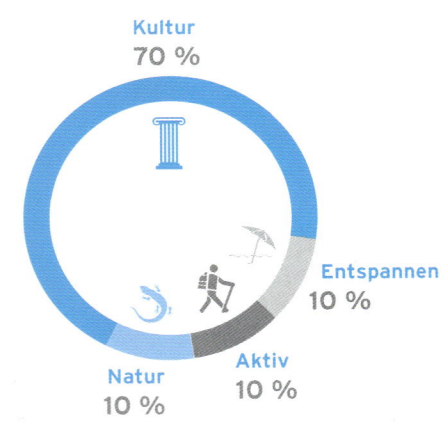

Weltoffenes Sarajevo

Die Hauptstadt Bosnien-Herzegowinas breitet sich malerisch zwischen Bergen aus – was ihr im Bosnienkrieg Anfang der 1990er-Jahre zum Verhängnis wurde. Die Altstadt mit vielen Kaffeehäusern an schmalen Gassen ist türkisch geprägt, viele Verwaltungs- und Kulturbauten stammen aus habsburgischer Zeit. Hier hört man den Muezzin rufen, dort moderne Popmusik aus den Läden schallen. In Sarajevo verschmelzen die Stile zu einem harmonischen Ganzen. Die Stadt vereint auch mühelos vier Glaubensrichtungen: Moscheen – die älteste ist die Kaisermoschee (15. Jh.) – stehen neben orthodoxen und katholischen Kirchen, davon zwei Kathedralen aus den 1880er-Jahren, sowie Synagogen. Die Sarajevoer gel-

ten als ausgesprochen gastfreundlich und weltoffen. Abends fällt der Blick von der Gelben Bastion, der Weißen Bastion oder der Terrasse des Avaz Twist Tower (2009) auf die Stadt.

Mostar – Eine Stadt und ihre Brücke

Mostari heißt »Brückenwächter« – Brückenspringer lassen sich gegen Entgelt spektakulär in den Fluss fallen. Die Hauptstadt der Herzegowina ist untrennbar mit der Alten Brücke (stari most) aus dem 16. Jh. verbunden. Ihr 29 m langer Bogen überspannt in 19 m Höhe die Neretva. 1993 wurde die Brücke im Bosnienkrieg zerstört. Wieder aufgebaut, wurde das Meisterstück osmanischer Baukunst 2005 UNESCO-Weltkulturerbe. In Mostar begeistern die zahllosen Moscheen und die Altstadt, in der sich kleine Häuschen an bucklige Gassen schmiegen. Heute vereint Mostar wieder wie vor dem Krieg Orient und Okzident: in der Küche, im Kunsthandwerk, im Leben.

Bucht von Kotor – Bummeln vor Bergkulisse

Wie ein Fjord gräbt sich die Bucht von Kotor 30 km tief in die montenegrinische Adriaküste hinein, steil aufra-

gende, graue Bergflanken an den Seiten. Die Bucht besteht aus vier miteinander verbundenen Becken, überfluteten Flusstälern. In den Städtchen am Ufer zeigen sich viele Einflüsse. Kotor bezaubert mit orthodoxen und katholischen Kirchen, Palästen und historischen Verteidigungsanlagen. Die schmalen Gassen von Perast sind venezianisch geprägt. Zu dieser Kleinstadt gehört auch die Insel St. Georg mit dem Benediktinerkloster (12. Jh.). In allen Altstädten bummelt es sich wunderbar, die Häuserfassaden sind eine Augenweide, kleine Läden verführen zum Stöbern, Cafés laden zum Entspannen ein. Von den alten Festungen eröffnet sich ein herrliches Panorama über Bucht und Strände.

Tirana, neu entdeckt

Obwohl man die kommunistische Vergangenheit immer noch nicht leugnen kann, hat sich einiges getan in Tirana. Wer über die Monumentalbauten im Sowjetstil hinwegsieht, der entdeckt Juwelen wie die berühmte Et'hem-Bey-Moschee (1830) mit sehenswerten Fresken im Inneren und den benachbarten Uhrturm (1830), von dem aus man einen guten Überblick über die Hauptstadt Albaniens hat. Auf jeden Fall sollte man das Viertel Blloku besuchen, in dem einst die Parteiführung residierte. Heute ist es ein Szeneviertel mit Bars und Restaurants, Clubs und Kneipen. Das Nachtleben ist bunt und lebensfroh – als wollte die Stadt etwas nachholen ...

[1] Baščaršija-Platz in der Altstadt von Sarajevo mit Sebilj-Brunnen in Form eines Kiosks. [2] Kirche St. Johannes Kaneo – das Wahrzeichen des Ohridsees in Mazedonien. [3] Das Herz von Mostar in Bosnien-Herzegowina: die Alte Brücke. [4] Der südlichste »Fjord« Europas: die Bucht von Kotor. [5] Blick auf den Prespasee; sein Wasser fließt unterirdisch zum Ohridsee ab.

[4]

Ohridsee – Mazedoniens Meer

Still ruht er, blaugrün und glasklar. Der Ohridsee ist Mazedoniens größter See (350 km²) – der Südwestteil gehört zu Albanien –, einer der ältesten der Erde (geschätzt 3–10 Mio. Jahre) und einer der saubersten. Er liegt umgeben vom 2000 m hohen, bewaldeten Galičica-Gebirge im gleichnamigen Nationalpark, ein Wanderparadies mit einer faszinierenden Flora und Fauna – auch wenn Begegnungen mit Bär, Luchs und Wolf doch sehr selten sind. Auf der Passhöhe genießt man einen fantastischen Blick auf den Ohridsee und den höher gelegenen Prespasee. Im knapp 300 m tiefen Ohridsee leben viele sonst übliche Fische nicht, dafür z. B. die nur dort vorkommende Ohridforelle – besonders lecker nach einer langen Wanderung.

Die Augen des Pelister-Nationalparks

Rund um den Pelister (2600 m) im Baba-Gebirge östlich des Prespasees erstreckt sich der 17 000 ha große Pelister-Nationalpark. Mit seinen ausgedehnten Balkankiefernwäldern und vielen

[5]

Pflanzen, die nur dort vorkommen, sowie seltene Tierarten wie Bär, Wolf und Adlern gehört er zu den ältesten Naturschutzgebieten Mazedoniens. Berühmt ist er für seine Felsformationen, Wasserfälle und Hochgebirgsseen, die tiefblau oder smaragdgrün inmitten einer kargen Landschaft liegen: die »Augen«. Zahlreiche Wanderwege führen zu den Naturschönheiten des Nationalparks.

Skopje – Reich an Einflüssen

Von der Festung Kale (heutiges Erscheinungsbild um 1700) hoch über dem Fluss Vardar hat man einen guten Blick auf Skopje, die quirlige Hauptstadt der Republik Mazedonien. Das Zentrum wurde im Projekt »Skopje 2014« im neoklassizistischen Stil mit monumentalen Säulengängen, Statuen und viel Gold erneuert. Aus der Antike stammt das Aquädukt. Die byzantinischen Kirchen sind Relikte des Mittelalters. Die Bunte Moschee (1438), Bäder wie das Daut-Pascha-Hamam (15. Jh.), in dem heute ein Teil der Nationalen Kunstgalerie untergebracht ist, die siebenbogige Brücke über den Vardar (214 m, 16. Jh.) und das labyrinthische Basarviertel wurden unter türkischer Herrschaft (1392–1912) errichtet.

Belgrad – Stets im Aufbruch

7000 Jahre alt ist die serbische Hauptstadt Belgrad am Zusammenfluss von Save und Donau; sie hat zahllose Kriege überlebt und wurde immer wieder aufgebaut. Die Straßenbahnfahrt mit der Linie 2 führt durch den historischen Stadtteil mit byzantinischen und serbischen Einflüssen. Über allem thront die auf das 6. Jh. zurückgehende Festungsanlage. Von Historismus bis Jugendstil sind prachtvolle Bauten an der Einkaufsstraße Knez Mihailova zu bewundern. Die Sava-Kirche, im Stil der Hagia Sofia erbaut, fasst 12 000 Menschen. Wild ist das Belgrader Nachtleben vor allem im Bohème-Viertel Skadarlija.

Aufblühendes Sofia

Auf den ersten Blick verströmt Sofia, die Hauptstadt Bulgariens, alten Ostblock-Charme. Doch zwischen Plattenbauten und Monumentaldenkmälern lugen Werte der Vergangenheit hervor: die neobyzantinische Alexander-Newski-Kathedrale (1912), das Iwan-Wasow-Nationaltheater (1904), vor dem Tanzwillige immer mal wieder zu einer kleinen Open-Air-Einlage zusammenkommen, oder die Banja-Baschi-Moschee (1576). Im Alternativviertel um die Zar-Iwan-Schischman-Straße sprüht Sofia vor Leben: Kleinkunst, Kneipen, Szeneläden. Zahlreiche Parks laden zum Verschnaufen ein. Und im Witoscha-Gebirge, das im Süden von Sofia beginnt, kann man im Winter sogar Ski fahren und snowboarden.

Nessebar – Stadtbaukunst mit Sommerfrische

Ein 400 m langer Damm verbindet das 2500 Jahre alte Nessebar auf einer Halbinsel mit der bulgarischen Schwarzmeerküste. Am Eingang zur Altstadt finden sich Überreste der byzantinischen Stadtmauer (5. Jh.). An den malerischen Gassen liegen 42 Kirchen, teils nur noch Ruinen, häufig aus verschiedenfarbigen Ziegeln; in der Stefanskirche (14. Jh.) begeistern Fresken. Eine heimelige Atmosphäre verströmen die »Wiedergeburtshäuser« im Schwarzmeerstil (19. Jh.), das Untergeschoss aus dicken Mauern, die oberen Stockwerke aus leichtem Holz. Beim Bummeln durch die Gassen gibt es viel Kunsthandwerk zu entdecken. Nahe der Stadt erstrecken sich wunderschöne Strände.

[1]

[2]

[1] Statue Alexanders des Großen auf dem Makedonija-Platz im Zentrum von Skopje. [2] Parkanlage Kalemegdan vor dem Graben der Belgrader Festung. [3] Das neoklassizistische Iwan-Wasow-Nationaltheater in der bulgarischen Hauptstadt Sofia. [4] Fischerhafen in Nessebar an der bulgarischen Schwarzmeerküste.

[3]

[4]

INFOBOX

Beste Reisezeit

Auf der Balkanhalbinsel herrscht überwiegend kontinentales Klima, in den Küstenregionen mit mediterranen Einflüssen. Für Sonnenhungrige sind die Monate Juni bis September die beste Reisezeit. Von Dezember bis März finden Wintersportler in den Skiregionen ideale Bedingungen.

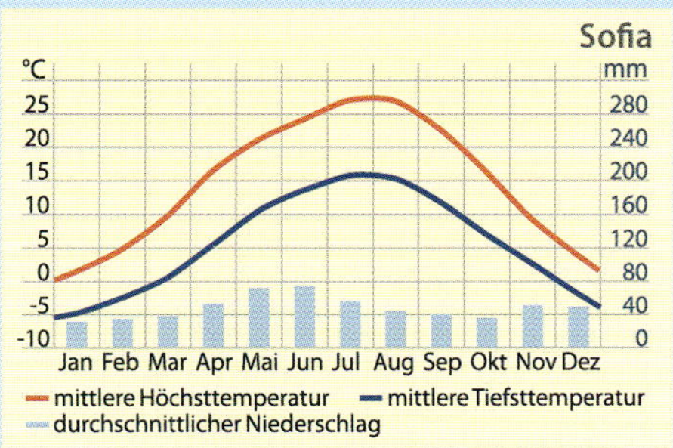

Sofia

°C / mm

25 — 280
20 — 240
15 — 200
10 — 160
5 — 80
0 — 40
-5
-10 — 0

Jan Feb Mar Apr Mai Jun Jul Aug Sep Okt Nov Dez

— mittlere Höchsttemperatur
— mittlere Tiefsttemperatur
— durchschnittlicher Niederschlag

Donau
BOSNIEN-HERZEGOWINA
Belgrad
RUMÄNIEN
SERBIEN
Donau
Sarajevo
BULGARIEN
Mostar
Nessebar
MONTENEGRO
Sofia
Kosovo
Kotor
Schwarzes Meer
Skopje
Adria
ALBANIEN
MAZEDONIEN
Tirana
Ohrid
Ohridsee
Pelister-Nationalpark
Galičica-Nationalpark
GRIECHENLAND
Ägäis

51

GRIECHENLAND – DEN GÖTTERN GANZ NAH

Abgesehen von Athen und den antiken Stätten zieht es die meisten Griechenlandbesucher auf die Inseln. Dabei bietet das griechische Festland mit der Halbinsel Peloponnes eine Fülle von wunderschönen Landschaften und ursprüngliches griechisches Leben. Zum Meer ist es oft nur ein Katzensprung.

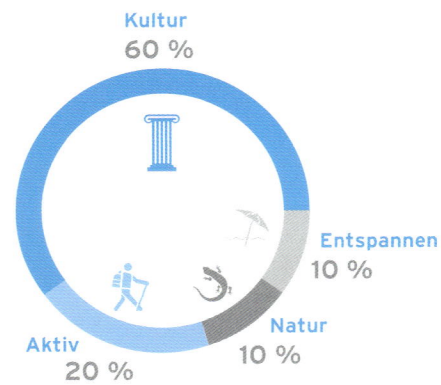

Kultur 60 %

Entspannen 10 %

Natur 10 %

Aktiv 20 %

[1] Bis 1923 ließ sich das Meteorakloster Vaarlam nur über eine Tragwinde erreichen. [2] Knapp 10 km lang ist die Vikosschlucht im Pindos. [3] Die Wanderung von Tsangarada nach Milies im Pilion führt über diese Steinbrücke. [4] Rund 70 Mosaiken sind im Byzantinischen Museum von Thessaloniki zu bewundern.

[1]

Thessaloniki – Metropole des Nordens

Die lebhafte Hafenstadt in Nordgriechenland ist das Zentrum Griechisch-Makedoniens und die zweitgrößte Stadt des Landes. Dort leben viele Studenten und ein abendlicher Spaziergang an der Promenade führt vorbei an schicken Bars und Cafés voller junger Griechen. In der hügeligen Oberstadt und der schachbrettartig angelegten Unterstadt finden sich Bauwerke aus allen Epochen, angefangen mit den Resten der Stadtmauer aus antiker Zeit. Wahrzeichen der Stadt ist der Weiße Turm, der nach der Eroberung durch die Osmanen als Gefängnis errichtet wurde. Zu den Hauptsehenswürdigkeiten zählen die frühchristlichen und byzantinischen Kirchen, darunter die Demetrios-Basilika (7. Jh.).

Im ruhigen Thrakien

Nur wenige Touristen verirren sich in die östlichste Region Griechenlands. Teile der historischen Provinz Thrakien gehören auch zu Bulgarien und der Türkei. Xanthi, die größte Stadt mit ihren osmanischen Erkerhäusern, bezaubert durch orientalischen Charme. Nördlich davon erheben sich die Rhodopen, ein Paradies für Naturliebhaber. Besonders eindrucksvoll ist eine Wanderung durch die Nestosschlucht. Das lagunenreiche Mündungsdelta des Nestos ist als Rastplatz für Zugvögel und Heimat von Pelikanen und Flamingos ein streng geschütztes Feuchtgebiet. Badefreunde kommen bei Keramoti auf ihre Kosten.

Ursprüngliches Pilion

In der griechischen Mythologie war die weit ins Ägäische Meer ragende Halbinsel Pilion die Heimat der Zentauren. Heute ist es weniger gefährlich – auf die Besucher warten keine wilden Fabelwesen, sondern dichte Wälder, ursprüngliche Bergdörfer und schöne Badebuchten. Ein Netz von gut ausgebauten alten Maultierpfaden durchzieht die mitunter schroffe Gebirgslandschaft. Erholung bieten die Tavernen der rund 40 schmucken Bergdörfer und Städtchen. Sie gruppieren sich meist um den von einer großen Platane beschatteten zentralen Platz wie in Tsangarada oder Milies. Eine Besonderheit sind die Archontika, prächtige Herrenhäuser, die oft Gästezimmer anbieten.

Meteoraklöster – Himmelwärts

Der griechische Name Meteora bedeutet »in die Höhe heben« und beschreibt damit exakt die Lage der Klöster auf den Sandsteinfelsen, die aus der Thessalischen Ebene ragen. Sie erhielten ihre bizarre Form, als die Schichtablagerungen eines vorzeitlichen Meeres erodierten. Die Felstürme vermitteln eine ganz besondere

Stimmung, die wohl auch frühe Christen angezogen hat. Erste Einsiedler kamen vermutlich schon im 10. Jh. und ließen sich in Höhlen nieder, ab 1336 entstanden erste Klöster. Von den 24 zum Teil mit Fresken geschmückten Klöstern sind sechs zu besichtigen. Im Kloster Varlaam kann man noch die Seilwinde sehen, mit der früher Lebensmittel und Besucher in einem Korb hinaufgezogen wurden.

Durchs wilde Epirus

Die tiefste Schlucht der Welt, uralte Steinbrücken, malerische Bergdörfer und eine buchtenreiche Küste – der gebirgige Nordwesten Griechenlands bezaubert durch seine wilde Schönheit. Ausgangspunkt für eine Wanderung durch die Vikosschlucht ist Monodendri. Teilweise geht es steil über Steintreppen bergab zur Talsohle. Nicht ganz so mühsam ist der Aufstieg ins Bergdörfchen Megalo Papingo. Vom Nachbarort Mikro Papingo führt eine Bergwanderung zum 2436 m hohen Astraka, einem der »Türme« des Timfi-Massivs, und weiter zum idyllischen Drachensee. Die Dörfer gehören zu den 46 Zagoria-Bergdörfern, die für ihre Steinmetzkunst berühmt sind.

Parga – Baden mit dem Markuslöwen

Das malerische Parga ist einer der schönsten Badeorte am Ionischen Meer. Auf die venezianische Vergangenheit verweist die im 17. Jh. erbaute Festung auf einer Landzunge oberhalb des Hafens. In die Mauer des Burggrabens ist der Markuslöwe gemeißelt, das Wappentier Venedigs. Entlang der Uferpromenade und in der verwinkelten Innenstadt verstecken sich viele Tavernen und kleine Hotels. Feinsandige Strände wie der langgezogene Valtosstrand lassen keine Wünsche offen. Beliebte Ausflugsziele sind die Inseln Paxos und Andipaxos, das Zeusheiligtum von Dodona und das Nekromanteion, das Totenorakel am Acheron.

Die Heiligtümer von Delphi

Die Ruinen der antiken Stadt Delphi erstrecken sich am Hang des bis 2455 m hohen Parnass. Über silbrig grüne Olivenhaine bietet sich ein herrlicher Blick auf die umgebende Bergwelt. Mit seinem Apollonheiligtum galt Delphi in der Antike als Mittelpunkt der Welt. Den Ruhm verdankt es einem Orakel, von dem sich die Menschen Weissagung erbaten. Befragt wurde die im Apollontempel über einer Erdspalte sitzende Pythia. Das dort ausströmende Gas versetzte die Priesterin in Trance. Die Heilige Straße, die zum Tempel führt, flankieren früher mit Weihegaben gefüllte Schatzhäuser. Weiter unten gelegen beeindruckt die Tholos (runde Säulenhalle) im Heiligtum der Athena Pronaia.

Athen – Mehr als Akropolis

Über der griechischen Hauptstadt schwebt ihr antikes Herz: die Akropolis. Dort stehen die Reste des Parthenontempels, in dem der Stadtgöttin Athene gehuldigt wurde, des Niketempels, und der Propyläen mit der Pinakothek. Das Herz für Touristen schlägt am Fuß des Burghügels in der Plaka mit ihren vielen Tavernen. Das vielgestaltige Stadtbild umfasst zahllose herausragende Bauwerke von der Antike bis zur Gegenwart, etwa das 2009 eröffnete neue Akropolis-Museum. Auch die nähere Umgebung auf der Halbinsel Attika bietet Sehenswertes. Auf Kap Sounion erheben sich direkt über dem Meer die Ruinen des Poseidontempels. Das byzantinische Kloster Daphni bezaubert mit seinen Mosaiken. Fisch und Meeresfrüchte genießt man im Hafen von Piräus.

Korinth und sein Kanal

Der 1881–93 erbaute, 6346 m lange Kanal von Korinth trennt am Isthmus von Korinth das griechische Festland von der Halbinsel Peloponnes. Für große Pötte ist der Kanal inzwischen zu schmal, trotzdem durchfahren ihn jährlich rund 11 000 Schiffe. Die alte Eisenbahnbrücke und eine versenkbare Straßenbrücke verbinden das Festland mit der Halbinsel, seit 2004 auch eine 2883 m lange Schrägseilbrücke bei Patras. Erste Pläne, die Landenge zu durchstechen, gab es schon in römischer Zeit. Nicht weit vom Kanal entfernt liegen das moderne und die Ruinen des antiken Korinth. Oberhalb thront die Festungsanlage Akrokorinth auf einem Felsmassiv.

Peloponnes – Apollon mit Oliven

Hauptanziehungspunkte auf der gebirgigen Halbinsel im Süden sind Epidauros, Mykene und Olympia, einige der wichtigsten antiken Stätten Griechenlands. Aber die Peloponnes hat mehr zu bieten: verträumte Bergdörfer, Heiligtümer wie den Apollontempel bei Bassai, die malerische Hafenstadt Nafplio am Argolischen Golf, die byzantinischen Stätten Mistra und Monemvassia sowie die köstlichen schwarzen Oliven von Kalamata. Auf Mani, der mittleren der drei schmalen Halbinseln im Süden, erheben sich Wohntürme, die teils zu Ferienwohnungen umgebaut wurden. Lange Sandstrände und kleine Badebuchten verteilen sich rund um die Peloponnes.

[1]

[2]

[1] Der Piso-Krioneri-Strand ist nur wenige Minuten von Pargas Altstadt entfernt. [2] Unterhalb der Akropolis von Athen steht das Odeon des Herodes Atticus. [3] Die Tholos in Delphi ist der bekannteste Rundbau der griechischen Antike. [4] Die kopflosen Statuen gruppieren sich im Innenhof des Museums von Korinth.

[3]

[4]

INFOBOX

Beste Reisezeit

Heiße, trockene Sommer und feuchte, milde Winter kennzeichnen das mediterrane Klima Griechenlands. Frühjahr, Frühsommer und Herbst sind die beste Reisezeit für Besichtigungen. Im Landesinneren können im Hochsommer die Temperaturen durchaus 40 °C übersteigen.

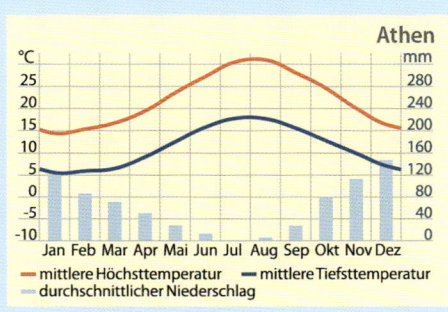

Athen

°C — mm
25 — 280
20 — 240
15 — 200
10 — 160
5 — 120
0 — 80
-5 — 40
-10 — 0

Jan Feb Mar Apr Mai Jun Jul Aug Sep Okt Nov Dez

— mittlere Höchsttemperatur — mittlere Tiefsttemperatur
durchschnittlicher Niederschlag

MAZEDONIEN · Nestosschlucht
Thrakien · Xanthi
ALBANIEN · Thessaloniki
Epirus
Vikosschlucht · Meteoraklöster · ÄGÄIS
Kalambaka · Pilion
Parga · Tsangarada
GRIECHENLAND
Delphi
Korinth · Athen
Olympia · Mykene · Epidauros
Peloponnes · Nafplio
Kalamata · Mistra

GRIECHISCHE INSELN – EIN BUNTES MOSAIK

52

Mehr als 3000 Inseln und Eilande sollen es sein, große wie Kreta, kleine wie Paxi und jede Menge winziger Felseninseln – kein Mittelmeerland hat so viele wie Griechenland. Ein schöner Strandurlaub ist garantiert. Die weitaus meisten Inseln liegen in der Ägäis und im Ionischen Meer.

Aktiv
30 %

Natur
20 %

Unterwegs
10 %

Kultur
20 %

Entspannen
20 %

[1]

Korfu – Grün und bezaubernd

Vor der albanischen Küste liegt die wegen ihrer dichten Vegetation auch »grüne Insel« genannte zweitgrößte der Ionischen Inseln. Das liebliche Innere Korfus verzauberte schon die österreichische Kaiserin Elisabeth (»Sisi«), die viel Zeit in ihrem Achilleion, einer nach ihren Wünschen umgebauten Villa mit einem bezaubernden Park, verbrachte. Mit venezianischem Flair lädt das Zentrum der Inselhauptstadt Kerkira zum Flanieren ein. Im Norden und Westen wird die Landschaft schroffer. Steile Felsklippen umrahmen einsame Buchten. Am Morgen oder dem späten Nachmittag sollte man das zu dieser Zeit idyllische Kloster von Paleokastritsa besuchen.

Zakynthos – Schildkröten und blaue Grotten

»Blume des Ostens« nannten die Venezianer die drittgrößte und südlichste der Ionischen Inseln. Zum Schutz der Meeresschildkröte Caretta caretta, die in der Bucht von Laganas ihre Haupteiablageplätze im Mittelmeer findet, wurde 1999 ein Meeresnationalpark eingerichtet. Denn die feinen Sandstrände müssen die Schildkröten mit den Touristen teilen. Ein bekanntes Fotomotiv ist die »Schmugglerbucht« mit dem Wrack eines dort gestrandeten Schiffes. Das glasklare Wasser und die Unterwasserhöhlen, etwa die blauen Grotten bei Kap Skinari und die Kerigrotten, sind beliebt bei Höhlentauchern. Gut ausgerüstete Tauchcenter bieten ihre Dienste an.

Kreta – Die Heimat von Zeus

Die große Mittelmeerinsel Kreta bietet ein facettenreiches Abbild des gesamten Griechenland. Den Besucher erwarten eine imposante Bergwelt, fruchtbare Hochebenen, herrliche Strände, einsame Klöster, malerische Dörfer und quirlige Hafenstädte. Im bis zu 2456 m hohen Ida-Gebirge soll in einer Tropfsteingrotte Zeus als Säugling von Ziegen genährt worden sein. Meistbesuchte

[2]

Sehenswürdigkeit ist der rekonstruierte Palast von Knossos, der eindrucksvoll vorführt, wie die minoischen Herrscher im 3./2. Jahrt. v. Chr. lebten. Zeugnisse venezianischer und osmanischer Herrschaft sind in Rethimno und Chania zu finden, Kretas reizvollsten Städten. Ein kretisches Nationalheiligtum ist das Kloster Arkadi nahe der Inselhauptstadt Iraklio.

Grandiose Samariaschlucht

 Zu den eindrucksvollsten Landschaften Kretas gehören von ho-

[3]

hen Felswänden gesäumte Schluchten. Als Nationalpark ist die Samariaschlucht geschützt, mit 17 km eine der längsten Schluchten Europas. Sie führt mit einem kurzen steilen Abstieg von der 1200 m hohen Omalos-Ebene, dann weiter entlang eines Gebirgsbachs bis ans Meer. Die auch wegen ihrer Flora mit 14 endemischen Arten geschützte Schlucht ist ein Rückzugsgebiet der Kretischen Wildziege. Den Wanderer erwartet nach der Tour ein erfrischendes Bad im Libyschen Meer. Fähren bringen die Tagestouristen von Agia Roumeli in die Nachbarorte, wo schon Busse für die Rückfahrt warten.

[1] Wracktaucher stoßen vor Zakynthos auch auf interessanten Müll. [2] Steiniger Abstieg zur bezaubernden Zwillingsbucht von Porto Timoni auf Korfu. [3] Von 1200 m Höhe geht es steil hinab in die Samariaschlucht. [4] Auf der Akropolis von Lindos (Rhodos) stehen die rekonstruierten Säulen des Athenetempels. [5] Süß und gehaltvoll ist der meist gespritete Samos-Wein.

[4]

Ritter auf Rhodos

Die Hauptinsel des Archipels Dodekanes in der südöstlichen Ägäis hat neben einer eindrucksvollen Natur viele kulturgeschichtliche Sehenswürdigkeiten zu bieten. Die von einer langen Festungsmauer umgebene Altstadt von Rhodos wird geprägt von den Bauwerken des Johanniterordens. Vom Großmeisterpalast zieht sich die Ritterstraße mit den Herbergen der verschiedenen Ritterorden hinab. Lebhaft geht es am Mandraki-Hafen zu, der von zwei Steinsäulen mit den Wappentieren Hirsch und Hirschkuh bewacht wird. Ein beliebtes Ausflugsziel sind die Ruinen der Akropolis von Lindos, einem

malerisch am Hang gelegenen Dorf mit markanten Kapitänshäusern.

Samos – Sonne und Wein

Nur 1700 m trennen Samos vom türkischen Festland. Die beschauliche Insel wartet mit knapp 3000 Sonnenstunden im Jahr auf. So viel Zeit zur Reife brauchen auch die Trauben des Gelben Muskatellers, aus denen der berühmte Dessertwein gekeltert wird. Das gebirgige Inselinnere ist dicht bewaldet und

[5]

wasserreich. Die Wasserfälle von Potami kann man zu Fuß, aber auch schwimmend erreichen. Samos war die Heimat von Pythagoras. Es wird spekuliert, ob er am Bau des Eupalinos-Tunnels beteiligt war, der zur Wasserversorgung der antiken Stadt Samos im 6. Jh. v. Chr. errichtet wurde.

Santorin - Über dem versunkenen Vulkan

Die vielleicht schönste griechische Insel, auf jeden Fall die spektakulärste, ist Santorin. Steil steigen die aus dunklem Lavagestein bestehenden Wände der Caldera im Westen aus der tiefblauen Ägäis auf, den Kraterrand entlang ziehen sich die weiß getünchten, würfelförmigen Häuser der Dörfer. Die dortigen Hotels gewähren ein atemberaubendes Panorama, besonders beim Sonnenuntergang. Weiße, schwarze und rötliche Strände locken im Osten. Vor etwa 3500 Jahren begruben Lava und Asche bei einem verheerenden Vulkanausbruch die minoische Stadt Akrotiri. Sie wird seit 1967 ausgegraben. Ausflugsboote steuern den aktiven Vulkan Nea Kameni in der Mitte der Caldera an.

Mykonos - Partymeilen und Strandleben

Die kleine Insel in der Ägäis verspricht typische weiße Kykladenarchitektur vor tiefblauem Meer und Bilderbuchstrände für jeden Geschmack. Besonders beliebt ist Mykonos beim jungen Partyvolk und bei Homosexuellen. Aber schon seit Jahren zieht es auch Stars und Starlets auf das Inseljuwel. In den malerischen Gassen des Hauptortes und am Hafen vor der Windmühlenkulisse reihen sich Restaurants und Bars aneinander. Abseits der Flaniermeile gibt es aber auch einsame Sandbuchten. Ein Bootsausflug nach Delos führt in eine andere Welt mit den Ruinen des Apollontempels und der berühmten Löwenterrasse.

Sporaden - Segeln mit Mönchsrobben

Die Nördlichen Sporaden sind eine Inselgruppe in der Westägäis mit den Hauptinseln Skiathos, Skopelos, Alonnisos und, etwas weiter entfernt, Skyros. Die Inseln versprechen unberührte Natur mit Pinienwäldern und schöne Strände. Auf Alonnisos können sich auch die bedrohten Mönchsrobben im Meeresnationalpark

wohlfühlen. Nach Skyros mit seiner prächtigen Chora verirren sich nur noch wenige ausländische Touristen. Die besonders im Frühsommer und Herbst ruhige See um den Archipel verspricht einen entspannten Segeltörn mit kurzen Distanzen und gut geschützten Ankerbuchten. Wenn der Meltemi im Hochsommer weht, kann es etwas windiger werden.

Mysterieninsel Samothrake

Bekannt geworden ist die ganz im Nordosten der Ägäis gelegene Insel als Fundort der Nike von Samothrake. Die perfekt gemeißelte Marmorstatue steht allerdings heute im Pariser Louvre. Die gebirgige Insel hat sich dem nachhaltigen Tourismus verschrieben. Unberührte Wälder im Norden mit versteckt gelegenen Wasserfällen bieten ungetrübte Wanderfreuden. Kletterer kommen in der zerklüfteten Bergwelt im Inselinneren auf ihre Kosten. In der Antike war Samothrake als Mysterienheiligtum bekannt. An der Nordküste kann man die Ruinen der antiken Stadt besichtigen. Ausgangspunkte für Wanderungen sind der Hafenort Kamariotissa und das Thermalbad Loutra.

[1]

[1] Die Windmühlen von Mykonos – früher waren es zehn – sind das Wahrzeichen der Insel. [2] Tagestouristen verpassen den traumhaften Sonnenuntergang auf Santorin. [3] Patitiri ist der Hauptort und Hafen von Alonnisos. [4] Die Vathres auf Samothrake bilden eine Kette von erfrischenden Naturbecken.

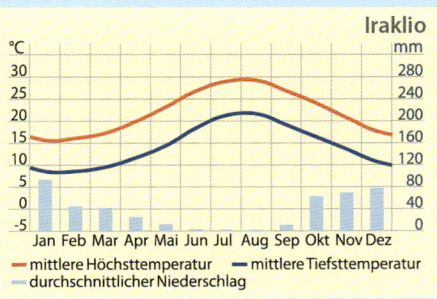

INFOBOX

Beste Reisezeit

Das mediterrane Klima Griechenlands wird in der Ägäis und im Ionischen Meer durch maritime Einflüsse gemildert. Beste Reisezeit sind die Monate Mai, Juni und September. Im Hochsommer mildert der Meltemi, der trockene, manchmal auch stürmische Nordwind der Ägäis, die Hitze.

Iraklio

°C / mm

| | Jan | Feb | Mar | Apr | Mai | Jun | Jul | Aug | Sep | Okt | Nov | Dez |

— mittlere Höchsttemperatur — mittlere Tiefsttemperatur
■ durchschnittlicher Niederschlag

Register

Impressum

Verantwortlich: Linda Weidenbach
Lektorat: Henning Aubel
Korrektorat: Viola Siegemund
Layout: Esther Gonstalla
Repro: LUDWIG:media
Umschlaggestaltung: Esther Gonstalla
Kartografie und Klimatabellen: Thieme Wronka GbR
Herstellung: Bettina Schippel
Printed in Italy by Printer Trento

★★★★★

Sind Sie mit diesem Titel zufrieden? Dann würden wir uns über Ihre Weiterempfehlung freuen.
Erzählen Sie es im Freundeskreis, berichten Sie Ihrem Buchhändler oder bewerten Sie beim Onlinekauf.
Und wenn Sie Kritik, Korrekturen, Aktualisierungen haben, freuen wir uns über Ihre Nachricht an
Bruckmann Verlag, Postfach 40 02 09, D-80702 München oder per E-Mail an lektorat@verlagshaus.de.

Unser komplettes Programm finden Sie unter 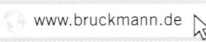 www.bruckmann.de

Alle Angaben dieses Werkes wurden von den Autoren sorgfältig recherchiert und auf den neuesten Stand gebracht sowie vom Verlag geprüft. Für die Richtigkeit der Angaben kann jedoch keine Haftung übernommen werden.

Die Deutsche Nationalbibliothek verzeichnet diese Publikation in der Deutschen Nationalbibliografie; detaillierte bibliografische Daten sind im Internet über http://dnb.d-nb.de abrufbar.

© 2018 Bruckmann Verlag GmbH, München
ISBN 978-3-7343-1245-8

Textnachweis Ellen Astor: S. 26–45, 58–65, 74–77, 158–165, 212–219; Henning Aubel: Einleitung, S. 66–69, 202/203; Sabine Durdel-Hoffmann: S. 50–57, 80–95; Marike Langhorst: S. 22–25, 142–149, 198–201; Brigitte Lotz: S. 10–13, 18–21, 46–49, 96–127; Martina Schnober-Sen: S. 70–73, 128–134, 174/175, 192–195, 204–211; Sabine Zitzmann-Starz: S. 14–17, 150–157, 166–173, 176–191

Bildnachweis **Bildagentur Huber:** S. 10/11 (Zoom), 12/13 o. (Manfred Voss), 12 u. (Sabine Lubenow), 13 u.r., 15 u.l., 35 o., 53 M., 85 u.l., 109 u.l., 141 o., 176, 186, 206, 211 M., 221 o. (Günter Gräfenhain), 15 o., 30, 187 u.l. (Hans Peter Huber), 22, 94 u.r., 98 l., 140, 141 u.r., 182/183 o. (Olimpio Fantuz), 27 o. (Tobias Richter), 28 l., 189 u.r. (Jürgen Busse), 29 M., 31 u.l., 33 u.l., 68 l., 73 u.l., 77 u.r. 103 u.r.. 213 u.l., 213 u.r. (Reinhard Schmid), 29 u. (Francesco Carovillano), 31 u.r. (Gabriele Croppi), 44 r. (Friedel Alex), 49 o. (Otto Stadler), 53 u.r. (Schulte-Kellinghaus), 57 l.o., 82, 132 u.r. (Frank Lukasseck), 60/61 o. (Douglas Pearson), 61 l. (Siebig), 63 o., 181 o. (Rainer Mirau), 65 o. (Norbert Eisele-Hein), 65 u.r. (Gianluca Santoni), 67 u.r., 103 u.l. (Hans-Georg Eiben), 69 u.r., 200/201 o. (Cornelia Dörr), 73 u.r. (Hans-Peter Merten), 74, 85 o. (Maurizio Rellini), 75 u.r. (Jürgen Ritterbach), 79 o. (Davide Erbetta), 83 u.l., 195 o., 197 (Bernd Römmelt), 83 u.r. (Nicolò Miana), 84 (Johanna Huber), 89 o. (Guido Baviera), 91 o. (Franco Cogoli), 91 u.l. (Antonio Capone), 93 o. (Alessandro Saffo), 93/94 o., 133 (Roberto Moiola), 95 u.r., 102 o., 121 u.l., 129 o., 194 (Riccardo Spila), 98 u.r. 105 u.l., 106 l., 144 l. (Susanne Kremer), 99 M. (Colin Dutton), 99 u.r. (TC), 101 u.l. (Luca Da Ros), 111 u.l. (Sergio Remanz), 117 o. (Massimo Borchi), 119 o., 139 M. 152/153 o., 166 (Sebastian Wasek), 122 u.r. (Stefano Brozzi), 130 l., 130 r., 136 u., 137 u.r. (Michael Howard), 135 l.o. (Tim Mannakee), 138 l., 178 (Richard Taylor), 138 r. (Lucie Debelkova), 138/139 o. (Lucie Debelkova), 144 l., 147 o. (Justin Foulkes), 144/145, 168/169 o., 183 u.r. (Mackie Tom), 145 M. (Tim Mannakee), 149 u.l. (Matteo Carassale), 158 (Chris Warren), 170 (Fortunato Gatto), 175 o. (Jonas Hühn), 165 u.r. (Susy Mezzanotte), 205 o. (Francesco Vaninetti), 207 u.l. (Stefano Cellai), **Shutterstock:** S. 8/9 (Dziewul), 12 l. (ricok), 15 u.r. (theapflueger), 23 o. (rphstock), 25 u.l. (Norbert Golluch), 26 (DaLiu), 34 u. (Nadezda Murmakova), 36/37 (Marcel Heinzmann), 36 u.r. (Arthur Palmer), 37 u.r. (Volker Rauch), 41 o. (Marcus Hofmann), 45 M. (Mapics), 48 (Rudmer Zwerver), 52/53 o. (gevision), 52 r. (aldorado), 55 u.r. (Peter Stein), 57 l.u. (laurens Hoddenbagh), 58, 91 u.r., 111 o., 210 l. (Boris Stroujko), 59 o. (Kristian Maglalang), 59 u.l., 155 o. (Federica Violin), 59 u.r. (Roman Babakin), 60 l. (RukiMedia), 60 u.r. (Karuman), 61 u.r. (Anastasia Petrova), 62 (trabantos), 70 (JeremyTaylor), 71 o. (PeterVrabel), 71 u.r. (canGeo), 72 (Radoslaw Maciejewski), 75 o. (Mariusz Switulsk), 75 u.l. (Sopotnicki), 76 l. (MagMac83), 76 u.r. (Lubomir Chudoba), 76/77 o. (Catalin Petolea), 77 M. (andras_csontos), 79 u.r. (lakov Filimonov), 79 u.l., 108 (Kiev.Victor), 80(81 (Filipe Samora), 85 u.r. (Olgysha), 86 l. (Yulia Grigoryeva), 86/87 o. (Nickolay Vinokurov), 86 r. (sbellott), 87 M. (StevanZZ), 89 u.r. (Bikenbark), 90 (Belenos), 92, 152 r. (Stefano_Valeri), 93 u.l. (illpax), 93 u.r. (kvika), 96 (D.Bond), 97 u.l. (Sean Pavone), 98/99 o. (milosk50), 100 (FreeProd33), 101 o. (Luciano Mortula), 101 u.r. (Henryk Sadura), 102 (Pigprox), 104 (Aleksey Stemmer), 105 u.l. (Massimo Santi), 106 u.r. (Ferenc Cegledi), 106/107 o. (Nickolay Stannev), 107 M. (DiegoMariottini), 107 u.r., 177 o. (S-F), 109 u.r. (Nikolay Dimitrov), 110 (Jearu), 111 u.r. (Elena Pominova), 112 (Stephane Debove), 113 u.l. (marcin jucha), 113 u.r. (Elena Elisseeva), 114/115 o. (Hans C. Schrodter), 115 M. (panoglobe), 115 u.r. (David Sandron), 116 u.r. (volcano), 119 u.l. (nito), 119 u.r. (Guillermo Pis Gonzalez), 122 l. (RossHelen), 122/123 o. (Gennady Stetsenko), 125 o. (Kynamuia), 126 (Matej Kastelic), 127 o. (javarman), 127 u.r. (Oancia Iulian), 128 (Lukasz Janyst), 129 u.l. (lucamarimedia), 129 u.r. (Cezary Wojtkowski), 130/131 o. (ESB Professional), 131 M. (StockPhotosArt), 135 l.u. (Paolo Querci), 136, 218/219 o. (Krzyzak), 142/143 (klauskannas), 147 u.r. (ian woolcock), 148 (asylsun), 149 u.r. (Debu55y), 150 l. (Emily Marie Wilson), 150 r. (AC Manley), 151 (Stewart Smith Photography), 153 r.u. (Joe Dunckley), 154 (Tomas Tichy), 155 u.l. (JeniFoto), 155 u.r. (CLICKMANIS), 156 (Shaiith), 157 u.r., 161 M. (EQRoy), 159 o. (Nick Rowland), 159 u.l. (evenfh), 160 l. (Patryk Kosmider), 160 r. (Luca Fabbian), 161 u.r. (Jrossphoto), 163 o. (slawomir.gawryluk), 163 u.l. (Nataliya Hora), 165 o. (mikroman6), 165 u.r. (gabriel12), 167 o. (Joe Dunckley), 168 l. (kondrukhov), 168 r. (Filip Fuxa), 169 M. (Menno Schaefer), 169 u.r. (Maridav), 172 (Creativ Travel Projects), 173 o. (Jordan Tan), 173 u.l. (Standret), 174 (Mateusz Liberra), 175 u.r. (Smit), 177 u.l. (Nielskliim), 179 o. (Sergey Bogomyako), 179 u.l. (Fotos593), 180 (CoralieG), 181 u. re. (Franke de Jong), 182 l. (Andrey Armyagov), 182 r. (Jani Riekkinen), 183 M. (V. Belov), 184 (Sara Winter), 185 o. (Anibal Trejo), 185 u.l. (Rigamondis), 187 o. (vieninsweden), 188, 189 u.l (RPBaiao), 189 o. (Scanrail), 190 l. (Milosz Maslanka), 193 u.l. (wiklander), 193 u.r. (visualpower), 196 r. (Suratwadee Karkkainen), 198/199 (Slawomir Kruz), 200 l. (Ingus Kruklitis), 201 M. (Yevgen Belich), 201 u.r. (Jurmala_cArtmans), 202 (Dmitry Tkachenko), 203 u.l. (Dmitry Mehh), 203 u.r. (prosiaczeq), 204 (Nataly Reinch), 205 u.l. (Laborant), 205 u.r. (V Kzmishchev), 207 o. (Yasemin Olgunoz Berber), 207 u.r. (Cezary Wojtkowski), 208 (Denis van de Water), 209 o. (Ihor Pasternak), 209 u.l. (Eloisa Gimenez Marin), 209 u.r. (Dreamer4787), 210 r. (MehmetO), 210/211 o. (DanKe), 211 u.r. (Thomas Dekiere), 214 (Meteora monasteries), 215 o. (Theastock), 215 u.l. (PitK), 215 u.r, 219 u.r. (Massimo Ripani), 216 (Bojan Milinkov), 217 o. (Sven Hansche), 217 u.l. (Samot), 217 u.r. (Pavel Kirichenko), 218 u.r. (Case60), 219 M. (Anna Kochetkova), 220 (Aetherial Images), 221 u.l. (Alonissos island marina), 221 u.r. (catalin eremia), **Mauritius Images:** S. 13 M.l., 67 u.l., 123 M., 124, 153 M., 165u.l., 195 u.l. (age fotostock), 14, 16, 17 o., 19 o., 25 o. (Andreas Vitting), 17 u.l., 20/21 o., 36 l., 39 u.l., 44 l., 47 o., 78 (Udo Siebig), 17 u.r. (pa/Daniel Karmann), 32 (Alamy/allOver images), 33 o. (Bernd Ritschel), 35 u.l., 63 o. (imageBROKER/Siepmann), 35 u.r., 42 (Mikolaj Gospondarek), 37 M. (imageBROKER/Franz Walter), 38 (P. Widmann), 39 o. (imageBROKER/Jochen Tack), 39 u.r., 68 u.r., 118, 125 u.r., 132 l., 135 r., 146, 147 M., 164, 171 o., 171 u.l., 191 u.r. (robertharding), 40, 55 u.l. (Travel Collection), 41 u.l. (Cultura/Martin Sulzer), 41 u.r. (Christian Zappel), 43 o. (Torsten Krüger), 43 u.l. (Andreas Werth), 43 u.r. (Bernd Römmelt), 44/45 o. (BY), 45 u.r., 47 u.r. (Uta und Horst Kolley), 49 u.l. (Signumlux), 49 u.r. (imageBROKER/GTW), 50 (Beate Margraf), 51 u.l. (ClickAlps), 51 u.r., 190/191 o. (Raimund Linke), 52 l. (Rene Mattes), 54, 55 o., 57 r., 83 o., 114 r., 127 l. (Prisma, Katja Kreder), 56, 63 u.l., 64 (go-images), 65 u.l. (Ludwig Mallaun), 66 (Arnolf Schaffer), 69 M. (Werner Dietrich), 71 u.l. (imageBROKER/Christian Handls), 73 o. (Alamy/Zoonar), 87 u.r., 88 (Markus Lange), 94 l. (CuboImages), 95 M. (Alamy/Wolfgang Steiner), 97 o. (Alamy/sam oakes), 97 u.r. (Alamy/travelstock 44), 105 o., 131 u.r., 196 l. (John Warburton-Lee), 109 o. (Alamy/Russell Bulley), 113 o., 179 u.r. (Hemis fr.), 114 l. (Gianni Muratore), 117 u.l. (Timm Hupfer Image Art), 117 u.r. (Jose Fuste Raga), 120 (Chromorange), 121 o. (Lucas Vallecillos), 121 u.r. (imageBROKER/olf), 123 u.r. (Klaus Neuner), 134 (Cro Magnon), 137 u.l. (Alamy/Bill Bachmann), 141 u.l. (Alamy/Mikel Bilbao Gorostiaga-Travels), 145 u.l., 149 o. (Steve Vidler), 152 l., 181 u.l. (Minden Pictures), 157 u.l. (Alamy/South West Images Scotland), 159 u.l. (Alamy/Guillem Lopez), 160/161 o. (Stefan Hefele), 162 (Alamy/Gareth McCormack), 163 u.r. (Alamy/Holger Burmeister), 167 u.l. (Alamy/deadlyphoto.com), 167 u.r. (Alamy/Iamastock), 171 u.r. (Dirk Bleyer), 173 u.r. (World Pictures), (175 u.l. (imageBROKER/Joahnnes Pfatschbacher), 177 u.r. (Alamy/Viking), 187 u.r. (K. Schlierbach), 190 u.r. (Jean Schwarz), 192 (Alamy(Cody Duncan), 193 o. (Nick Wendt), 196 M. (imageBROKER/Dr. Wilfried Bahnmüller), 200 u.r. (Alamy/Hackenberg-Photo-Cologne), 203 o. (nature picture library), 212 (Daniel Kempf-Seifried), 218 l. (imageBROKER, Helmut Corneli)

Umschlag Vorderseite: Oben, v.l.n.r.: Drei Zinnen im Naturpark Sexter Dolomiten, Südtirol (Huber-Images/Olimpio Fanutz); Insel Santorin, Griechenland (Huber-Images/Günter Gräfenhain); Unten, v.l.n.r.: Eiffelturm in Paris, Frankreich (Huber-Images/Susanne Kremer); Wasserfall Seljalandsfoss, Island (Huber-Images/Mackie Tom)
Rückseite: Strand von Pedn Vounder (Huber-Images/Michael Breitung)
S. 1: Andalusien, Hochburg der Flamenco-Kunst (mauritius images/Prisma/Kreder, Katja)
S. 2/3: Herbstlicher Sonnenaufgang über dem bewaldeten Tal im Nationalpark Sächsische Schweiz (shutterstock/Pavel Klasek)